数字经济丛书

数字服务经济

王海文◎主编

Digital
Service
Economy

经济管理出版社
ECONOMY & MANAGEMENT PUBLISHING HOUSE

图书在版编目（CIP）数据

数字服务经济／王海文主编. —北京：经济管理出版社，2023.8

ISBN 978-7-5096-9197-7

I. ①数… II. ①王… III. ①数字化—服务经济—教材 IV. ①F719.9

中国国家版本馆 CIP 数据核字（2023）第 159515 号

组稿编辑：王光艳

责任编辑：王光艳

责任印制：黄章平

责任校对：徐业霞

出版发行：经济管理出版社

    （北京市海淀区北蜂窝 8 号中雅大厦 A 座 11 层　100038）

网　　　址：www. E-mp. com. cn

电　　　话：(010)51915602

印　　　刷：北京市海淀区唐家岭福利印刷厂

经　　　销：新华书店

开　　　本：720mm×1000mm /16

印　　　张：16

字　　　数：287 千字

版　　　次：2023 年 9 月第 1 版　　2023 年 9 月第 1 次印刷

书　　　号：ISBN 978-7-5096-9197-7

定　　　价：58.00 元

前言
Preface

未来已来！服务经济时代与数字时代的交融碰撞正在加速改变着人类社会的生产生活，让我们以如此真切的体验预先感受到未来社会的气息和场景，怀揣对现代人类文明进步的梦想，希冀展开一幅色彩斑斓、生机勃勃的数字服务经济画卷。追随时代步伐，紧跟形势发展，又以满腔的热情投入数字服务经济生产生活的我们是何等的幸福！

作为长期从事服务经济及国际服务贸易教学、科研实践的一员，笔者常常为能投身其中而欣慰。然而瞬息万变的世界让人目不暇接，有时甚至怀疑自己的学习能力、热情，以及对生活、工作和学习平衡的掌控。如何能以一颗求知的心、一份青春年少的冲动去努力、去学习，去弥补自己的不足，并把最新的知识和内容带给学生成为笔者时常思考的问题。由此催促自己下定决心，抓紧编写一本关于数字服务经济的教材，一是应教学之需，二是还进步之愿。

本书共十一章的内容，包括数字服务经济导论、数字服务经济理论、数字服务供给、数字服务消费、数字服务市场、数字服务贸易平台、数字服务经济发展、数字服务协定与法案、全球数字规则、数字服务经济政策、数字服务治理。本书既突出基础理论的重要地位，又关注具体行业领域的发展，从而形成了从理论、政策到实践的框架体系。

本书在编写过程中，借鉴了大量相关资料，在此一并表示感谢。吕沏宸、王廷骜、蔡赢嫣参与了部分章节的初稿撰写、资料收集，由王海文统一进行修改、完善。同时特别感谢经济管理出版社王光艳编辑的大力支持和帮助，使本书得以顺利出版。

本书的章末有概念和术语、复习思考题及延伸阅读，便于读者学习使用。本书既可作为国际经济与贸易等专业的本科教学用书，也可作为相关专业研究生教学及参考用书，当然对于数字服务经济培训及钟情数字经济的人士也不失为一本有益读物。

目 录

Contents

第一章

数字服务经济导论

学习目标

1. 掌握数字服务、数字经济的概念与特征。
2. 了解数字服务经济的兴起。
3. 掌握数字服务经济的特征、作用。
4. 理解发展数字服务经济的意义。
5. 了解数字服务经济的统计分类。

素养目标

1. 通过对数字服务、数字经济的概念和特征，以及数字服务经济兴起的学习，学会运用历史唯物主义和辩证唯物主义的观点分析问题，用发展的观点研究问题，增强问题意识。

2. 通过对数字服务经济特征、作用的学习，加强对数字服务特殊性和特殊规律的认识，提高辩证法运用能力，培养与时俱进的精神。

3. 通过对数字服务经济发展意义及统计分类等的学习，增强理论学习、实践和创新的紧迫感，建立推动我国数字服务经济健康发展的自信，为今后进一步学习奠定基础。

案例引导

以中国式现代化开创数字中国建设新局面

第一节 从数字服务、数字经济到数字服务经济

一、数字服务概述

(一)数字服务的概念

数字时代的服务正在迎来前所未有的创新变革,然而对其深入理解依然需要从服务本身谈起。服务与人们的生产生活密切相关,它不仅是生产与供给的产物,也是生活消费的重要对象。从经济史的角度考察,服务既是社会劳动分工的结果,又随着分工的深化而不断发展。与此同时,人们对服务的认识随着社会生产的进步及生产力的提高持续加深。但是相对于实物以及与之相关的物质生产而言,服务和服务的生产与供给显得更为特殊。因而对服务的理解和定义并不那么容易,相关的观点和表述也各有不同。

古典经济学创始人亚当·斯密在其著作《国民财富的性质和原因的研究》中从生产性与非生产性的角度对服务进行了论述。他认为服务的非物质方面使它既不能贮存,也不能进一步交易,(服务)很少留下什么痕迹和价值。因而在以亚当·斯密为代表的古典经济学家看来,服务无助于交易量的增加,服务在这个意义上是非生产性的。

法国古典经济学家萨伊在《政治经济学概论》中指出,"医生、公教人员、律师、法官的劳动(这些劳动属于同一种类的性质)所满足的需要是这样的重要,以致这些职业如果不存在,社会便不能存在"。因此,"无形产品(服务)是人类劳动的果实,同时又是资本的产物"。

英国古典经济学家穆勒在其著作《政治经济学原理——及其在社会哲学上的若干应用》中指出,服务是指劳动产生的效用并未固定或体现在任何物体中,即给予一种快乐,消除不便或痛苦,时间可长可短,但不会使人或物的性质得到永久性改善。在这里,劳动是用于直接产生一种效用的,而不是提供某种别的东西来给予效用的。

法国古典经济学家巴斯夏在其著作《和谐经济论》中则强调,"这(劳务)是一

种努力，对于甲来说，劳务是他付出的努力；对于乙来说，劳务则是需要和满足"。①

从上述古典经济学重要代表人物的著述中不难看出，对服务的理解和定义各有侧重和强调，并且随着古典经济学的发展，服务与商品的概念界限越来越模糊，泛服务论成为具有一定影响力的观点。

相较于古典经济学时期，随着 20 世纪五六十年代服务经济的迅猛发展，对服务的认识和定义更加多样化，总体上是从服务现象本身、服务的特点和功能、服务生产与消费等角度出发理解服务的，如富克斯在其著作《服务经济》中对服务的描述，希尔、瑞德尔、佩蒂特等对服务的定义。②这些定义对于人们从多层面、多维度认识和理解服务有一定裨益。

然而对服务进行深入阐释和深刻揭示的当属马克思。马克思强调："由于这种劳动所固有的物质规定性，由于这种劳动的使用价值，由于这种劳动以自己的物质规定性给自己的买者和消费者提供服务。对于提供这些服务的生产者来说，服务就是商品。服务有一定的使用价值和一定的交换价值。"③针对服务的定义，马克思指出："服务这个名词，一般地说，不过是指这种劳动所提供的特殊使用价值，就像其他一切商品也提供自己的特殊使用价值一样；但是这种劳动的特殊使用价值在这里取得了'服务'这个特殊名称，是因为劳动不是作为活动，而是作为提供服务的。"④马克思对服务的定义是在马克思主义政治经济学的范畴和理论框架下对服务本质作出的科学的揭示，不仅肯定了服务是使用价值，是劳动产品，是社会财富，可以投入市场进行交换，而且指出了服务同其他商品的差别只是形式上的，商品具有实物的形式，而服务则体现为一种活动形式，是一种运动形态的使用价值，这对于理解服务的本质及特征，乃至服务业、服务贸易具有十分重要的意义。

恰因为服务区别于其他商品的特殊性，是一种活动的形式，因而在理解和认识服务的时候就不能像物质商品那样从某个方面强调商品本身特征，而是应从涉及服务的投入(生产者与消费者的共同参与)、涉及服务的产出(服务主要体现为一种过程或活动)，以及涉及服务生产的目的[服务提供的使用价值，也可称为

① 李慧中. 国际服务贸易[M]. 2 版. 北京：高等教育出版社，2012：8-9.
② 程大中. 生产者服务论[M]. 香港：文汇出版社，2006：22-24.
③ 马克思. 马克思剩余价值理论：第一册[M]. 中共中央马克思恩格斯列宁斯大林著作编译局，译. 北京：人民出版社，1975：149.
④ 马克思，恩格斯. 马克思恩格斯全集：第 26 卷[M]. 中共中央马克思恩格斯列宁斯大林著作编译局，译. 北京：人民出版社，1979：435.

时空或(和)形式上的效用]方面进行整体评判，这样可以更加深入和准确。

然而在信息存在方式越来越趋向数字形式，并以数字技术为运作规则的数字时代，作为运动形态的使用价值的服务不仅所处的环境发生了深刻的变化，而且其投入产出及评价等各方面都呈现出了新的特征。由此加速推动数字服务的发展，促进服务企业的数字化转型，提升服务产业的数字化水平，使数字服务业及数字服务贸易的规模持续扩大，形成蓬勃发展的数字服务经济浪潮。

那么，究竟什么是数字服务？它与传统的服务有何差别？理解数字服务既不能忽视从理论上对其本质的剖析，也不能无视时代的影响以及内涵、外延的变化与拓展。在经济学看来，经济物品从形态上可以划分为有形产品和无形产品，后者指的就是服务。如果说"运动形态的使用价值"揭示出服务的本质，形成了服务的抽象概念，那么服务产品则是从经济学意义上对服务概念的进一步具化。在经济社会中，无形服务与有形商品一样无处不在。然而与有形商品相比，服务产品是服务劳动的成果，其有着自身独特的规律和特点。数字服务依然属于服务范畴，从本质上讲仍然是运动形态的使用价值。数字服务是指以数字技术为手段和支持，通过数字化途径提供的服务。数字服务是数字时代服务产品的新形式，是服务形态发展的新阶段。

(二)数字服务的特征

与有形产品相比，服务产品拥有自身独有的特征，这成为认识服务经济，以及探寻其中规律和特点的基础。然而在数字时代，由于信息和通信技术的驱动，计算机、移动电话和互联网等的普及服务以前所未有的速度、效率和方式得以提供，数字服务呈现出新的特征。

1. 无形服务数字化

服务产品与有形产品或者物质商品最大的也是最基本的区别在于，服务产品是无形的。服务是运动形态的使用价值，是由一系列活动组成的过程，而不是具有物理和空间形态的实物。因此在提供、购买和消费服务之前，不仅服务的提供者通常无法向消费者展示服务的样品，而且服务的消费者也无法像了解有形产品那样，通过各种方式和途径全面感知服务。随着科技的发展，有些无形的服务已变得"有形化"了，如以唱片等为载体的物化服务，其使用价值的主体依然是内容，并没有改变服务具有无形性的根本特征。

服务的无形性是服务的生产者与消费者之间存在严重的关于产品品质信息不对称的首要原因。物质商品品质可以通过生产者提供的样品、说明书、技术参数，以及消费者多方位的感知和评价加以深入了解。然而由于服务产品的无形性，服务的消费者在服务被提供之前很难对服务品质进行了解和评判，但是服务的生产者和提供者却完全知道所提供服务的品质。如此就形成了买卖双方关于服务品质信息的完全不对称，由此可能导致消费者面临较大的道德风险及市场的逆向选择，在面对供给者无意或怠于主动提高或保证质量，甚至欺诈的情况下显得势单力薄。

随着数字技术的广泛应用及数字服务的壮大，数字时代的服务产品形态日益增多，无形服务数字化的特征愈加明显，服务的无形性呈现数字化的表现形态，如远程医疗、远程教育、视频会议等大规模兴起。越来越多的企业在尝试产品的服务化模式，从卖产品到卖服务，无形服务的数字技术载体、数据要素、数字交易交换通道等愈加成熟稳定，成为生产方式和生活方式变革的重要组成部分和体现。不仅如此，无形服务的数字化也在改变着买卖双方关于服务品质信息不对称的状况。数字化使服务的各方面信息更容易为交易各方所掌握，数据的及时接收、全流程互动，以及对大数据强大的分析能力能够促进有效交易的达成。

2. 差异服务标准化

有形产品的品质通常不仅外显、客观，还能够通过各种方式进行品质信号的传送，而且消费者也易于把握、评判。特别是在工业化、标准化的生产方式下，其品质得到了均质稳定的保证。然而相比于有形产品，服务产品的品质不仅取决于服务的生产者和提供者的技术水平、服务态度，以及影响服务生产的各种因素，同时也受到消费者的特殊要求及差异化的消费体验的影响，因此不仅服务品质保证更加复杂困难，而且品质评价也更加多样和不确定。尤其是面对个性化、差异化的服务需求，可能会使相同种类的服务产生不同的服务品质。服务质量的差异或者弹性既为服务行业创造优质服务开辟了广阔的空间，也为劣质服务留下了活动的余地。这种差异性，以及由此引致的强异质性使服务质量管理更加复杂，也更加灵活。

有人将产品特征分为寻找性特征、经验性特征和信任性特征。寻找性特征是指顾客在购买之前就能够确认其产品属性的特征；经验性特征是指那些只有在购买之后或在消费过程中才能认识到产品属性的特征；信任性特征则是指那些顾客即使在购买和消费之后也很难真正评价其属性的特征。可见，有形产品具有较强的寻找性特征；服务产品的经验性特征较强；技术性、专业性较强的服务则表现出较强的信任性特征。从较强的寻找性特征向经验性特征和信任性特征的过渡是从消费者角度出发反映服务产品品质的差异性，对于深入理解、划分服务产品，采取有针对性的质量管理措施等具有重要意义。

差异性是服务产品极为重要的特征，也是服务产品形成竞争优势的重要条件。数字时代服务的差异性，一方面因为数字化而有新的形式、新的表现；另一方面，数字化使服务产品相关数据得到指数级的复制，复制的边际成本大幅降低，加之数字标准的推广，因此差异服务呈现标准化趋势。

3. 服务储存常态化

有形产品具有物理状态和空间形态，被生产出之后可以存货或库存的形式被储存起来，因而流通环节的存在虽然可能形成较高的库存成本和流通费用，但是这为有形产品以商品的形式应对市场机遇和风险提供了条件和可能，这是有形产品成为商品并进入经济循环自然和正常的现象。即便是为了降低成本，更加适应消费者个性化、多样化需求而追求的柔性生产、零库存，也没有改变有形产品可以被储存的客观事实。恰因为服务产品的无形性，其使用价值是活动形态和运动形式，因而服务产品一旦被生产，事实上消费就开始了，也就是它不可能处于库存状态。如果服务不被使用，也就没有生产。例如，表演艺术服务，其服务蕴含在表演者自身，是表演者表演技能、表演艺术与表演者身体、生命的合一。在表演服务被需求时，表演者在提供表演服务的同时，服务消费也发生了，生产与消费完成对接。

服务产品的不可储存性，使服务具有易逝性的特点。必要的场所、设备和人员可以事先准备好以创造服务，但这些仅仅代表服务能力，而不是服务本身。当需求稳定时，服务的易消失性还不成问题；当需求发生剧烈变动时，服务能力能否满足实际需求就无法掌控了。比如，一个有 150 个座位的航班，如果在某天只有 100 位乘客，它不可能将剩余的 50 个座位储存起来留给下个航班销售。服务产品没有生产过剩，过剩的只是服务的供给条件或能力。

在看到服务的不可储存性特征时，需要注意的是在数字时代，不断涌现新的服务业态和模式，它们依托数字信号流动提供的服务，呈现出普遍的数字化状态。同时越来越多的服务在数字技术的加持下极大地提升了数字化水平，形成更多的数字痕迹，具备了更强的存储和提供能力，由此使数字服务存储成为常态。

4. 服务时空无限化

有形产品的生产更加需要考虑市场需求状况和消费者偏好，从而更好地满足市场需求，实现企业发展目标，然而总体来看，生产有形产品是较为独立的过程。在此过程中，只要生产资料具备、生产条件许可就可以组织生产，不需要消费者的全程参与或密切跟踪，并且一旦进入市场或流通过程便成为感性上独立的交易对象，生产过程在时空上同它分割开来。与有形产品不同，大部分的服务产品是先销售，然后同时进行生产和消费。服务的消费者需要参与服务的生产过程，服务生产与消费的不可分离性为服务生产与消费的双向互动性提供了条件，这是服务产品生产与消费的独特之处。

数字时代服务的提供在数字技术的支持下突破了时空限制，极大地拓展了服务的范围、便利性、效率和体验感，提高了服务的线上化、移动化、数字化和智能化水平，使生产与消费的同时性、互动性大大增强。数字服务的提供者和消费者可以身处世界上有信号、网络所及的各个角落，在全区域、全时段进行全方位的服务提供和消费。更重要的是，消费也突破了实体空间规模的限制，网络效应和范围效应更加显著。

5. 服务所有权复杂化

通常情况下，服务产品的无形性和不可存储性决定了其不可能像有形产品那样成为可以独立存在的实体或商品并具有转让所有权的条件。不仅如此，服务产品生产和提供之时也是其消费之时，被消费了的服务已实现了其价值和使用价值，其所有权并没有让渡。此外，服务在生产和消费之前作为一种潜在提供的能力，其主要蕴含在服务提供者自身，并没有因为服务的生产而使服务的所有权发生转移。对于大多数服务来说，购买了服务并不等于拥有其所有权，如航空公司为乘客提供服务，消费者拥有享受服务的权利，实现了服务产品的使用价值，但这并不意味着乘客拥有了飞机上座位的永久服务。缺乏所有权会使消费者在购买服务时感受到存在较大的风险。

服务所有权的不可让渡性在数字时代有了新的内涵和变化。数字服务提供和消费的过程会产生极其庞大的数据信息，它们形成了重要的数据要素，具有广泛的价值，生成数据所有权、支配权、使用权、收益权等各项权利，使数据服务利益相关者拥有更为复杂的财产权。因此，需要深入研究数字时代以服务所有权为中心的权利变化，保护各方利益，更好地促进数字经济的发展。

二、数字经济的概念与特征

(一)数字经济的概念

数字经济的概念可追溯到 20 世纪 90 年代。1995 年，经济合作与发展组织

（OECD）详细阐述了数字经济的发展趋势，认为在互联网革命的驱使下，人类的发展将由原子加工过程转变为信息加工处理过程。1996年，美国学者泰普斯科特在《数字经济》一书中描述了计算机和互联网革命对商业行为的影响。1998年，美国商务部出版的《浮现中的数字经济》描述了在IT技术扩散和渗透的推动下，从工业经济走向数字经济的发展趋势，并将数字经济的特征概括为"因特网是基础设施，信息技术是先导技术，信息产业是带头和支柱产业，电子商务是经济增长的发动机"。2002年，美国学者金范秀（Beomsoo Kim）将数字经济定义为一种特殊的经济形态，指出数字经济的活动本质为"商品和服务以信息化形式进行交易"。随着信息技术的发展、成熟及经济社会数字化程度的不断提升，数字经济的内涵在早期基础上被进一步深化和扩展[1]。2016年，G20杭州峰会通过了《二十国集团数字经济发展与合作倡议》，将数字经济界定为"以使用数字化的知识和信息作为关键生产要素、以现代信息网络作为重要载体、以信息通信技术的有效使用作为效率提升和经济结构优化的重要推动力的一系列经济活动"。这一定义得到了比较广泛的认可。

此外，中国信息通信研究院发布的《中国数字经济发展报告（2022年）》指出，数字经济是以数字化的知识和信息为关键生产要素，以数字技术为核心驱动力量，以现代信息网络为重要载体，通过数字技术与实体经济深度融合，不断提高经济社会的数字化、网络化、智能化水平，加速重构经济发展与治理模式的新型经济形态。其包括四大部分：一是数字产业化，即信息通信产业，包括电子信息制造业、电信业、软件和信息技术服务业、互联网行业等；二是产业数字化，即传统产业应用数字技术所带来的产出增加和效率提升部分，包括但不限于工业互联网、智能制造、车联网、平台经济等融合型新产业、新模式、新业态；三是数字化治理，包括但不限于多元治理，以"数字技术+治理"为典型特征的技管结合，以及数字化公共服务等；四是数据价值化，包括但不限于数据采集、数据标准、数据确权、数据标注、数据定价、数据交易、数据流转、数据保护等。这对于理解数字经济具有一定的参考价值。

数字经济是一个内涵比较宽泛的概念，而且随着人类社会逐渐进入以数字化为主要标志的新阶段，数字经济的内涵不断扩展延伸。2021年，国家统计局发布的《数字经济及其核心产业统计分类（2021）》（以下简称《数字经济分类》）以相关文件为指导，结合统计工作实际，将数字经济界定为以数据资源为关键生产要素、以现代信息网络为重要载体、以信息通信技术的有效使用为效率提升和经济

---

① 梅宏. 大数据与数字经济[J]. 求是，2022（2）：28-34.

结构优化的重要推动力的一系列经济活动。需要强调的是，数字经济紧扣三个要素，即数据资源、现代信息网络和信息通信技术。这三个要素缺一不可。

（二）数字经济的特征

1. 以数据为关键要素

在农业经济时代，经济发展依靠的关键生产要素是土地和劳动；在工业经济时代，经济发展依靠的关键生产要素是资本和技术；在数字经济时代，经济发展依靠的关键生产要素是数据。数据具有基础性战略资源和关键性生产要素双重属性。当数据成为一种关键的生产要素时，只要有人的活动，数据的生产就是无穷尽的，加上数字化技术可复制和共享，具有无形性、非消耗性等特点，几乎可以零成本无限复制，这从根本上打破了稀缺性生产要素的制约。同时数据作为新型生产要素，对传统产权、流通、分配、治理等制度提出了新挑战。在数字经济蓬勃发展的过程中，数据作为关键要素的地位更加突出。

2. 以数字技术为保障

数字技术在发展数字经济、加速经济社会数字化转型过程中发挥着极其重要的作用。它为数字经济蓬勃发展注入了强大的科技动力，同时引领数字经济领域的创新发展，使数字经济表现出独特的技术新特征。计算机信息系统、物联网、数字平台、人工智能应用等技术推动了产业及社会的数字化转型，重塑了全球市场格局，成为数字经济的坚实保障，持续推动了数字经济的繁荣。

3. 以高效联通为基础

在数字技术的加持下，数字经济突破了时空的限制，一方面打破了地理界限，使整个世界紧密地联系在一起，促进了高度联通社会的加速形成。数字经济中的互联网领域一直被梅特卡夫定律所支配：网络的价值等于其节点数的平方。因此，网络的价值会随着与其连接结点（计算机）数目的增加而快速增值。另一方面信息的搜集、处理和应用等几乎接近于光速，使人们之间的信息传递、贸易往来能够在最短的时间内完成，节奏大大加快，生产生活方式更加快捷高效。

4. 以创新融合为动力

数字经济是创新型经济。作为新经济形态，数字经济与前沿科技和社会发展紧密相连。没有技术创新、组织创新、规则创新等创新发展的强大动力，数字经济就失去了持续快速发展的有力支撑。同时数据要素日益重要，渗透到生产生活及经济产业发展的各个方面。迅速发展的信息技术、网络技术同样具有极高的渗透功能，使信息服务业迅速地向其他产业扩张，使产业之间的界限模糊。这为数字经济开辟了广阔的发展空间。

5. 以平台发展为支持

平台化、生态化成为数字时代产业组织的显著特征。数字经济平台利用区块链、人工智能、大数据、物联网、云计算等新技术，突破时空限制，连接各类主体，构建联动交互数字经济生态，采集、共享、利用各类主体的数据提高交易效率，是支撑和稳定经济运行的一种新型基础设施。随着数字经济的发展，以平台经济为代表的新业态加速发展，与实体经济深度融合，不仅促进新业态、新模式不断涌现，也催生了一批新的灵活就业形式，成为数字经济可持续发展的重要支持和条件。

三、数字服务经济的兴起

1968 年，美国经济学家富克斯（Fuchs）在《服务经济》（*The Services Economy*）一书中提出了一个重要判断，即美国在西方国家中率先进入了"服务经济"社会，并说道："由英国开始扩展到大多数西方国家的，从农业经济向工业经济的转变具有'革命'的特征；美国已深入发展，在所有国家表现出来的从工业经济向服务经济的转变尽管较为缓慢，但从经济分析角度看同样具有革命的性质[①]"。这一判断随着时间的推移在各国从工业经济向服务经济转变的过程中显得愈加明显。

在现实中，服务业在国民经济中的地位与作用不断提升。在发达的资本主义国家，服务业的产值与就业人数已经占到本国国内生产总值与就业人数的 2/3 左右，服务化的观念早已深入人心，而服务贸易在服务化与全球化的浪潮中也获得了前所未有的快速增长。所有这些事实让人们相信，服务业的发展水平代表了经济的整体发展水平，开放经济条件下的服务贸易是获取更多经济利益的重要且关键的贸易形式，因而推进服务业与服务贸易的发展，必然成为各国经济发展的中心与目标。

更重要的是，当前人类社会正在进入以数字化为主要标志的数字经济时代。这是继农业经济、工业经济之后的一种新的经济形态，也是继农业经济、工业经济之后与服务经济紧密相随的新阶段。表 1-1 显示的是农业经济、工业经济与数字经济的差别，从表 1-1 可以看出，数字经济已成为人类经济社会发展的重大变革。

---

① Fuchs V R. The Services Economy[M]. New York: Columbia University Press, 1968.

表 1-1 数字经济是一种新的经济形态

经济形态		新的通用目的技术	新的基础设施		新的生产要素	新的生产方式	新的发展速度	新的全球化	新的公民素养
			类型	运输对象					
农业经济		—	—	—	土地、劳动	—	缓慢	—	—
工业经济	第一次工业革命	蒸汽机	交通运输、管道运输、电网	物质能量	资本	单件小批量生产	线性增长	货物、资本、人	读、写、算
	第二次工业革命	电力、内燃机			企业家才能	大规模生产			
数字经济		数字技术	信息网络系统	信息	数据	大规模定制	指数增长	数据	数字素养

资料来源：腾讯研究院，2018 年 6 月。

在服务经济与数字经济交织融合、蓬勃发展的过程中，数字服务经济兴起成为必然趋势。它既是数字经济向纵深发展的体现，也表明服务经济正在迈向更高的发展阶段。其中数字服务产业及数字服务贸易的快速发展是数字服务经济兴起的证明。

从历史发展和产业演进的角度来看，服务业形成的标志至少应包括服务劳动职业化、服务部门独立化及服务部门门类多样化。数字服务产业指的是数字服务企业的集合，是从事数字服务生产和提供的经营性行业。数字服务产业的发展是产业数字化和数字产业化的过程和结果。2020 年 6 月，国家信息中心信息化和产业发展部与京东数字科技研究院联合发布的《携手跨越重塑增长——中国产业数字化报告 2020》认为，产业数字化是指在新一代数字科技的支撑和引领下，以数据为关键要素，以价值释放为核心，以数据赋能为主线，对产业链上下游的全要素进行数字化升级、转型和再造的过程。另外，数字产业化就是通过现代信息技术的市场化应用，推动数字产业的形成和发展。数字产业化的目的正是将数字化的知识和信息转化为生产要素，通过信息技术创新和管理创新、商业模式创新融合，不断催生新产业新业态新模式，最终形成数字产业链和产业集群。随着服务产业数字化及数字服务产业化的不断深化，数字服务产业日益成为数字服务经济的重要组成部分。

第二节　数字服务经济的特征、作用与发展意义

一、数字服务经济的特征

(一)数字服务业和数字服务贸易地位持续提升

在服务经济时代，即使全球服务业和服务贸易经历了外部环境的种种不利影响和冲击，但仍蓬勃发展，规模不断扩大，结构逐步优化，对国际经济发展的贡献度不断提升。特别是数字经济时代的到来，为服务业和服务贸易的数字化转型，为数字服务业和数字服务贸易的成长壮大创造了极为有利的环境和条件。跨境服务贸易快速发展，新技术、新业态、新场景、新模式大量涌现，由此强化了数字服务业和数字服务贸易发展的潜力和动力，其在全球产业链和价值链中的地位越来越重要。

(二)数字服务产品、产业和贸易的知识密集性更加突出

数据要素、数字技术等成为数字经济的重要内容和要素，也渗透、贯穿于数字服务产品生产和消费、数字服务产业壮大及数字服务贸易发展的全过程，从而使其呈现出突出的数字特征，以数字化、智能化为特征的知识密集型、高"含智量"的数字服务快速崛起，成为数字服务经济高质量发展的新动能。随着技术进步，金融、电信等知识密集型服务业大规模应用信息和互联网技术，人工智能、机器人等的应用和普及加速替代简单重复性劳动，推动服务业效率提升。同时统计数据显示，近年来知识密集型服务贸易快速发展，成为数字服务经济的重要特色和亮点。

(三)数字服务产业的渗透性和融合性极大加强

服务业行业门类众多，而且与其他产业具有密切的关联，这是产业间渗透和融合的重要基础和条件。在数字服务产业发展过程中，数据要素成为关键创新要素。一方面数据要素既是数字服务产业发展的重要因素，贯穿于数字服务产业发展的全过程；另一方面数据要素具有强大的渗透性和融合性，为密切产业关联、

创新产业发展模式、拓展产业融合上升空间创造了条件。此外，数字技术的加持、数字服务网络和平台的强化都使数字服务产业的渗透性和融合性得到了极大的提高。

(四)数字服务企业组织架构及运营模式创新明显

相比于传统企业，数字服务企业具有数字化、智能化、网络化、平台化、去规模化等特点。企业充分利用数字技术，强化数据要素功能，实现企业要素信息等的高度联通和流动，促进企业在运营、管理、生产和销售等环节实现数字化转型和变革，由此推动数字服务企业架构能够支撑企业的创新变革。从具体架构来看，平台型业务架构是数字服务企业组织架构的显著特点。数字服务企业组织架构趋向扁平化，处于网络端点的生产者与消费者可直接联系，由此形成高效通达的组织网络架构。

(五)数字服务市场和相关利益主体发展空间广阔

数字服务经济发展不仅使更多的服务生产者、消费者及其他利益相关者身处其中，极大拓展了市场规模，而且同时创新了虚拟市场，推动了新业态、新模式的发展，由此使数字服务市场得到了前所未有的扩张。此外，数字服务经济急需大量高素质服务人才，其蓬勃发展促使了自由职业者和灵活就业者的产生，推动了服务生产者与消费者的互动和相互转化，促进了人的全面发展，使数字服务市场迈向更高、更新的发展阶段。

二、数字服务经济的作用

(一)促进新型基础设施和数字服务平台建设

数字经济的蓬勃发展显然离不开数字技术和基础设施，特别是新型基础设施的支撑和保障，对于数字服务行业而言更是如此。与传统基础设施相比，新型基础设施不仅保持了传统基础设施的公共性、非排他性、整体性等属性，还通过数字技术构建了数字基础设施。新型基础设施是在数字经济发展的前提下，运用新一代信息和数字技术的发展应用来满足人们生活的需求、企业的发展、现代化社会治理体系的构建等多方面必要条件的基础设施。新型基础设施涵盖众多领域，包括5G(第五代移动通信技术)、人工智能、特高压、大数据中心、新能源汽车充电桩、工业互联网、城际高速铁路和轨道交通，涵盖了交通、电力、通信等行业。新型基础设施的包容性强且可以与各行各业进行融合创新，顺应了新时代技术发展和基础设施发展的方向。数字服务经济的繁荣有助于促进新型基础设施建设，对数字服务平台发展同样具有显著的作用。在数字服务经济的推动下，平台经济的作用也得到充分发挥，催生出大量数字服务平台企业和项目，进一步强化了平台的规模经济、范围经济和网络外部性。

（二）促进数据要素和数字技术的应用

数字服务经济的发展同样离不开数据要素。作为与土地、劳动力、资本、技术等并列的生产要素，数据在经济社会发展中将起到越来越关键的作用。数据要素不仅包括个人衣着、食品、住房、交通、医疗、社会活动等方面的信息，还包括统计和收集的来自平台公司、政府和商业机构的信息。通常很难确定数据元素的产权属性。特别是互联网出现后，数据权利的确认更加困难，不利于数据元素的生产和流通。此外，相比于传统的生产要素，数据具有独有的特征，如获得的非竞争性、使用的非排他性、价值的非耗竭性、源头的非稀缺性等。由于这些特殊性质，数据作为生产要素在涉及产权、流通、共享、定价、使用、获益、安全和隐私保护等方面，不仅存在制度障碍，还缺少有效的技术支撑。同时需要注意的是，数据越多价值越大，越分享价值越大，越不同价值越大，越跨行业、区域、国界价值越大。因此，实施数据开放共享，优化治理基础数据库，不断完善数据权属界定、开放共享、交易流通等标准和措施，促使数据资产重复使用、多人共同使用、永久使用，加快推动各区域、部门间数据共享交换就显得十分必要。数字服务经济的发展显然会促进数据要素的开发和挖掘，更有助于数字技术的应用，反过来又促进了数字服务经济更持久的繁荣。

（三）促进服务便利化和可交易性

数字服务经济在信息技术领域具有高效、便捷的优势，将大数据、5G、互联网等数字技术应用到数字服务企业和监管机构中，应用于传统的旅游、运输、金融、文化等服务部门，通过计算机或手机等移动设施，促进信息交换、交易流通、跨国移动支付等，拓展消费者境外消费的事前和事后服务，支持服务提供者在东道国通过设立分支机构或代理的方式向消费者提供服务，促进在线服务的发展等，由此极大地提高效率，促进服务便利化，同时进一步提升服务的可交易性，使服务交易环境和条件更为有利，交易范围更加广阔。

（四）促进服务新业态、新模式创新发展

数字服务经济的繁荣为服务企业的数字化转型及数字技术在服务经济中的广泛应用创造了条件。借助数字技术、大数据资源、数字化平台等能够促进服务经济与互联网、人工智能、虚拟平台等相结合，从而催生出新的业态和模式。像教育、旅游、医疗等传统的服务业及服务贸易可以借助数字化平台由线下转移至线上，如在线教育、在线医疗等，改变了传统的服务方式，极大地提升了服务效率。

（五）促进数字服务业与其他产业部门融合

数字服务经济的发展，一方面可以促进数据要素的流动，以及与其他要素的结合，为产业融合提供条件；另一方面可以推动服务业与其他产业的全产业链条融合，有效促进产业链的延伸和扩展。此外，数字服务平台的壮大为共享经济开辟了成长的道路，也为其他行业发展创造了空间。数字技术的应用极大地创新了产业融合的发展模式，为实体经济转型升级赋能加力，激发出无限潜能。

（六）促进数字服务市场扩大和消费水平提升

数字服务经济的壮大极大地拓展和繁荣了数字服务市场。第一，数字技术的广泛应用极大地拓展了传统服务市场空间，线上线下模式相结合，虚拟市场空间无限扩张，数字服务市场范围得到了前所未有的扩大。第二，服务市场数字化水平的提升使市场信息不对称现象明显改善，越来越多的个人参与到提供数字服务的过程中，数字服务企业不断涌现，使数字服务市场主体数量空前增多。第三，数字服务消费在消费结构中所占的比重越来越大，生产与消费的互动性持续增强，更多的消费者参与到服务的生产中，由此使数字服务市场供求的范围得到了前所未有的扩大。

（七）促进数字服务企业的国际合作与竞争

在数字时代背景下，全球数字服务经济的发展使各国面临数字化转型和变革的历史性机遇，也使数字经济领域的协调、合作显得更为必要。数字要素在全球范围的流动和配置，数字服务企业的国际化发展，数字经济领域国际规则、标准的制定，数字服务政策的国际协调，数字服务经济领域风险的防范等，都在蓬勃发展的数字服务经济推动下开展，由此促使国际合作与竞争更加广泛、深入。

三、数字服务经济的发展意义

(一)有利于经济数字化转型和高质量发展

发展数字服务经济需要大力推动经济数字化转型。数字化转型建立在数字化转换、数字化升级基础上，是开发数字化技术及支持能力以新建一个富有活力的数字化商业模式，它进一步触及公司核心业务。数字服务经济发展不仅催生新业态、新模式和大量数字服务企业，而且促使传统服务业加快数字化转型。在此过程中，经济结构愈加优化，产业能级获得提升，从而促进经济社会高质量发展。

(二)有利于增强经济社会发展新动能

数字服务经济为新经济创新发展提供了试验场。互联网、大数据、云计算、人工智能、区块链等技术加速创新，数字基础设施更加完善，无人车、无人船、无人机等智能产品，以及极具发展潜力的数字企业大量涌现，智慧能源、智能建造等引领性新模式、新业态得以培育，众创、众包、众扶、众筹等分享经济模式方兴未艾，示范效应、头雁效应和辐射带动效应持续显现，从而为经济社会的发展注入新的动能。

(三)有利于构建开放发展新格局

数字服务经济对于改变一国产业和贸易国际竞争力、拓展国际市场具有重要意义。一方面，数字服务企业的国际化及数字服务贸易的发展无疑将提升一国对外开放水平，促进数字经济背景下国际经贸格局的变化；另一方面，数字技术的应用和新型基础设施建设必将持续强化资源要素及数字服务产品在全球范围的流动，进一步延伸产业链，这对于促进高度联通社会的形成具有积极作用。

(四)有利于国际合作和培育竞争优势

数字服务经济开辟了服务经济发展的新阶段，使全球化呈现新的变化和特点，也使世界各国在促进服务经济繁荣的同时更加关注国际合作，以应对新经济发展中出现的各种问题和挑战。同时数字服务经济也是构建数字时代国家竞争新优势的重要力量，助力一国或地区的数字能力、网络能力，以适应高度联通社会的发展要求。

（五）有利于未来数字社会建设和人的全面发展

数字时代与服务经济时代相互交织、交相辉映，推动数字服务经济的蓬勃发展和未来数字社会的建设，改变着传统的生产生活方式以及人们的行为方式、社会交往方式、社会组织方式和社会运行方式，深刻影响着人们的思想观念和思维方式，推动着产业组织向全球化、服务化、平台化的新方式转变。同时，数字服务经济为个体创新创业以及生产者与消费者的相互转化创造了条件，成为促进人的全面发展的积极的、能动力量。

第三节　数字服务经济统计分类与探索

一、数字经济统计分类

（一）OECD 的统计分类

为了进行数字经济测度，OECD 召集各国专业统计人员组成数字经济咨询小组，开展数字经济 GDP 测算，并于 2018 年 9 月在第 16 届政府统计大会上提出了数字经济卫星账户的概念框架，指导数字经济官方统计。

数字经济卫星账户按照企业的核心生产活动将企业归为六类产业：①数字促成产业；②数字中介平台；③电子商务产业；④数字内容产业；⑤反映零工经济产业就业和活动信息，依赖数字中介平台的数字产业（分为法人单位、非法人单位）；⑥其他数字产业。

数字促成产业。数字促成产业类似于国际标准产业分类（ISIC）中定义的信息和通信技术（ICT）产业。ICT 产业定义为通过电子手段（包括传输和显示）生产产品，以实现信息处理和通信功能的产业。数字经济咨询小组认为，通信基础设施应包括在数字促成产业之内。小组许多成员认为数据是数字经济发展重要的支撑因素，在数字经济卫星账户中将数据作为资产看待。虽然数据本身不是一个产业，但以数据为基础的产业被纳入 ICT 产业，如计算机编程、咨询和相关活动、数据处理、托管和相关活动。

数字中介平台产业。识别数字中介平台，需分别识别数据中介货物和服务平台，中介服务平台进一步根据被中介对象的性质进行分类，如住宿、运输。

电子商务产业。利用数字平台等信息化方式进行异地交流和交易的产业。其主要分为在线零售、在线批发和平台市场。如在线音乐、图书、影视剧，到以数字平台为基础的实体商品的贸易等。

数字内容产业。基于网络的搜索引擎、比较站点、社交网络和协作平台，如YouTube、Wikipedia 和 Freecycle，以及基于订阅提供内容的业务，如 Spotify 和 Netflix。

依赖数字中介平台的产业。依赖数字中介平台的产业分为法人单位和非法人单位。单独识别非法人单位主要是为了识别"分享经济、零工经济"中住户部门提供的货物和服务。

其他数字产业。为了数字产业的完整性，包含前五个类别中未涉及的所有其他数字产业。

OECD 在数字经济产业分类上的尝试，得到了世界各国广泛的关注和使用，开启了数字经济核算研究的新篇章。①

（二）美国经济分析局（BEA）的统计分类

BEA 于 2018 年 3 月首次发布了美国数字经济估计结果，并分别于 2019 年 4 月、2020 年 8 月、2021 年 6 月发布了数字经济的修订估计。在此过程中，BEA 的数字经济统计分类也进行了相应的更新与修订。在 2018 年 3 月发布的数字经济估计结果中，BEA 从互联网和信息通信技术产业出发，将数字经济产业分为三个类别：①数字赋能基础设施，由支持计算机网络和数字经济存在及使用的基本物理材料和组织架构，具体包括计算机硬件、计算机软件、通信设备和服务、建筑物、物联网、支持服务六个小类；②电子商务，通过计算机网络进行的所有商品和服务的购买和销售反映了商品或服务交易的性质，包括企业与企业之间的电子商务（Business-to-Business,B2B）、企业与消费者之间的电子商务（Business-to-Consumer,B2C）、消费者与消费者之间的电子商务（Peerto-Peer,P2P）三个小类；③数字媒体，人们在数字设备上创建、访问、储存或查看的内容，与传统购买或租赁书籍、报纸、音乐等产品不同，数字媒体通过数字形式在线访问这些内容，具体包括直接销售的数字媒体、免费数字媒体、大数据三个小类（见表 1-2）。

---

① 吴翌琳，王天琪. OECD 数字经济产业分类相关进展［N］. 中国信息报，2021-09-23（07）.

表 1-2　BEA 数字经济产业分类

大类	小类	注释
数字赋能基础设施	计算机硬件	构成计算机系统的物理元件，如显示器、硬盘、无线通信设备等
	计算机软件	程序及其他利用设备(如个人计算机和商业服务器)可操作的信息，包括商业软件和公司内部出于自身使用目的开发的软件
	通信设备和服务	通过电缆、电话或卫星等方式远距离传输信息所需的设备及服务
	建筑物	数字经济生产者提供数字货物和服务所需的建筑物，以及为数字产品提供支持服务的建筑物，具体包括数据中心，半导体装配工厂，光导纤维电缆、开关、中继器的安装间等
	物联网	支持互联网的设备，如通过嵌入式硬件可以连接到网络并互相交流的电器、机器、汽车等
	支持服务	数据基础设施的支持服务，包括数据咨询服务及计算机维修服务
电子商务	B2B 电子商务	企业与企业之间使用互联网或者其他电子途径进行的交易。生产商、批发商，以及其他生产最终消费货物和服务的行业从事的企业间或企业内的电子商务
	B2C 电子商务	使用互联网和其他电子途径进行的企业与消费者之间的交易，又称零售电商
	P2P 电子商务	共享经济，又名平台支持的电商，是基于数字应用工具进行的消费者与消费者之间的交易，包括但不限于行车调度、住宿租赁、快递服务、景观美化、食品外卖、消费品租赁、家政清洁服务
数字媒体	直接销售的数字媒体	企业向用户出售的直接收费的数字产品
	免费数字媒体	一些公司向消费者免费提供数字媒体服务，如 YouTube 和 Facebook，通常企业会通过刊载广告获利
	大数据	一些企业把生产大数据集作为它们的业务之一，利用数字媒体收集消费者偏好与行为，进而通过出售这些信息而获利

资料来源：转引自关会娟，许宪春，张美慧，等. 中国数字经济产业统计分类问题研究[J]. 统计研究，2020(12)：3-16.

为克服衡量部分数字化商品和服务的挑战，BEA 不断寻求数据的全面性、探索测算方法的适用性，以扩大数字经济的核算范围。在 2020 年 8 月发布的修订估计中，BEA 首次将部分数字化内容包含在测算体系中，还引入了付费数字服务类别，具体分为云服务、付费数字中介服务及其他付费数字服务，该类别包含原来数字赋能基础设施中的通信服务和支持服务，以及电子商务中的 P2P 电子商务。为更加深入地了解各种数字服务对数字经济的贡献程度，在 2021 年 6 月发布的修订估计中，BEA 对付费数字服务这一类别进行了完善、更新与调整，在原有内容的基础上增加了通信服务、互联网和数据服务两个分类。[①]

(三)中国的统计分类

2021 年 6 月，国家统计局发布的《数字经济分类》对数字贸易测度具有重要的作用。

1.《数字经济分类》遵循的基本原则

统计标准在研制过程中都需要尽量保证标准的科学性、全面性、前瞻性和可操作性。在《数字经济分类》的研制过程中，主要把握了以下几项原则。

一是需求导向，全面涵盖。《数字经济分类》贯彻落实中共中央、国务院关于数字经济发展战略的重大决策部署，依据 G20 杭州峰会提出的《二十国集团数字经济发展与合作倡议》《中华人民共和国国民经济和社会发展第十四个五年规划和 2035 年远景目标纲要》《国家信息化发展战略纲要》《国家信息化发展战略纲要》等政策文件，从"数字产业化"和"产业数字化"两个方面，从经济社会全行业和数字产业化发展领域，确定了数字经济及其核心产业的基本范围。

二是国际接轨，科学可比。《数字经济分类》充分借鉴 OECD 和 BEA 关于数字经济分类的方法，遵循两者在分类中的共性原则，建立具有国际可比性的数字经济产业统计分类，同时准确把握中国数字经济发展客观实际，参照《新产业新业态新商业模式统计分类(2018)》《战略性新兴产业分类(2018)》《统计上划分信息相关产业暂行规定》等相关统计分类标准，涵盖了与数字技术存在关联的各种经济活动。

三是立足当下，着眼未来。《数字经济分类》基于《国民经济行业分类》(GB/T 4754—2017)同质性原则，涵盖了国民经济行业分类中符合数字经济产业特征的和以提供数字产品(货物或服务)为目的的相关活动。由于数字经济具有发展速度快、融合程度高、业务模式新等特点，《数字经济分类》也包含一部分近年来发展迅猛或者已经出现苗头、但在国民经济行业分类中尚没有单独列示的

---

① 陈鹤丽. 数字经济核算的国际比较：口径界定、统计分类与测度实践[J]. 东北财经大学学报，2022(4)：41-53.

数字经济活动，以反映我国数字经济产业的最新动态和发展趋势。

四是注重实际，切实可行。《数字经济分类》立足现行统计制度和方法，聚焦数字经济相关实物量和价值量指标需求，充分考虑数字经济产业活动数据的可获得性，力求全面、准确反映数字经济发展状况。《数字经济分类》最大限度地对应国民经济行业分类中的全行业，以便能够基于现有数据资料或者通过适当补充调查后的所得资料进行统计测算。

2.《数字经济分类》的主要内容

《数字经济分类》从"数字产业化"和"产业数字化"两个方面确定了数字经济的基本范围，将其分为数字产品制造业、数字产品服务业、数字技术应用业、数字要素驱动业、数字化效率提升业五大类(见表1-3)。

表1-3 数字经济分类

01 数字产品制造业	02 数字产品服务业	03 数字技术应用业	04 数字要素驱动业	05 数字化效率提升业
0101 计算机制造	0201 数字产品批发	0301 软件开发	0401 互联网平台	0501 智慧农业
0102 通讯及雷达设备制造	0202 数字产品零售	0302 电信、广播电视和卫星传输服务	0402 互联网批发零售	0502 智能制造
0103 数字媒体设备制造	0203 数字产品租赁	0303 互联网相关服务	0403 互联网金融	0503 智能交通
0104 智能设备制造	0204 数字产品维修	0304 信息技术服务	0404 数字内容与媒体	0504 智慧物流
0105 电子元器件及设备制造	0205 其他数字产品服务业	0305 其他数字技术应用业	0405 信息基础设施建设	0505 数字金融
0106 其他数字产品制造业			0406 数据资源与产权交易	0506 数字商贸
			0407 其他数字要素驱动业	0507 数字社会
				0508 数字政府
				0509 其他数字化效率提升业

资料来源：《数字经济及其核心产业统计分类(2021)》。

其中，前四大类为数字产业化部分，即数字经济核心产业，是指为产业数字化发展提供数字技术、产品、服务、基础设施和解决方案，以及完全依赖于数字技术、数据要素的各类经济活动，对应《国民经济行业分类》中的 26 个大类、68 个中类、126 个小类，是数字经济发展的基础。

第五大类为产业数字化部分，是指应用数字技术和数据资源为传统产业带来的产出增加和效率提升，是数字技术与实体经济的融合。该部分涵盖智慧农业、智能制造、智能交通、智慧物流、数字金融、数字商贸、数字社会、数字政府等数字化应用场景，对应《国民经济行业分类》中的 91 个大类、431 个中类、1256 个小类，体现了数字技术已经并将进一步与国民经济各行业产生深度渗透和广泛融合。

在《数字经济分类》中，数字产业化和产业数字化形成了互补关系。以制造业为例，数字产品制造业是指支撑数字信息处理的终端设备、相关电子元器件及高度应用数字化技术的智能设备的制造，属于"数字产业化"部分，包括计算机制造、通讯及雷达设备制造、数字媒体设备制造、智能设备制造、电子元器件及设备制造和其他数字产品制造业。智能制造是指利用数字孪生、人工智能、5G、区块链、VR/AR、边缘计算、试验验证、仿真技术等新一代信息技术与先进制造技术深度融合，旨在提高制造业质量和核心竞争力的先进生产方式，属于"产业数字化"部分，主要包括数字化通用专用设备制造、数字化运输设备制造、数字化电气机械器材和仪器仪表制造、其他智能制造。数字产品制造业和智能制造是按照《国民经济行业分类》划分的制造业中数字经济具体表现形态的两个方面，互不交叉，共同构成了制造业中数字经济的全部范围。

二、数字服务经济统计分类探索

产业分类的基础首先在于产业本身的形成和发展的规模及地位，因此会随着经济的发展而变化，同时分类还受到人们认识标准的直接影响。三次产业是被广泛接受并有统计实践支撑的划分方法，但是统计口径却有差异。目前，服务业分类的标准主要有以经济功能为基础的划分、以生产为基础的划分、以消费为基础的划分、以不同经济发展阶段特点为基础的划分等。[①]

依据《国民经济行业分类》（GB/T 4754—2017），国民经济行业分为门类、大类、中类、小类四个层次。该版行业分类共有 20 个门类、97 个大类、473 个中

---

① 王海文. 国际服务贸易[M]. 北京：中国人民大学出版社，2023：11.

类、1380 个小类。

从门类来看，具体包括：A. 农、林、牧、渔业；B. 采矿业；C. 制造业；D. 电力、热力、燃气及水生产和供应业；E. 建筑业；F. 批发和零售业；G. 交通运输、仓储和邮政业；H. 住宿和餐饮业；I. 信息传输、软件和信息技术服务业；J. 金融业；K. 房地产业；L. 租赁和商务服务业；M. 科学研究和技术服务业；N. 水利、环境和公共设施管理业；O. 居民服务、修理和其他服务业；P. 教育；Q. 卫生和社会工作；R. 文化、体育和娱乐业；S. 公共管理、社会保障和社会组织；T. 国际组织。

上述统计分类与《数字经济分类》部门相对应，为数字服务经济统计分类奠定了良好的基础。从中国数字经济的统计分类来看，在数字经济五大类中，数字服务经济所占比重很大。例如，数字经济核心产业对应的电信、广播、电视和卫星传输服务、互联网和相关服务、软件开发、信息技术服务业等均属于服务范畴，是数字经济发展的基础；第五大类中智慧交通、智慧物流、数字金融、数字商贸、数字社会(含智慧教育、智慧医疗)、数字政府、其他数字效率提升业等也直接与服务相关。可见数字服务经济在数字经济中具有十分重要的地位，其统计分类和核算可以依据《数字经济分类》进行。

在开放经济条件下，同时需要关注数字服务贸易的统计分类和核算问题。数字贸易是数字经济(有形和无形)产品的跨境流通活动。国际上对数字贸易的界定有窄口径的联合国贸易与发展会议(UNCTAD)和 BEA 的数字可交付服务贸易测度和宽口径的 OECD 和 WTO 的三分法。① OECD、WTO 和国际货币基金组织(IMF)在 2020 年发布的《数字贸易手册》中将数字贸易识别为：①作为货物贸易子集的"数字订购贸易"；②作为服务贸易子集的"数字交付贸易"；③第三方平台的贸易服务。同样，依据我国《数字经济分类》，其中与服务紧密相关的行业部门的贸易构成数字服务贸易。

当然数字服务经济的统计分类仍存在诸多难题。第一，数字经济在蓬勃发展，内涵和外延在不断深化和拓展。目前分类标准尚不统一，边界难以界定，例如，如何分类，外延的扩大，范围的交叉，统计的口径、方式等，各个国家之间存在差异，有些分类难以支撑统计。这在数字服务经济的统计分类中同样存在。第二，服务业分类标准不一，为研究服务经济提供了多重角度。对于数字服务经济，依然需要从多层面深化对其的理解和认识。目前这方面的研究明显不足。第三，服务贸易的统计分类与核算本身存在许多需要进一步创新的方面和破解的难

---

① 贾怀勤. 数字经济分类与数字贸易的对应[J]. 中国统计，2021(8)：30-32.

题。面对数字经济，特别是传统行业的数字化，数字经济统计数据海量化、分散化等特征明显，目前的统计数据采集方式已经很难满足数字经济产业化的运行特点。此外，在数字经济活动中，消费者也可以成为生产者，而部分生产者的自给性服务不包含在测度范围内。同时，技术的不断进步使数据成为资产及重要的生产要素之一，资产边界的外延使传统核算方法无法对目前的经济总量进行准确测度。数字服务经济的出现使广大消费者得到数量巨大的免费福利，免费产品的核算尚未纳入国民经济核算体系，而免费产品是否应该纳入核算体系也引起了学术界的广泛争议。第四，对于数字服务经济的国与国间规则问题，目前学术界也尚未形成一致意见。对于"国家间的数字贸易属于货物贸易还是服务贸易""数字贸易是否应该征关税""数字服务经济跨国、跨境流动是否应具有疆域性"等问题，不同国家均保持着不同的观点。

本章小结

　　数字经济时代的来临正深刻改变着人类社会的方方面面。认识数字服务、数字服务经济既要用历史的观点去考察服务经济的发展，深入把握服务经济的本质，关注服务经济的规律，又要紧随时代发展，思考在当下数字时代背景下，数字服务的发展及数字服务经济的兴起究竟有何不同，又有何意义。在学习过程中，要从比较的视角，应用历史和系统的观点和思维，紧密关注经济发展形势，拓宽学习和研究视野，从而将对数字服务经济的认识建立在扎实的经济理论基础之上。此外，要加深对数字服务经济的特征、作用、分类及统计等重要问题的理解，尤其是要结合现实的发展，思考其变化、发展及实践中的难点，由此强化学习和研究的经济实感，增强学习数字服务经济的信心，以及为中国数字服务经济繁荣发展做出贡献的信念。

概念和术语

　　数字服务；数字经济；数字服务产业；产业数字化；数字产业化

复习思考题

　　1. 什么是数字服务？有哪些特征？

　　2. 什么是数字经济？有哪些特征？

　　3. 谈谈你对数字服务经济兴起的认识。

　　4. 数字服务经济有哪些特征？

5. 发展数字服务经济有哪些作用?

6. 数字服务经济统计分类主要有哪些?

站在中国式现代化战略高度认识数字经济

第二章

数字服务经济理论

1. 理解比较优势理论、平台经济理论、共享经济理论、长尾理论与数字服务经济的发展。

2. 掌握国家竞争优势理论。

3. 理解数字服务经济竞争优势的形成及竞争力衡量。

4. 了解数字服务经济的理论创新。

1. 通过对比较优势理论、平台经济理论、共享经济理论及长尾理论与数字服务经济联系的理论分析，进一步加强对理论创新性和局限性的认识，培养创新、辩证的思维和观点，增强理论学习的自觉性和兴趣。

2. 通过对数字服务经济的竞争优势理论的学习，加强从比较优势向竞争优势转化的认识，增强发展我国数字服务经济的信心。

3. 通过对数字服务经济理论探索与创新的学习，特别是结合高质量发展及共同富裕理论的认识，增强我国在数字服务经济领域理论和实践创新的自豪感和自信心。

案例引导

加强数字经济发展的理论研究

第一节 重要理论的适用性与解释

一、比较优势理论与数字服务经济

(一)比较优势理论

英国古典经济学家李嘉图提出了"比较优势论",认为即使贸易的一方在两种商品生产上均比另一方占有绝对优势,但只要这种优势有程度上的差异,或者另一方在两种商品生产上均处于绝对劣势,并且这种劣势也有程度上的差异,则双方仍有进行互利贸易的可能性。每个国家专门生产自己有比较优势的产品,并根据自己对产品的需要进行交换,就可以在这种分工中获得贸易利益。简言之,即"两害相权取其轻,两利相权取其重"。

比较优势论是国际贸易理论中极为重要的理论。它从供给角度阐释了贸易的动因和贸易的结构,以增进贸易理论的结果论证了分工和贸易的益处和必要性,即便在当今世界也具有很强的理论解释力。然而针对数字服务贸易,其比较优势又存在怎样的不同呢?

(二)数字服务经济中的比较优势

开放经济条件下的数字服务经济主要涉及贸易和投资领域。就贸易而言,国际服务贸易比较优势的形成和作用的发挥之所以区别于国际货物贸易,其首要根源在于服务产品、国际服务贸易的特征及存在的特殊规律。它们深刻地影响了国际服务贸易的动因、结构和贸易的结果。数字服务贸易不同于传统服务贸易的特征和规律,但同样深刻影响了自身比较优势的形成和发挥。

第一,随着数字技术在产业中的深入应用,数据不仅是数字服务贸易的关键要素,而且是其比较优势,乃至垄断优势形成的重要方面。相较于货物贸易,服务贸易的生产要素移动要频繁得多,而传统的比较优势理论往往以生产要素不能在国与国间自由流动为前提条件。就数字服务贸易而言,数据要素突破时空限制的流动极大改变了比较优势形成的基础和发挥空间。第二,服务的生产和消费的不可分离性决定了服务具有规模效益的可能性很小,这就要求服务提供者具有一定的经营管理优势和专业素质优势。数字服务在高效联通的环境中产生广泛的范围经济和网络效应，强化了数字服务提供者的经营管理优势。第三，服务具有不可储存性，它必须在生产中被消费掉，因此有效地管理服务需求是决定服务贸易的又一个重要的比较优势。数字服务因数字技术的加持使服务的过程得到记录和保存，从而使其与数字服务需求的对接更加灵活。此外，服务产品的差异性要求服务提供者具有人员素质、管理、创新和差异化优势，而人力资本因素对一国服务贸易比较优势的形成和保持显然起着重要作用。就数字服务来看，其生产者和消费者的数字素养更为重要，成为数字服务贸易比较优势的重要来源。

从要素密集度来看，不同要素密集度的服务类型也具有不同的比较优势。劳动密集型货物贸易的比较优势在于劳动力成本，而劳动密集型服务贸易的比较优势则侧重于劳动力素质；资本密集型货物贸易的比较优势在于资本金，而资本密集型服务贸易的资本除了指有形的机器设备，还包括人力资本这一重要因素；技术密集型货物贸易的比较优势在于货物的技术含量及研究开发，而技术密集型服务贸易的比较优势则侧重于研究开发、培训教育、信息传输；还有自然资源密集型、文化密集型服务贸易（如国际旅游），以及知识密集型服务贸易，它们的比较优势更为独特。数字服务贸易的知识密集型特征更加突出，因此其比较优势的独特性就更为明显。

此外，不同贸易模式的服务也具有不同的比较优势。不同行业适用于不同的贸易模式或模式组合，从而形成不同的优势，应注意从不同贸易模式的角度去探讨具体的比较优势差异贸易理论的适用性。

以我国为例，数字服务经济规模不断壮大，数据资源及数字技术应用场景的丰富程度在全球排名前列，由此促进以新基建为基础的高度联通的社会环境加速形成，为我国数字服务经济比较优势的发挥奠定了坚实的基础。

二、平台经济理论与数字服务经济

(一)平台经济理论

1. 平台经济的概念

所谓平台，就是为合作参与者和客户提供一个合作和交易的软硬件相结合的场所或环境。平台经济是一种虚拟或真实的交易场所，平台本身不生产产品，但可以促成双方或多方供求之间的交易，收取恰当的费用或赚取差价而获得收益的经济形式。伴随数字技术的发展，平台经济日益体现为基于数字技术，由数据驱动、平台支撑、网络协同的经济活动单元所构成的新经济系统。平台经济从低到高包含四个层面：平台、平台企业、平台生态系统、平台经济。其中平台是引擎，平台企业是主体，平台生态系统是载体，有着内在联系的平台生态系统的整体构成平台经济。

2. 平台经济的特征

（1）属于典型的双边市场。平台企业一侧面对消费者，另一侧面对商家。平台经济通过双边市场效应和平台的集群效应，形成符合定位的平台分工。平台上有众多的参与者，有着明确的分工，可以做出自己的贡献。每个平台都有一个平台运营商，负责聚集社会资源和合作伙伴，为客户提供好的产品，通过聚集人气，扩大用户规模，使参与各方受益，实现平台价值、客户价值和服务价值最大化。

（2）具有增值性。平台经济通过聚合资源、要素、企业等获得明显的规模经济、范围经济。平台企业能为消费者和商家提供获得收益的服务，如为用户提供搜索服务，通过聚集流量，为商家提供更加精准的广告，提高广告效益。平台企业在双边市场中能创造巨大的价值，持续吸引用户，提高平台的用户黏性。

（3）具有网络外部性。平台企业为买卖双方提供服务，促成交易，买卖双方任何一方的数量越多，就越能吸引另一方数量的增长，其网络外部性特征才能充分显现。卖家和买家越多，平台越有价值。同时平台经济之所以拥有巨大魅力，是因为具有交叉外部性特征，即一边用户的规模增加显著影响另一边用户使用该平台的效用或价值。在网络外部性下，平台型企业往往出现规模收益递增现象，强者可以掌控全局，赢者通吃，而弱者只能瓜分残羹，或在平台竞争中被淘汰。

（4）具有开放性。平台经济最大的特点就是筑巢引凤，吸引各种资源的加入，这就需要平台对外开放。平台的合作伙伴越多，平台就越有价值。平台的开放性可以实现多方共赢，从而提高平台的集聚效应和平台价值。更重要的是在数字技术加持下，平台突破时空限制提供全方位的支持和服务，从而不断提升其国际竞争力和影响力。

（二）数字服务经济中的平台功能

平台经济是推动经济转型发展的重要引擎，与数字服务经济具有天然的交融性。从微观角度看，平台具有交流或交易的媒介功能、信息服务功能、产业组织功能和利益协调功能。从宏观角度看，平台经济的发展具有推动产业持续创新、引领新兴经济增长、加快制造业服务化转型和变革工作生活方式等作用，是一种重要的经济形式。

1. 促进不同经济形式深度融合

平台经济属于服务业范畴。各类服务业的价值链或者价值网络里都存在着搭建平台的机会。平台一旦建立，就能够吸引各种资源加入，发挥平台的集聚效应，推动整个产业的资源向平台倾斜，创造出巨大价值。平台经济作为创造和聚集价值的桥梁，正日益成为服务经济中最有活力的一部分。特别是数字科技的蓬勃发展为数字服务经济与平台经济的融合互动创造了前所未有的机遇和条件，进一步为平台的发展开辟了广阔的空间。

2. 推动数字服务经济持续创新

平台通过对产业资源、市场资源的整合，可为企业提供广阔的发展空间，同时驱动企业进行持续创新，以获得和巩固竞争优势。数字服务经济的发展离不开也不应脱离平台经济。利用平台经济，汇聚和分享信息、内容，汇聚供求及相关利益各方，促进交易，从而推动数字服务经济的繁荣，同时又为平台的壮大和发展创造条件。平台企业自身为了实现高附加值和高成长性，也要持续进行技术创新和商业模式创新，而这些创新无疑会助力数字服务经济的繁荣。

3. 加快制造业数字化、服务化转型

平台经济的发展为制造业、服务业的深度融合，以及数字技术的应用创造了有利的条件。在平台企业不断壮大发展的过程中，制造业企业更需要利用有效的平台打通制造和流通之间的瓶颈，实现产品制造链和商品流通链的有效衔接。特别是平台对制造业数字化、服务化转型具有积极的推动作用，能够提供极为丰富的用户资源、快捷的销售渠道，创新营销模式，降低运营成本，获取更高的利润。

4. 助力数字服务供需方式变革

平台经济所提供的交流和交易模式正在深刻改变着服务供需方式。随着数字技术助力的高度联通社会的形成，特别是数据要素的生成和壮大，各种要素的流动，以及人与人之间的交流和互动更为频繁。平台的发展及平台企业的成长使数字服务供需方式发生着重大变化。各个领域的平台企业正在蓬勃兴起，助推数字服务经济的繁荣。

三、共享经济理论与数字服务经济

(一)共享经济理论

1. 共享经济的概念

共享经济是指拥有闲置资源的机构或个人有偿让渡资源使用权给他人,让渡者获取回报,分享者通过分享自己的闲置资源创造价值。

共享经济是一种优化资源配置、加强社会治理的新经济模式,是基于互联网等现代信息技术支撑,由资源供给方通过技术平台将暂时闲置的资源(或技能服务),有偿提供给资源的需求方使用,需求方获得资源的使用权(或享受服务),而供给方则获得相应报酬的市场化模式。

2. 共享经济的特征

(1)依托网络信息平台。作为一种新的经济形式,共享经济依托网络信息平台或智能移动终端,将计算机、电话、网络平台等全部联通,将所有参与者都连接起来,提供便捷高效的技术支持和信息服务。智能终端便携易用、性能越来越强大,用户使用这些设备来处理工作的意愿越来越明显。因此网络信息平台能够实现资源、产品或服务的相关信息、使用状况等及时沟通共享,为共享经济提供技术、基础设施和相关条件支撑。

(2)资源要素的再配置。共享经济以闲置资源使用权的暂时性转移为本质,通过互联网平台将个体所拥有的作为一种沉没成本的闲置资源进行社会化利用,或者整合海量、分散、可能被浪费的资源,继续发挥其效用。共享经济准入门槛低,拥有一定资源的普通个体即可参与进来。广大参与者既是生产者又是消费者,既是供给方又是需求方。通过共享,物品或服务的需求者通过共享平台暂时性地从供给者那里获得使用权,而供给者采取以租代买,以租代售等方式让渡产品或服务的部分使用权,需求者以相对于购置而言较低的成本完成使用目标后再移转给其所有者,即不求拥有,只求为我所用。

(3)物品服务的高效利用。共享经济的核心是通过将所有者的闲置资源的频繁易手,重复性地转让给其他社会成员使用,以物品的重复交易和高效利用为表现形式,用户可以对产品或服务进行及时反馈,促使平台更注重用户体验。这种网络串联形成的分享模式把被浪费的资产利用起来,能够提升现有物品的使用效率,高效地利用资源,尽可能满足消费者的多样化和个性化需求,培育环保节约意识，实现个体的福利提升和社会整体的可持续发展。

(二)数字服务经济中的共享模式

1. 共享经济平台的服务对象及突出优势

数字服务经济与共享经济深度融合，形成多种多样共享模式。过去，共享经济平台的服务对象主要是 C 端消费者用户，随着这些业务逐步进入相对成熟阶段，如今越来越多的共享平台转向 B 端服务市场。共享经济平台在服务 B 端市场方面具有突出优势。一是平台拥有庞大的消费者流量及数据资源，可以帮助企业进行精准用户画像、提供客源基础、收集用户反馈，更好地满足消费者多样化、个性化需求。二是通过规模效应实现服务降本增效。共享平台作为多主体力量整合的纽带，能够集聚、整合、分享产业链资源，为企业及商户提供高效率低成本的相关服务。如今共享经济已经深度融入我国数字服务经济的各行各业，在保障民生供给、推动复工复产、扩大消费、提振内需、促进灵活就业等方面都发挥了重要作用。

2. 共享经济常见模式

共享经济通过互联网把社会闲散资源和需求集中到平台上，采用数字化匹配对接进行交易，供方获得报酬，需方获得闲散资源的有偿使用权，常见的模式如下。

(1)共享出行。交通出行是共享经济目前在全球范围影响最广、争议最多，也是最彻底贯彻共享经济精神的领域，主要有共享租车、共享驾乘、共享自行车、共享停车位四种类型。

(2)共享空间。空间是无处不在的资源，但它有明确的属性特征，主要包括共享住宿空间、共享宠物空间及共享办公场所空间三种产品形态。

(3)共享金融。金融与互联网模式相互渗透，促使金融的共享经济需求诞生，主要有 P2P 网贷模式与众筹模式。金融共享经济通过互联网平台快速高效搜寻和撮合资金的供需方，加快资金的周转速度，最大限度发挥资金的使用价值，让更多人享受到金融服务。

(4)共享美食。消费者可以通过相关平台软件的应用查看附近餐厅、菜谱和评价，并预订座位，平台通过向餐厅收取一定费用来实现收入。

(5)共享医疗健康。患者可以享受众多医生通过预约平台提供的按需服务。

共享经济深入不同行业、项目中，在数字技术的赋能下创新出新的业态和模式。2022 年 3 月，国家信息中心正式发布《中国共享经济发展报告(2022)》。报告指出，2021 年我国共享经济继续呈现出巨大的发展韧性和潜力，全年共享经济市场交易规模约 36881 亿元，同比增长约 9.2%；直接融资规模约 2137 亿元，同比增长约 80.3%。不同领域发展不平衡情况突出，办公空间、生产能力和知识技能领域共享经济发展较快，交易规模同比分别增长 26.2%、14% 和 13.2%；受疫情区域性暴发和部分城市监管政策调整等影响，共享住宿领域市场交易规模同比下降 3.8%。从共享服务的发展态势看，2021 年在线外卖收入占全国餐饮业收入的比重约为 21.4%，同比提高 4.5 个百分点；网约车客运量占出租车总客运量的比重约为 31.9%；共享住宿收入占全国住宿业客房收入的比重约为 5.9%。从居民消费的角度看，2021 年在线外卖人均支出在餐饮消费支出中的占比达 21.4%，同比提高了 4.4 个百分点。网约车人均支出占出行消费支出的比重约为 8.3%，共享住宿人均支出在住宿消费中的占比约为 5.9%。

四、长尾理论与数字服务经济

（一）长尾理论的内涵

所谓长尾理论是指只要产品的存储和流通的渠道足够大，需求不旺或销量不佳的产品共同占据的市场份额可以和那些少数热销产品所占据的市场份额相匹敌，甚至更大，即众多小市场汇聚成可产生与主流市场相匹敌的市场能量。也就是说，企业的销售量不在于传统需求曲线上那个代表"畅销商品"的头部，而是那条代表"冷门商品"经常为人遗忘的长尾。

长尾市场也称"利基市场"。"利基"一词是英文"Niche"的音译，意译为"壁龛"，有拾遗补阙或见缝插针的意思。菲利普·科特勒在《营销管理》中给利基下的定义为：利基是更窄地确定某些群体，这是一个小市场并且它的需要没有被服务好，或者说"有获取利益的基础"。通过对市场的细分，企业集中力量于某个特定的目标市场，或严格针对一个细分市场，或重点经营一个产品和服务，创造出产品和服务优势。

过去人们只能关注重要的人或重要的事，如果用正态分布曲线来描绘这些人或事，人们只能关注曲线的"头部"，而将处于曲线的"尾部"、需要更多的精力和成本才能关注到的大多数人或事忽略。在网络时代，由于关注的成本大大降低，人们有可能以很低的成本关注正态分布曲线的"尾部"，关注"尾部"产生的总体效益甚至会超过"头部"。

(二)数字服务经济中的长尾现象

数字经济有着典型的正外部效应、集聚效应、长尾效应和协同效应等，能够发挥数字经济的创新红利和智能化红利。长尾理论认为伴随着数字经济的兴起，以先进信息技术为主要动力，基于少数人的知识技能，充分利用数据要素生产率（生产知识，并把知识转化为技术，以及把技术转化为产品的效率）的特性，可以实现内生式增长。其特点主要包括：一是生产过程的初始固定投入高，但边际成本递减。信息、知识等共同要素几乎可以零成本从 A 类产品生产转移到 B 类产品生产。伴随大工业时代的长期发展，几乎所有的生产要素数量都更加充裕，并且提供成本呈递减趋势。二是互联网技术可实现销售"零成本"。借助搜索引擎、电商平台与数字社交网络，以及业务流程数字化，各类小规模用户的差异化需求都可以低成本汇聚起来，近乎无时滞、无死角、无重复地"零成本"提供并销售给目标用户。这一方式有效地提高了长尾市场的流动性，并因此带来了更多消费。通过实现需求方规模经济，整体实现了占有高市场份额的目标。

以数字金融为例，它是通过互联网及信息技术与传统金融行业相结合的一种新型金融服务，通俗来说就是传统金融加上互联网的一种形式。延长服务对象长尾、扩大服务范围、实现规模经济和范围经济是数字金融发展的重要策略。随着云计算、大数据、人工智能等数字技术的发展和应用，银行逐渐具备了挖掘、经营以中小微企业为主的长尾客户的能力。以蚂蚁金服为例，余额宝不断向农村地区渗透，吸引大量游离在传统金融机构外围的用户将零散资金存入余额宝。余额宝为广大长尾用户带来资金增值的机会，规模庞大的长尾用户也成就了余额宝，使得今日之余额宝有如此的规模和影响力。同时还可以通过不断提高金融产品的创新能力，加强投资者教育，有效提高投资者对金融产品的接触和了解程度，开发受欢迎的金融产品和服务来加厚长尾。此外数字金融用户以年轻人为主，他们大多是互联网的原住民，处于生命周期的发展期，容易接受新的事物，对理财投资、创业融资有更多的需求。因此可以通过金融创新驱动头部向长尾转移。

当然在文化及其他领域同样存在大量的长尾现象，如数字音乐、数字图书等存在的小众市场，虽然单个数量少，但是总体数量有可能很大。每种产品和服务可能产生一点利润，加到一起，所创造的价值是不可小觑的。

第二节　数字服务经济的竞争优势理论

一、国际竞争力的主要理论

从比较优势到竞争优势，既是产业也是贸易寻求优化升级的动力和结果。在全球化时代，国际竞争优势已经引起国际社会各界的广泛关注。1985年，世界经济论坛（WEF）首次提出了国际竞争力的概念，认为国际竞争力是"一国企业能够提供比国内外竞争对手更优质量和更低成本的产品与服务的能力"。1991年，国际管理发展学院（IMD）和世界经济论坛将国际竞争力的概念定义为"在世界范围内一国企业设计、生产和销售产品与服务的能力，其价格和非价格特性比国内外竞争对手更具有市场吸引力"。

1994年，瑞士国际管理发展学院和世界经济论坛修改了国际竞争力的定义和评价准则，认为"国际竞争力是指一国或公司在世界市场上均衡地生产出比其竞争对手更多财富的能力"。1996年，世界经济论坛将国际竞争力定义为"一国使人均国内生产总值实现持续高速增长的能力"。2003年，瑞士国际管理发展学院认为国际竞争力是"一国创造与保持一个能够使企业持续产出更多价值、人民拥有更多财富的环境的能力"。经济合作与发展组织把国际竞争力定义为"一国能够在自由公正的市场条件下生产产品和服务，而这些产品和服务既能达到国际市场的检验标准，又能使该国人民的实际收入保持不变并有所提高的能力"。美国竞争力政策委员会对国际竞争力的定义和经济合作与发展组织相似，认为"国际竞争力是指一国既能提供满足国际市场检验标准的产品和服务，又能长期持续地提高国民生活水平的能力"。

从国际竞争力概念的演进来看，国际竞争力是一个多层次、综合性的概念。从国际贸易视角来看，其相关理论可以追溯到绝对优势论和比较优势论，而对外贸易竞争力就是一国国际竞争力的重要体现，因而可以用外贸竞争力来反映和衡量。外贸竞争力是指一国或地区在国外市场的份额并获取长期利润的能力。影响对外贸易活动的内在因素可以用来解释一国国际竞争力的强弱。

实践证明，在国际竞争中仅有相对优势的国家不一定有竞争优势，特别是对发展中国家而言更是如此。比较优势更多地强调各个国家优势的潜在可能性，而竞争优势则更多地强调各国优势的现实状态；比较优势涉及的主要是各国不同产业、产品之间的国际交换关系，体现各个国家间不同产业之间劳动生产率的比较优势和相对优势，而竞争优势涉及的是各国间同一产业内的国际交换关系，体现的是各国相同产业生产率的绝对优势。

20 世纪 80 年代以后，随着经济全球化和信息化进程的加快，真正在一个明确的竞争力概念下，以一套完整的理论体系来揭示国际竞争力演变规律的理论才逐渐出现。当代国际竞争力理论中最具代表性的有国家竞争优势理论、核心竞争力理论、瑞士国际管理发展学院(IMD)的国际竞争力理论等。

（一）国家竞争优势理论

哈佛大学的波特教授在《国家竞争优势》一书中，在继承发展传统的比较优势理论的基础上提出了独树一帜的"国家竞争优势"理论，认为现有的国际贸易理论存在一定的缺陷，即问题的关键是应当揭示为何一个国家在某个特定行业能够获得国际性的成功并进而取得垄断性的行业地位，为贸易理论的发展做出了巨大的贡献。

1. 波特国家竞争优势理论的特质

波特的国家竞争优势理论的中心思想是一个国家的四个基本方面的特质构成该国企业的竞争环境，并促进或阻碍国家竞争优势的产生。这些特质包括：

其一，资源与才能要素，即一个国家的生产要素状况，包括熟练劳动力，以及在某一行业竞争所必须具备的基础设施条件。生产要素可分为基本要素和高级要素两类，其中高级要素的优劣是一国国际竞争力强弱的主要决定因素。

其二，需求条件，即某个行业产品或服务的国内需求性质。国内需求可分为细分的需求、挑剔的需求、前瞻性需求三类。

其三，关联和辅助性产业，即国内是否存在具有国际竞争力的供应商和关联辅助行业。关联产业是指因共用某些技术、共享同样的营销渠道或服务而联系在一起的产业或具有互补性的产业；辅助性产业则通过低成本的原料和中间产品的提供、信息的传递、提供合作机会等为主导产业创造优越的外部环境。

其四，企业战略、结构和竞争企业，即国内支配企业创建、组织和管理的条件，以及竞争的环境。

波特将这四个方面的特质构成一个菱形，认为当某些行业或行业内部的菱形条件处于最佳状态时，该国企业取得成功的可能性最大。波特菱形同时还是一个互相促进增强的系统，任何一个特质的作用发挥程度取决于其他特质的状况。

机遇和政府是另外两个能够对国家菱形条件产生重要影响的变量，包括重大技术革新在内的一些机遇事件会产生某种进程中断或突变效果，从而导致原有行业结构解体与重构，给一国的企业提供排挤和取代另一国企业的机会；政府部门通过法规、投资等政策选择，能够削弱或增强国家竞争优势。

2. 波特国家竞争优势理论的贡献

波特的国家竞争优势理论的主要贡献在于：第一，该理论提出的国家竞争优势的决定因素系统，为分析各国竞争优势的基础，预测它们竞争优势的发展方向及长远发展潜力提供了一个非常有用的分析工具。第二，该理论强调动态竞争优势的形成和发展，且动态竞争优势的重要性在不断增强。第三，该理论强调国内需求的重要性，指出了国内需求同国家竞争优势之间的因果关系。国内买主的结构、买主的性质、需求的增长、需求结构的变化都对一国的竞争优势有决定性的作用。第四，该理论强调国家在决定企业竞争力方面的关键作用。在全球化时代，国家的作用实际上是加强了而不是削弱了。波特的理论强调加强国家对企业竞争优势的培育和促进，对企业竞争优势的发展无疑具有积极意义。

波特的国家竞争优势理论对于数字服务经济竞争优势的研究具有重要的理论指导意义，重要的是要结合数字服务经济的特征和规律进行更为深入的分析。

（二）核心竞争力理论

企业竞争力理论是国际竞争力理论的重要组成部分，它从企业内部寻找国际竞争力的来源。1990年，作为核心竞争力理论的开拓者，普拉哈拉德和哈默提出了"企业核心竞争力"的概念。他们指出核心竞争力是"组织中的积累性学识，特别是关于如何协调不同的生产技能和有机结合多种技术流派的学识"，是企业长期形成的，蕴含于企业内部的，企业独具的，支撑企业过去、现在和未来竞争优势，并使企业长期在竞争环境中取得主动的核心能力。他们认为建立核心竞争力是公司长期竞争优势的来源。从短期来看，公司竞争力取决于当前产品的价格和性能比。从长期来看，竞争力取决于能以比竞争对手更低的成本和更快的速度建立可以应用于无法预知的未来产品的核心竞争力能力。

斯奈德和埃贝林认为真正的核心竞争力就是那些有形的价值增值活动。他们认为优势技术、良好的商誉、顾客忠诚等并不是核心竞争力，它们只是发挥核心竞争力作用的结果，核心竞争力应该被看作一种能为公司创造长期竞争优势的能力，正是这种能力才创造出优于竞争者的优势技术、良好的商誉、顾客忠诚等。

核心竞争力理论的主要观点：①企业是一个能力集合体，企业的能力可分为技术开发能力、市场开拓能力、管理创新能力、生产组织能力、社会协调能力等，而核心竞争力在企业各种能力中处于中心和支配地位；②核心能力是企业拥有的最主要的资源，企业之间核心能力的差别是企业效率差异和收益差异的主要原因，通过对核心技术、核心产品的开发和控制，企业可以始终保持领先优势和垄断优势；③企业拥有的核心能力是企业长期竞争优势的源泉，核心竞争力具有战略价值，它是独特的，是不可引进或模仿的，暗含于企业文化、员工的观念和行为方式之中。①

核心竞争力理论从企业层面出发提出增强国际竞争力的重点和途径，对于数字服务经济竞争优势的来源和形成具有一定的解释力和指导力。

(三)瑞士国际管理发展学院的国际竞争力理论

瑞士国际管理发展学院认为国际竞争力是指一国提供能够创造增加值和积累国民财富的环境的能力。这一竞争力环境既是一国传统、历史和价值体系变迁的结果，也是政治、经济和社会发展的产物。在塑造国际竞争力环境中，存在着吸引力与扩张力、本土化与全球性、资产与过程、个人冒险精神与社会凝聚力这四种力量。一国只有主动把握与平衡这四种力量，才能推动国际竞争力的发展。

通过20多年来对国际竞争力理论与政策的研究，IMD提出了一国提升国际竞争力的十大要素。这十大要素分别是：①创建一个稳定、可预测的法制环境；②构造一个灵活和弹性的经济结构；③优先投资基本基础设施和技术基础设施；④促进私人储蓄和国内投资；⑤在吸引国外直接投资的同时增强在国际市场上的扩张力；⑥政府和行政管理机构需在服务质量、工作效率和透明度方面努力创新；⑦保持工资水平、生产率和税收之间的合理关系；⑧减小收入分配不公，扩大中间阶层，确保社会结构的稳定优化；⑨增加教育投资，尤其是注重中等教育水平的提高和劳动力的终身培训；⑩保持经济运行在全球化和本土化之间的整体协调，促进国民财富创造能力的持续提高，维护公民意愿及其所追求的价值体系。

瑞士国际管理发展学院的国际竞争力理论对增强数字服务经济的竞争力同样具有一定的指导意义。

二、数字服务经济竞争优势的形成

影响数字服务经济竞争优势形成的因素是多方面的，其中数字科技、数字资

---

① 王勤. 当代国际竞争力理论与评价体系综述[J]. 国外社会科学，2006(6)：32-38.

源、数字基础设施是数字服务经济竞争优势形成的基础，数字经济、数字服务、数字治理是数字服务经济竞争优势的核心，数字创新和数字安全是数字服务经济竞争优势的支撑和保障。

（一）数字科技

数字科技是数字服务经济竞争优势形成的重要影响因素。高水平发展的数字科技及数字服务经济的广泛应用不仅为数字服务经济注入强劲的科技动力，而且将成为数字服务经济竞争优势形成的科技基础，对竞争优势的维持及发展有直接的影响。

（二）数据资源

数据资源是人类从工业社会进入信息社会的产物。数据资源并非单一数据，而是可利用或可能被利用的数据集合。作为数据资源的数据，只有具有一定的数量和可用的质量，才能够满足特定的用途。数据资源持有权、数据加工使用权、数据产品经营权等分置的产权运行机制对数据资源功能发挥以及数字服务经济竞争优势的形成具有重要意义。

（三）数字基础设施

数字基础设施是以数据创新为驱动，以通信网络为基础，以数据算力设施为核心的基础设施体系。数字基础设施主要涉及 5G、数据中心、云计算、人工智能、物联网、区块链等新一代信息通信技术，以及基于此类技术形成的各类数字平台，服务人们工作、生活的方方面面。3D 打印、智能机器人、AR 眼镜、自动驾驶等新型数字科技广泛拓展了数字基础设施的应用范围。数字基础设施是数字服务经济竞争优势形成的又一重要基础。它在推动高度联通社会的建设，释放数字潜能，提升产业链价值，筑牢数字底座等方面发挥着重要作用。

（四）数字经济

数字经济作为推动经济发展的新动能，不断孕育出电子商务、共享经济、科技金融等新模式、新业态。以分享经济的发展成效为例，近年来以 Uber、Airbnb、摩拜为代表的分享经济业态成为热点，从欧美向全球上百个国家迅速扩展，以中国为代表的新兴市场逐渐成为分享经济增长的新动力。数字经济发展水平是影响数字服务经济竞争优势的极为重要的因素。

(五)数字服务

数字服务在推动生产生活高质量发展及创新变革等方面作用突出。一国数字化能否实现可持续发展,关键在于信息化和网络技术能否为广大人民群众的生产生活带来切实的便利。数字服务竞争力彰显了数字技术在促进经济发展、科技进步之外,对人民生活直接的影响。因此数字服务的水平及竞争力成为数字服务经济竞争优势形成的关键因素。

(六)数字治理

数字治理在数字服务经济中的地位和作用日益重要。构建一体化数据资源体系,整合打通社会运行各方面数据资源,推进面向生产生活重点领域的智慧化应用等是数字治理的重要取向,也是提升数字服务经济竞争优势的关键。

(七)数字创新

大数据、人工智能等新一代信息技术飞速发展,数字创新的驱动引领作用日益凸显,数字创新成为数字社会发展进步的重要动力,有力地推动了数字服务经济的发展。数字化创新下衍生而来的新应用、新产品、新业态层出不穷,各项技术深度融合成为新的发展方向,极大提升了创新发展的效率,成为数字服务经济竞争优势的重要保障。

(八)数字安全

数字安全是指在数字时代与数字化相关的一切安全要素、行为和状态的集合,既包括保障数字经济的安全性,也包括将数字技术用于安全领域。数字安全以数字身份为核心,以元安全为基础底座,涵盖了信息安全、网络安全、数据安全、隐私保护等领域或场景。除此之外,数字安全还包括利用数字技术保障数字基础设施的物理安全。虽然数字安全更偏重数字经济与数字技术,但是它与偏重国家网络主权的网络空间安全在法律、标准、技术上也是相通的。数字安全是数字化发展及提升数字服务经济竞争优势的基础保障。

三、数字服务经济竞争力衡量

目前,各国已充分认识到数字化的重要性与必要性,相关权威机构从经济、社会、技术等角度开展了丰富的探索和研究。国际电信联盟较早开展信息技术发展的相关测度,自 1995 年开始发布 ICT 发展指数,专业性较强。2001 年,联合国开始对电子政务发展进行测度,并得到了广泛认可。2002 年,世界经济论坛开启网络准备度的测算,并提出相关环境、应用和影响测评。欧盟委员会自 2014 年开始测算数字经济发展程度,发布数字经济与社会指数。中国信息通信研究院、赛迪顾问、上海社会科学院也开展了数字经济指数和数字经济竞争力指数的测评,相关结果被广泛应用(见表 2-1)。此外,埃森哲、思科等企业也纷纷开展数字社会相关指数测量。

表 2-1　全球数字竞争力相关指数

序号	发布方	指数
1	国际电信联盟	ICT 发展指数
2	世界经济论坛	网络就绪指数(NRI)
3	中国国家统计局	中国信息化发展指数
4	欧盟委员会	数字经济与社会指数(DESI)
5	经济合作与发展组织	全球知识竞争力指数
6	埃森哲	数字化密度指数
7	哈佛商业评论	数字进化指数
8	国际数据公司	全球信息社会指数
9	思科	全球云指数
10	联合国	电子政务指数
11	联合国	全球网络安全指数
12	罗兰贝格	全球智慧城市战略指数
13	华为	全球联接指数
14	英国开放基金会	全球开放数据指数
15	国家信息中心	全球信息社会发展报告
16	中国经济信息社	全球智能制造发展指数

资料来源:国家数字竞争力指数研究报告(2019)[R].腾讯研究院,中国人民大学统计学院。

(一)欧盟数字经济与社会指数(DESI)

欧盟对数字经济的研究开展较早。从 2014 年起欧盟发布了 DESI。DESI 根据

OECD 的方法编制而成，理论水平较高，并具有较高的科学性和可延续性，充分反映了欧盟各的数字经济发展程度。欧盟构建的数字经济与社会指数指标体系包含 5 个一级指标，14 个二级指标（见表 2-2）。同时，DESI 还充分考虑了数字经济对社会的影响，不仅能揭示欧盟各国数字经济发展状况，还能反映数字化公共服务领域的情况。此外，DESI 的数据来源于欧盟各项专业统计调查，因此 DESI 的指标具备良好的数据支撑。DESI 指数框架设计为我国开展数字经济指数研究提供了较强的理论依据，调查数据采集的工作机制也值得中国政府统计部门借鉴。

表 2-2　欧盟数字经济与社会指数指标体系

一级指标	二级指标
宽带接入	固定宽带
	移动宽带
	高速宽带
	超高速宽带
	宽带价格指数
人力资本	互联网用户技能
	高级技能及发展
互联网使用情况	互联网使用
	在线活动
	交易
数字技术应用	企业数字化
	电子商务
数字化公共服务	电子政务
	电子健康

资料来源：欧盟委员会。

（二）经济合作与发展组织数字经济指标体系

经济合作与发展组织非常重视数字经济测度研究。在该组织官方出版物《衡量数字经济：一个新的视角》中，对数字经济的关键领域进行了详细的说明，构建了具有 38 个指标的数字经济指标体系(见表 2-3)。OECD 的数字经济指标体系具有较强的国际可比性。由于经济合作与发展组织没有类似于欧盟各国数据采集的工作机制,也没有选取固定的样本国家开展数字经济发展情况评价工作,因此 OECD 的相关研究工作仅仅停留在理论研究层面。

表 2-3 OECD 数字经济指标体系

一级指标	二级指标	一级指标	二级指标
投资智能化基础设施	宽带普及率	赋权社会	互联网用户
	移动数据通信		在线行为
	互联网发展		用户复杂性
	开发更高速度		数字原住民
	网络连接价格		儿童在线
	ICT 设备及应用		教育中的 ICT
	跨境电子商务		工作场所中的 ICT
	网络安全		电子商务消费者
	感知安全和隐私威胁		内容无边界
	完善网络安全和隐私证据基础		电子政府应用
			ICT 和健康
创新能力	ICT 与研发	ICT 促进经济增长与增加就业岗位	ICT 投资
	ICT 行业创新		ICT 商业动态
	电子商务		ICT 附加值
	发挥微观数据的潜力		信息产业劳动生产率
	ICT 专利		测度经济服务质量
	1CT 设计		电子商务
	ICT 商标		ICT 人力资本
	知识扩散		ICT 工作岗位及 ICT 行业工作岗位
			贸易经济与 GVC

资料来源:经济合作与发展组织。

(三)联合国国际电信联盟 ICT 发展指数

联合国国际电信联盟开展数字经济相关指数研究较早，且连续性较强，有长期的研究积淀和专业性。从 1995 年开始，截至 2017 年共九次发布了 ICT 发展指数(IDI)。ICT 发展指数得到各国政府和各部门广泛采用，2017 年共测评世界 176 个经济体，充分反映并比较了不同国家和不同时段的 ICT 发展情况。IDI 包含 11 个指标，内容涉及 ICT 接入、ICT 使用和 ICT 技能。IDI 虽然涉及指标较少，测度内容不多，也没有直接构建数字经济的指标体系，但其在指标选取、构建指标体系等方面仍为后来的研究提供了重要的理论参考。

表 2-4　联合国国际电信联盟 ICT 发展指数指标体系

一级指标	二级指标
ICT 接入	固定电话覆盖率、移动电话覆盖率、用户平均国际互联网带宽、家庭计算机普及率、家庭互联网接入率
ICT 使用	互联网用户率、商定宽带使用率、移动宽带使用率
ICT 技能	入学年限中位数、初中入学率、高等教育入学率

资料来源：国际电信联盟。

第三节　数字服务经济理论创新

一、数字服务经济与高质量发展

高质量发展是全面建设社会主义现代化国家的首要任务。2017 年，党的十九大报告明确提出，我国经济已由高速增长阶段转向高质量发展阶段，正处在转变发展方式、优化经济结构、转换增长动力的攻关期。2020 年，党的十九届五中全会明确指出，我国已转向高质量发展阶段，"十四五"时期经济社会发展要以习近平新时代中国特色社会主义思想为指导，以推动高质量发展为主题，以深化供给侧结构性改革为主线，以改革创新为根本动力，以满足人民日益增长的美好生活需要为根本目的，统筹发展和安全，加快建设现代化经济体系，加快构建以国内大循环为主体、国内国际双循环相互促进的新发展格局。

2021 年，党的十九届六中全会总结了党的百年奋斗重大成就和历史经验，对高质量发展作了更为全面的论述：我国经济发展进入新常态，已由高速增长阶段转向高质量发展阶段，面临增长速度换挡期、结构调整阵痛期、前期刺激政策消化期"三期叠加"的复杂局面，传统发展模式难以为继。贯彻新发展理念是关系我国发展全局的一场深刻变革，不能简单以生产总值增长率论英雄，必须实现创新成为第一动力、协调成为内生特点、绿色成为普遍形态、开放成为必由之路、共享成为根本目的的高质量发展，推动经济发展质量变革、效率变革、动力变革。提出要把握新发展阶段，贯彻新发展理念，加快构建以国内大循环为主体、国内国际双循环相互促进的新发展格局，推动高质量发展，统筹发展和安全。

习近平总书记在党的二十大报告中指出："高质量发展是全面建设社会主义现代化国家的首要任务。发展是党执政兴国的第一要务。没有坚实的物质技术基础，就不可能全面建成社会主义现代化强国。"必须完整、准确、全面贯彻新发展理念，坚持社会主义市场经济改革方向，坚持高水平对外开放，加快构建以国内大循环为主体、国内国际双循环相互促进的新发展格局。党的二十大对推动高质量发展提出了重大原则和总体要求，部署了重点任务和重大举措。只有把这些重大原则、总体要求、重点任务、重大举措落实到位，才能真正推动高质量发展。

当前我国数字服务经济研究正迎来创新发展的重要历史阶段。中国特色社会主义进入新时代，需要以更大的道路自信、理论自信、制度自信和文化自信，开创以新发展理念和高质量发展理论为内核和基础的中国数字服务经济理论创新的新境界和新水平。

新发展理念是由创新、协调、绿色、开放、共享五大理念所构成的一个有机整体。它体现出历史唯物主义和辩证唯物主义的系统观和方法论，是对社会经济发展一般规律的最新认识。高质量发展是 2017 年中国共产党第十九次全国代表大会首次提出的新表述，表明中国经济由高速增长阶段转向高质量发展阶段。新发展理念与高质量发展理论是中国服务贸易理论创新的内核和基础，是指引服务贸易实践发展的基本理念和理论。

贯彻新发展理念，推进高质量发展，创新数字服务经济理论，就是要用历史、系统、辩证的观点深入分析数字服务经济所处的发展阶段，所面临的发展形势和要求，就是要在服务自身特征和规律的基础上，与新发展理念及高质量发展实现理论上的融合，形成中国特色社会主义新时代下的数字服务经济理论创造和创新。在重视实证分析的基础上，加大规范分析；在重视微观分析的同时，强调宏观的引导和调控。以习近平新时代中国特色社会主义思想为指引，以中国特色社会主义经济实践为动力，开创中国数字服务经济理论创新的新局面。

二、数字服务经济与共同富裕

共同富裕是社会主义的本质要求，是人民群众的共同期盼。改革开放以来，通过允许一部分人、一部分地区先富起来，先富带后富，极大解放和发展了社会生产力，人民生活水平不断提高。党的十八大以来，以习近平同志为核心的党中央不忘初心、牢记使命，团结带领全党全国各族人民，始终朝着实现共同富裕的目标不懈努力，全面建成小康社会取得伟大历史性成就，特别是决战脱贫攻坚取得全面胜利，困扰中华民族几千年的绝对贫困问题得到历史性解决，为新发展阶段推动共同富裕奠定了坚实基础。

党的十九届五中全会对扎实推动共同富裕作出重大战略部署。实现共同富裕不仅是经济问题，而且是关系党的执政基础的重大政治问题。共同富裕具有鲜明的时代特征和中国特色，是全体人民通过辛勤劳动和相互帮助，普遍达到生活富裕富足、精神自信自强、环境宜居宜业、社会和谐和睦、公共服务普及普惠，实现人的全面发展和社会全面进步，共享改革发展成果和幸福美好生活。随着我国开启全面建设社会主义现代化国家新征程，必须把促进全体人民共同富裕摆在更加重要的位置，向着这个目标更加积极有为地进行努力，让人民群众真真切切感受到共同富裕看得见、摸得着。

共同富裕是全体人民的富裕，不是少数人的富裕；是人民群众物质生活和精神生活双富裕，不是仅仅物质上富裕而精神上空虚；是仍然存在一定差距的共同富裕，不是整齐划一的平均主义同等富裕。2021年5月《中共中央 国务院关于支持浙江高质量发展建设共同富裕示范区的意见》下发，我国共同富裕进入实践推进探索的新阶段。

数字服务经济能够促进人力资本的积累。在数字技术的支持下，知识的学习和获取打破了时空限制，能够有效改善落后地区学习资源匮乏的问题，使落后地区人力资本有更大的提升空间。同时数字服务经济的发展能够加速技术的扩散和知识的外溢，促进市场一体化发展，重塑经济地理格局，有利于落后地区发挥后发优势，追赶发达地区，从而缩小地区差距。

数字服务经济的蓬勃发展在实践上将助力共同富裕，而共同富裕的理论研究与实践反过来又成为数字服务经济理论创新的重要源泉。未来的数字服务经济显然将愈加指向人的全面发展，破解不平衡不充分问题，特别是在城乡区域发展、收入分配差距较大，各地区推动共同富裕的基础和条件不尽相同的情况下，数字服务经济在共同富裕理论研究中将拥有更丰富的理论资源和创新空间。

本章小结

蓬勃发展的数字服务经济是学习和研究该领域的基本动力和实践基础。全面深入把握数字服务经济，不仅仅需要在理论层面上加强思考，更需要紧随现实发展，在鲜活的生产实践中去观察、思考数字服务经济领域各种各样的新现象、新问题。要增强我国数字服务经济的竞争优势，特别是加强数字服务经济理论创新和探索实践。要坚定走中国特色社会主义道路，在新时代建设和高质量发展的过程中，推动我国数字服务经济的发展和理论探索迈上新台阶。

复习思考题

1. 查阅资料，谈谈数字服务经济中的比较优势、平台功能、共享模式和长尾现象。
2. 简述数字服务经济竞争优势的形成。
3. 查阅资料，谈谈数字服务经济中的高质量发展。
4. 试讨论我国数字服务经济理论创新的机遇及面临的问题。

延 伸 阅 读

数字经济赋能高质量发展

第三章

数字服务供给

1. 掌握数字技术的概念与特征。
2. 理解数字技术在数字服务供给中的作用与应用。
3. 了解数字服务供给状况和服务供给数字化。
4. 理解数字服务业全球价值链攀升的路径和相关措施。

1. 通过对数字技术相关概念和特征的学习，增强对科技是第一生产力的认识，树立科技自立自强的信念。

2. 通过对数字技术在数字服务供给中的作用与应用的学习，强化对现实问题的关注，培养观察、思考的习惯和能力。

3. 通过对全球价值链与数字服务供给的学习，增强促进我国数字服务业全球价值链攀升的紧迫感，为今后进一步学习奠定基础。

案例引导

文化供给搭乘数字技术快车

第一节　数字技术与数字服务供给

一、数字技术的发展

(一)数字技术的概念

当今世界正加速迈入数字文明时代。数字科技迅猛发展，正推动生产方式、生活方式和治理方式的深刻变革，成为全球创新和经济增长的新动能。数字科技在电路的运行中诞生，伴随个人计算机和智能终端的普及而成长，并随互联网的飞速发展而日益成熟。数字科技已成为全球经济复苏不可或缺的动力，也是我国数字经济和科技强国建设的重要驱动力和连接器。

数字技术是一项与电子计算机相伴相生的科学技术，它是指借助一定的设备将各种信息，包括图、文、声、像等，转化为电子计算机能识别的二进制数字"0"和"1"后，进行运算、加工、存储、传送、传播、还原的技术。由于在运算、存储等环节中要借助计算机对信息进行编码、压缩、解码等，因此也称数码技术、计算机数字技术等。数字技术也称数字控制技术。作为一个技术体系，数字技术包括大数据、云计算、物联网、区块链、人工智能等技术。

(二)数字技术的发展趋势

数字技术正迎来前所未有的变革之势，深刻改变着人类社会。大数据、云计算、物联网、区块链、人工智能等不仅快速发展，而且在经济社会各方面的广泛应用中实现了迭代升级和创新变化。

1. 变革创新持续加速

当前数字技术变革创新持续加快。以5G、人工智能、区块链、大数据为代表的数字技术加速推进，催生了直播、电商、移动视频、社交网络等在线新经济形态出现，文化、教育、旅游、医疗等各行各业也涌现出了数字化的新产品和新服务模块。虚拟现实(VR)取得显著增长，VR头显及其他AR/VR设备的全球出货量达到新水平。区块链将变得更加安全和透明。随着量子计算和人工智能的兴起，区块链网络可能需要额外的安全措施才能抵御量子攻击。元宇宙是一个沉浸式的 3D 互联网。在推动元宇宙的发展方面，生成式 AI 的作用越来越突出。云计算、泛在 OS、量子计算、Web3 等正在重塑 ICT 的基础设施，机器触觉的增强，将使远程感知更为真实，基于远程会议和协作文档的数字办公将走向无界、在场和知识共创。

2. 数字技术融合突出

各种数字技术协同发力、互动融合，对人类社会的影响愈加深远。数字技术的深度融合不仅是技术层面的简单组合，更是技术集群、技术生态的深度融合。只有当不同层级、领域的融合达到足够的规模与深度，才能引爆"技术蛙跳"，从而开启跨越式发展。目前，技术集群的深度融合过程正在加速，新的数字技术将在融合过程中不断涌现，5G、工业互联网、物联网、云计算、车联网、大数据、人工智能、区块链等新一代信息技术推动经济社会各领域数字化、网络化、智能化转型不断深化。[①]

3. 技术应用不断拓展

数字技术一方面广泛应用于人类生产生活的方方面面，另一方面广泛深入的应用进一步增强了数字技术创新的动力，拓展了创新的空间。企业的技术研发、产品制造、商业运营蕴含着海量数据，有利于加速数字技术的本地化、本土化与市场化，为自主创新奠定了基础。企业生产运营的各环节对应着不同的数字技术集群，有利于加速数字技术在微观层面的技术融合。

二、数字技术在数字服务供给中的作用

(一)降低生产成本

数字技术在数字服务生产中发挥着重要的作用，降低生产成本是其重要作用的突出体现。首先，数字技术通过收集用户反馈数据、捕捉用户偏好提高研发项目决策的精确性，有效提高研发的准确度，减少失败概率，降低研发成本。其次，数字技术可以使企业依托互联网创新平台有效缓解信息不对称，促进产学研合作，帮助企业以极低的边际成本获取最新科研成果，吸收知识成果溢出，实现对最新行业成果的有效挖掘和学习。最后，数字技术能够有效降低产学研合作中的沟通协调成本，促使企业与企业之间、企业与研发机构和高校之间的联系更加紧密和便捷，实现对碎片化研究成果的整合推进。

---

① 贾利军. 立足数字技术融合 提升我国产业基础能力[N]. 光明日报，2021-12-21(11).

（二）提高生产效率

数字技术一方面在数字服务生产中促进生产成本的降低，另一方面又极大地提高生产效率。首先，数字技术通过提高企业信息化水平，促进产学研合作，进而提高制造业企业的生产效率。其次，数字技术能够优化人力资本要素。高素质的人力资本是其关键的生产要素。数字技术既能优化劳动力要素结构，又能成为人力资本的互补要素，优化人力资本的质量和结构，从而为数字服务生产效率提升提供高素质人力保障。再次，数字技术助力自由学习环境的形成，使用机器完成很多程序化任务或者提供智能服务，有利于员工利用碎片时间进行知识积累，获取工作所需的最新知识和技能，从而提高生产效率。最后，数字技术有利于"数字友好社会"建设，提高政府数字服务水平，强化行业规范，健全数字安全保障体系，包括完善数字标准体系，落实平台数据安全保护的主体责任，规范数字技术的应用，优化营商环境，提高生产效率。

（三）促进产业发展

数字技术能够推动服务企业的数字化转型，促进相关产业的创新发展。随着数字技术的不断成熟和完善，数字技术与实体经济的深度融合具备了条件，推动了新业态的创新发展，延伸了产业链，促进了产业新生态的建设。颠覆性的数字科技及其带动的商业模式和业态创新不但会在中短期形成战略性新兴产业、带动经济增长，而且随着新一轮科技革命和产业变革的持续深入推进，还会形成代表更长期发展方向的未来产业。特别是在数字技术的加持下，跨产业融合的态势愈加明显，数字产业的新蓝海正加速形成和扩大。此外，数字技术可以促进数字服务供给优化，大力发展数字服务市场，包括推动数字化服务优化升级，支持第三方数字化服务供应商、互联网平台等为企业和商家提供"量身定制"的数字方案。

（四）推动商业模式创新

数字化技术具备数字化、网络化、智能化的特征，可以带来风险控制能力加强、管理能力提升、业务流程优化、财务收益及商业模式创新，推动互联网平台加快开放数字生态，强化对小微企业和商家的数字化赋能。数字科技的发展和应用，催生出了新产品、新模式、新业态、新产业。新创企业需要更多地依赖数字技术及数字能力，通过数字平台与价值网络与其他创业主体共享信息和互补性资产，从而创新出系统性的新型商业模式。

三、数字技术在数字服务供给中的应用

（一）发展线上服务供给

在数字技术的加持下，线上服务供给蓬勃发展。线上办公本质是一种新型协作方式，可以在相关行业形成对线下模式的常态化补充。移动互联网之前是离线办公，工作需要去实实在在的办公室，沟通需要面对面交流或打电话、发邮件；移动互联网普及后，办公方式再次迎来变革，特别是在新冠疫情下，腾讯会议、Zoom、飞书等在线协作工具推动了在线办公的发展。随着 XR（扩展现实）、感知交互、虚拟仿真等技术的发展，电子合同、电子发票、电子认证等应用相继问世，线上办公未来发展前景广阔。此外，互联网医疗等服务也在兴起，其发展先后经历了在线问诊、远程会诊、智能诊断等阶段，实现线上线下数据共享和业务协同，拓展医疗服务空间和内容，线上问诊、检查结果、线上处方信息等互认制度有可能成为现实，有效地缓解医疗资源不平衡、不充足的问题。

（二）拓展虚拟服务空间

依据清华大学新闻与传播学院新媒体研究中心 2021 年发布的《2020—2021年元宇宙发展研究报告》中的定义，元宇宙是整合多种新技术而产生的新型虚实相融的互联网应用和社会形态，它基于扩展现实技术提供沉浸式体验，基于数字孪生技术生成现实世界的镜像，基于区块链技术搭建经济体系，将虚拟世界与现实世界在经济系统、社交系统、身份系统上密切融合，并且允许每个用户进行内容生产和世界编辑。元宇宙有望将社交、游戏、旅游、会展、教育、办公等场景纳入未来的生态版图，人们可以借助虚拟主机、VR、AR 等智能设备，通过触觉、声音、手势，甚至是神经信号来完成与虚拟世界的深度交互。届时，虚拟世界将和现实世界充分地融合渗透，使"虚拟"更加"现实"。

此外，人工智能融合了语音识别、语音合成、自然语言处理、多模态建模、知识图谱、3D 视觉技术和语音驱动面部动画，从虚拟客服、虚拟主播、虚拟偶像到各行业的数字员工，数字人正在以更快的速度融入经济社会，推动虚拟世界和现实世界的进一步融合。

(三)加强数字治理应用

从宏观层面来看,传统监管体系和监管治理手段不能适应数字和互联网经济发展的要求。数字技术加快推进数据汇聚治理,完善数据共享交换机制,推动数据资源规范化流通,打通服务部门的数据流通闭环,将数字化治理体系下探到组织最基层和区域最末梢,确保命令流转通畅有效。实现从数字化到智能化再到智慧化,充分释放数字技术红利和创新红利,努力让服务供给更便捷、更高效,不断推进数字经济监管体系和监管能力现代化,构建一体化在线监管平台,提高数字服务经济治理体系和治理能力现代化水平。

(四)优化组织管理流程

在数字经济时代,数字技术的加持和赋能对垂直层级化管理产生重要影响,以数据流引领物资流、技术流、人才流、资金流支撑商务领域的治理与规范,并实现和线下传统治理模式互补融合,形成标准化信息资源库、各子单位与部门链条化、业务流程闭环化、数据资源化,提高企业的单元效能,形成泛在、及时、准确的信息交互方式,大幅降低沟通、审核、监督、决策等成本,从而简化内部管理流程手续,全面实现信息化管理,提高内部运作效率。

第二节 数字化与数字服务供给

一、数字服务供给状况

(一)数字服务技术资源供给

作为以数字化手段为客户提供便利、舒适、效率提升或健康等各种形式附加值的经济活动的数字服务离不开数字技术的支持。数字技术对数字服务供给具有重要影响,是供给状况的重要方面。从数字技术及其发展趋势来看,数字服务供给的科技支撑将持续加强。从资源的角度来看,将计算机技术、通信技术及多媒体技术相互融合形成的以数字形式发布、存取、利用的优质数字资源供给无疑将助力数字服务供给。在数字服务供给过程中,数字服务内容的品质极为重要。从目前情况来看，我国在数字服务资源方面加大供给和品质提升力度。以数字教育资源为例，2022年3月28日，国家智慧教育公共服务平台正式上线，按照"应用为王、服务至上、简洁高效、安全运行"的总要求，国家智慧教育门户经过七次迭代升级，形成了"三平台、一大厅、一专题、一专区"的平台架构，开通智教中国通行证，持续优化门户视觉效果，用户体验持续提升。截至2022年11月底，平台网页版累计浏览量超过50亿人次，访客量达到8亿人，访问用户覆盖北美洲、南美洲、欧洲、亚洲、大洋洲、非洲六大洲200多个国家和地区，国际影响力进一步扩大。其他服务领域的数字资源供给也在持续扩大，品质不断提升。

（二）数字服务供给基础设施

数字基础设施是数字服务供给的重要支撑。中国互联网络信息中心（CNNIC）发布的《中国互联网络发展状况统计报告》显示，2022年，我国互联网基础资源持续增长，IPv6地址数量达67369块/32，同比增长6.8%，可有力支撑下一代互联网规模部署。我国光缆线路总长度达到5958万千米，比上年末净增477万千米，网络运力不断增强；我国千兆光网已经具备覆盖超过5亿户家庭的能力，5G基站达231万个。千兆城市平均城市家庭千兆光纤网络覆盖率超过100%，实现城市家庭千兆光网全覆盖。2021年11月，中央网络安全和信息化委员会印发的《提升全民数字素养与技能行动纲要》强调，要加快千兆光网、5G网络、IPv6等新型基础设施建设部署，不断拓展网络覆盖范围，提升网络质量，提高数字设施和智能产品服务能力。加大适老化智能终端供给，推进互联网应用适老化改造。加快推动信息无障碍建设，推广数字化助残服务，运用数字技术为残疾人的生活、就业、学习等增加便利。支持少数民族语言语音技术研发应用。有序引导科研院所、普通高校、职业院校、企业机构、团体组织、高端数字人才等发挥自身优势，开发设立数字素养与技能培训网站、移动应用程序和公众账号等，为数字资源提供多样化获取渠道。近年来，我国不断加快推进新型数字基础设施建设，5G基站、算力网络、工业互联网等数字设施建设取得了显著成效，但数字服务基础设施的业务服务能力及区域城乡发展不平衡情况需要进一步改善。

（三）数字服务供给主体

数字服务供给主体因数字技术的加持和赋能而不断变化，数字技术应用于政务服务，可以推动政府治理流程再造和模式优化，建设服务型政府，更好满足人民群众需要。数字技术推动服务企业的数字化转型，中小微企业成为数字服务供给的重要主体力量。在数字经济时代，越来越多的中小企业将发挥创新源头的技术先导力，深度挖掘产业龙头的市场需求，更好地赋能传统产业升级，发挥助推者的作用。中小微企业数字化转型速度、程度对推动我国产业升级有着重要作用。依据艾媒金榜(iiMedia Ranking)发布《2021年中国产业供给端数字化服务平台排行榜TOP10》，美团、拼多多、滴滴、携程、叮当快药、贝壳、行云集团、上海钢联、国联股份、卓尔智联十家企业登上榜单前十名，其中数字服务平台企业在其中占有重要地位。

(四)数字服务供给能力

随着数字技术的广泛应用，数字服务供给基础设施的完善及供给主体的壮大等，数字服务供给能力持续提升。从全球视野来看，各国在发展数字技术、推动数字经济发展的过程中，数字服务供给的整体能力得到加强。就我国来看，在数字经济蓬勃发展的背景下，服务业数字化转型不断提速，服务范围与规模持续扩大，服务供需日益高频化、动态化、精准化，数字服务供给能力得到进一步强化，但也存在不足。以算力基础设施为例，伴随各领域数字化转型加速，全社会对算力需求预计每年将以20%以上的速度快速增长，服务业不同场景的正常运转更是需要充足的算力资源来支撑。然而，当前我国算力水平总体仍然较低，国际权威管理咨询机构的统计评估，高算力国家的人均算力在1万亿次/秒以上，而我国为0.55万亿次/秒，距离高算力国家仍有差距。此外，还应进一步提升乡村数字服务供给能力，助力数字中国建设和乡村振兴。

二、服务供给数字化

服务供给数字化是数字经济和数字社会的发展需要。服务业数字化伴随着我国数字经济和数字社会的发展取得了丰硕的产业成果，SaaS软件服务、网络银行、第三方支付、电子商务、社交网络等商业模式广泛应用，平台经济、共享经济、数字贸易蓬勃发展。无接触式的数字服务需求，在居民消费端基本形成了基于智能手机应用的衣食住行购、科教文娱卫等数字服务供给。依据2022年11月工业和信息化部印发的《中小企业数字化转型指南》，主要面向中小企业、数字化转型服务供给方和地方各级主管部门，旨在助力中小企业科学高效推进数字化转型，提升为中小企业提供数字化产品和服务的能力，为有关负责部门推进中小企业数字化转型工作提供指引。总体来看，服务供给数字化重点涉及以下方面。

（一）推进管理数字化

管理数字化是利用计算机、通信、网络等技术，通过统计技术量化管理对象与管理行为，实现研发、计划、组织、生产、协调、销售、服务、创新等职能的管理活动和方法。推进管理数字化要加强顶层设计和推进，构建与数字化转型适配的组织架构，制定绩效管理、考核方案和激励机制等配套管理制度。定期组织企业经营管理者和一线员工参加数字化培训，深化数字化转型认知，提升数字素养和技能。引导业务部门和技术部门加强沟通协作，形成跨部门数字化转型合力。应用财务流程自动化、协同办公平台、标准化人力资源管理产品等，实现财务、办公、人力资源等管理环节数字化转型，提升企业管理精细化水平。应用工业互联网平台推动各环节数据综合集成、可视化和智能分析，优化企业经营管理决策。依托数字技术优势，突破服务职能裂解性和碎片化管理藩篱，摒除空间阻隔、层级鸿沟与服务割裂的体制痼疾，通过信息整合和资源共享，提升"在线治理"服务效能。同时改变以往政府单主体供给模式，打造多维度合作网络，解决供给内容碎片化问题。吸纳企业、社会组织等参与到数字服务行动者网络中来，构建数字服务共同体。

（二）开展业务数字化

业务数字化是服务供给数字化的重要内容，是利用数字技术改变商业模式，提供创造收入和价值的新机会。实现整个业务的数字化主要包括对象数字化，建立业务对象在数字世界的影视，丰富数据源；规则数字化，业务规则与应用解耦，规则可以配置；过程数字化，所有的业务过程自记录，可以留痕。在业务数字化后，应用感知、连接和智能方面的技术，实现从数据到信息，从信息到知识，最终智能应用知识来助力整个决策的全过程。在具体实践中，可以应用订阅式产品服务，推动研发设计、生产制造、仓储物流、营销服务等业务环节数字化，降低一次性投入成本。使用 SaaS 化的计算机辅助设计（CAD）、计算机辅助工程（CAE）等工具开展数字化研发设计，发展众包设计和协同研发等新模式，提升研发设计效能。应用云化制造执行系统（MES）和高级计划与排程（APS）等数字化产品，优化生产制造资源配置，实现按需柔性生产。应用仓库管理（WMS）、订单管理（OMS）、运输管理（TMS）等解决方案和无人搬运车（AGV）、自主移动机器人（AMR）等硬件，使用第三方物流平台，推动仓储物流环节数字化。

（三）融入数字化生态

数字化生态涵盖了要素、能力、应用、产业等影响数字经济发展的重要维度。政策、环境、人才、数据、资本等关键要素，数据开放、数据安全等服务能力，金融、制造、交通、医疗、物流等核心应用，数字产业化、产业数字化等不同产业形态，都是数字化生态的重要组成部分。数字化生态是一个不断发展、动态演进的过程，需要政府、龙头企业、科研院所、中小微企业等不同机构以数据的融通为主线，以协同共赢为目标，联合共建一种不同于从前的崭新产业形态，既充分发挥不同主体自身的积极性，又具有强大的灵活性应对外部环境的快速变化。在实践中可以应用产业链、供应链核心企业搭建的工业互联网平台，融入核心企业生态圈，加强协作配套，实现大中小企业协同转型。应用行业龙头企业输出的行业共性解决方案，加速提升自身数字化水平。基于园区/产业集群开展网络化协作，发展订单共享、设备共享、产能协作和协同制造等新模式，弥补单个企业资源和能力不足的缺陷。积极接入园区/产业集群的数字化创新网络，利用共性技术平台开展协同创新。积极对接中小企业公共服务平台等载体，参加政策宣贯、供需对接、咨询诊断、人才培训等活动。

（四）优化数字化实践

数字化实践是服务供给数字化的关键环节。可以联合数字化转型服务商或第三方评估咨询机构等开展转型成效评估，重点开展业务环节数字化水平评估与企业经营管理水平的横向和纵向对比分析，从生产效率、产品质量、绿色低碳等方面评估企业转型价值效益。结合现阶段企业内外部数字化转型资源，制定调整下一阶段数字化转型策略，选择与下一转型阶段相匹配的数字化产品和服务，提升转型策略与发展现状的适应性。

三、提高数字服务供给效率和水平的措施

（一）持续加强新基建建设

新基建是以新发展理念为引领，以技术创新为驱动，以信息网络为基础，面

向高质量发展需要，提供数字转型、智能升级、融合创新等服务的基础设施体系，具体包括信息基础设施、融合基础设施、创新基础设施三个方面。云计算、人工智能、大数据、移动互联网等信息技术的发展对服务业发展产生了重要变革，云服务、智能服务、移动服务成为服务发展的重要特征和趋势。数字服务供给效率和水平的提高需要加强服务业新型基础设施建设，特别是服务业融合基础设施和创新基础设施建设，加快新一代信息技术与服务业的融合发展、创新发展。

（二）大力提升平台功能

平台化服务发展是服务数字化发展的重要特征和趋势。它不仅可以实现服务业在网络虚拟空间的产业集聚，形成规模经济效应和范围经济效应，还可以提高服务供需双方的匹配效率，降低传统线下匹配的交易成本。要鼓励数字化服务平台建设，完善在线服务市场体系。借助服务平台，加强对产品交易数据和客户交互数据的分析，可以实现针对不同用户的个性化定制，实现柔性制造。同时要强化产业链中企业间的协同，增强企业链、供需链和空间链的对接，提高整个产业链的运行效率。

（三）加大资金支持力度

资金支持在提高数字服务供给效率和水平方面具有重要作用。要通过企业、平台和政府共治共享，降低服务企业数字化转型门槛，有条件的地方可鼓励平台减免转型共性需求支出。发挥地方政府专项资金作用，支持对服务企业转型带动作用明显的"链主"企业和转型成效突出的"链星"企业。鼓励金融机构研制面向服务企业数字化转型的专项产品服务，设立企业数字化转型专项贷款，拓宽企业数字化转型融资渠道。

（四）推广试点应用范围

扩大试点应用范围，结合重点行业和关键领域，遴选服务企业数字化转型试点示范，培育推广服务企业数字化转型案例标杆。支持专精特新服务企业开展数字化转型，发挥引领示范作用，带动更多中小企业数字化发展。培育和遴选一批可复制的产业链、供应链上下游协同转型的典型模式，推广大中小企业融通创新模式，有效支撑产业链和供应链补链、固链、强链。

（五）不断完善配套服务

构建完善服务企业数字化转型的公共服务体系，加强服务企业数字化转型公共服务平台建设，提升政策宣传、诊断评估、资源对接、人才培训、工程监理等公共服务能力。组织开展企业数字化转型"问诊"服务，组织专家深入中小企业一线开展"入驻式"诊断服务。支持职业院校、大型企业等建设数字人才实训基地，提升企业数字人才供给。

（六）持续优化发展环境

加大工业互联网、人工智能、5G、大数据等新型基础设施建设力度，优化服务企业数字化转型外部环境。完善地方营商环境评估体系，将中小企业数字化转型成效纳入考核范围。开展企业数字化转型相关会议和活动，营造良好的发展氛围。发挥政府引导基金作用，带动社会资本支持企业数字化转型服务商做大做强。

第三节 全球价值链与数字服务供给

一、数字服务供给中的全球价值链

（一）全球价值链的概念

全球价值链是指为实现商品或服务价值而连接生产、销售、回收处理等过程的全球性跨企业网络组织，涉及原料采购和运输，半成品和成品的生产和分销，最终消费和回收处理的整个过程。它包括所有参与者和生产销售等活动的组织及其价值、利润分配，当前散布全球的处于价值链上的企业进行着设计、产品开发、生产制造、营销、交货、消费、售后服务、循环利用等各种增值活动。

在新一轮科技革命和产业变革的推动下，全球经济活动组织模式的数字化变革正在加速演进，从研发、制造到最终消费等价值链不同环节的数字化水平显著提高，全球价值链分工的功能模块化和碎片化趋势更加突出，发达国家利用其在新一代技术领域的优势，试图进一步强化自身的垄断地位。

(二)数字服务供给中全球价值链的变化

1. 数字技术对价值链的重塑

数字技术深度应用于组织研发、设计、生产与销售及品牌运营等各个分工环节,不仅提高了效率和智能化水平,极大降低了成本,而且加速了分工和创新的演变,推动了产业和地区协同,促进了模块化与集成化的产业链分解,衍生出了全新的创新生态,由此重塑了全球价值链,使不同利益主体的分工地位和关系发生了深刻变化。

2. 数字经济推动产业链的深度融合

数字经济的蓬勃发展催生出新业态、新模式,特别是数字服务的兴起使经济系统能级整体提升,同时增强了数字服务市场的信息对称性,强化了供需对接,促进了"数字+",从而对产业链整体性赋能,推动产业间功能互补与跨界协同,使产业链融合不断向纵深发展,制造服务化、服务制造化及数字化转型就是明证,由此改变了全球价值链的发展和布局。

3. 数字贸易促进价值链的拓展

数字技术通过数据传输及信息系统的标准化运作,大大提高了商品与服务的标准化程度,增强了全球贸易与全球产业分工过程中价值链的灵活性。贸易过程能够实现线上与线下协同,各类审查能够通过数字平台纳入统一的框架之下。数字贸易突破了时空限制,极大拓展了全球价值链,为相关利益主体参与全球分工创造了条件。

4. 数字鸿沟加剧全球价值链分工失衡

在全球数字化进程中,不同国家或地区的信息,网络技术的拥有程度,应用能力和创新水平存在差异。在推进企业数字化转型过程中,对产业链的赋能程度不同,使处于数字优势的"链主"国家增强了对整个价值链的其他企业实施相应的标准主导的技术干预或者技术标准控制,加剧了全球价值链的分工失衡和不平等现象。

二、数字服务业全球价值链攀升的路径

(一)提升服务品质品牌

推动数字服务业全球价值链攀升先要从产品和服务本身入手。要在贯彻新发

展理念的基础上大力推动高质量发展，整体提升企业产品、服务和品牌的国际影响力、竞争力，使产品在国际分工中的技术、品质、品牌优势更加突出。数字服务业具有广阔的发展前景，是数字时代和服务经济时代背景下的产业蓝海。新业态、新模式及产品服务的巨大创新潜力为数字服务业全球价值链的攀升提供了机遇。

(二)强化核心竞争力

核心竞争力是指能够为企业带来竞争优势的资源，以及资源的配置与整合方式。一方面，随着企业资源的变化及配置与整合效率的提高，企业的核心竞争力也在发生变化。另一方面，科技的创新变革及发展环境的变化也为企业追求核心价值力开辟了道路。数字服务业全球价值链攀升要高度重视核心竞争力的强化，注重数据要素、数字技术、数字服务、数字产品、数字标准、数字规则及战略和组织框架设计等各方面、各环节的国际竞争力的提升，形成企业的核心竞争力，提升自身在全球价值链中的位置。

(三)推动规则标准制定衔接

全球价值链是全球分工的反映，无疑需要国家或地区之间的分工合作。在数字服务经济兴起的背景下，数据流动、数据安全、数字技术创新、数字产品和服务标准及交易规则等各方面都面临新问题、新挑战，急需加大国与国间的谈判、合作。因此需要运用战略性思维、国际化视野，在推动规则标准制定衔接的过程中，推动更加公平、合理、高效的全球价值链分工，实现全球价值链攀升。

(四)建设全球数字服务枢纽

我国数字服务业发展机遇广阔。作为全球价值链贸易枢纽与制造中心，我国在推动数字服务业全球价值链攀升方面具有良好的条件。建设全球数字服务枢纽对于提升我国数字服务业全球价值链攀升，推动更加合理的国际经济秩序等具有重要意义。因此要将企业数字化转型、产业链数字化发展及融合，核心产业的繁荣及平台经济的发展等作为促进数字服务业全球价值链攀升的重要路径及动力，实现攀升目标。例如，上海推动临港新片区建设成为全球数字贸易枢纽港就是重要的战略措施。

(五)提高治理能力和水平

数字服务经济的发展需要有合理、高效、高水平的治理能力和水平。在推动数字服务业全球价值链攀升的过程中，要重视从提高数字治理能力和水平的途径增强数字服务业在全球价值链攀升中的竞争优势，保障在价值链攀升中拥有良好的市场、营商和发展环境。

三、促进服务业全球价值链数字化转型的措施

(一)加强服务国家重大战略的能力

在百年未有之大变局下，促进服务业全球价值链数字化转型要高度重视以系统思维、战略高度审视发展方向、重点措施，从而更好地破解数字化转型过程中愈加错综复杂的难题。更重要的是要将服务业全球价值链数字化转型置于国家重大战略行动中，融入中国式现代化推进的伟大实践中，将创新引领与创新驱动摆在重大战略导向的基础性与关键核心地位，确保方向正确，增强转型动力，形成发展合力，积极推动国内价值链与全球价值链的深度融合，利用劳动和资本要素优势，在全球价值链垂直分工协作模式中，逐步成为全球数字服务贸易中心节点和核心价值链枢纽。

(二)强化政策的协同和支持力度

一方面，服务业涉及领域多且复杂，需要增强系统性、部门合力，加强不同层次政策的协同；另一方面，数字经济蓬勃发展，面临诸多问题，需要加强政策协同。不仅如此，全球价值链涉及环节多，数字技术影响大，需要加强协同。因而在促进服务业全球价值链数字化转型过程中，要强化政策的协同和支持力度，充分发挥数字技术创新变革优势，优化业务流程，创新协同方式，推动政府履职效能持续优化。健全与数字化发展相适应的政府职责体系，强化数字经济、数字社会、数字和网络空间等治理能力，创新数字政府，建设管理机制，完善法律法规制度，健全标准规范等，为服务业全球价值链数字化转型提供强有力的政策支持。

(三)增强数字化转型的技术产业支撑

促进服务业全球价值链数字化转型离不开先进技术及厚实的产业基础支撑，能够为培育核心竞争力提供条件。因此要充分发挥新型举国体制优势、超大规模市场优势，推进核心数字技术攻关，补齐数字化改造短板，形成在数字化转型过程中明显的国际竞争优势。同时促进数字服务产业发展，夯实产业基础，大力推

动数字服务新业态、新模式，促进数字服务经济与平台经济、共享经济深度融合。

（四）推动全球价值链更广范围深度融合

服务业全球价值链数字化转型要融入以国内大循环为主体、国内国际双循环相互促进的发展新格局中，顺应全球合作趋势，借助"一带一路"推动空间信息走廊的共建共享，协调"一带一路"沿线国家的竞争政策，维护数字服务贸易在价值链条上的利益分配平衡，从国际视野大力推动产业链、供给链的深度融合，为数字化转型获得更大的动力支持和市场基础。

本章小结

数字技术的加持和赋能使数字服务供给发生了深刻变化。大力推动服务企业数字化转型，提升企业的数字化水平和数字服务供给能力。同时准确把握数字服务供给中的全球价值链变化，采取措施促进数字服务业全球价值链攀升。事实上，我国数字服务供给在供给侧结构性改革中具有重要的作用。加大数字技术对数字服务供给的支持力度，推动我国数字服务经济实现更高质量发展。

复习思考题

1. 数字技术是什么？有哪些特征？
2. 简述数字技术在数字服务供给中的作用与应用。
3. 查阅资料，谈谈数字服务供给状况。
4. 简述数字服务业全球价值链攀升的路径。
5. 选取一个具体服务行业，讨论如何促进该行业全球价值链的攀升。

中国数字经济蓬勃发展 赋能世界共享中国红利

第四章

数字服务消费

1. 理解数字技术在数字服务消费中的作用。
2. 了解数字技术在数字服务消费中的应用。
3. 理解服务消费数字化转型、发展及趋势。
4. 了解国际消费中心城市建设中数字服务消费状况及促进措施。

1. 通过对数字技术在数字服务消费中作用和应用的学习，强化问题意识，能够依据现实提出问题，并着力解决。

2. 通过对数字服务消费趋势的学习，加强对数字服务消费发展的研判，强化战略性思维。

3. 通过对国际消费中心城市建设中数字服务消费状况的学习，提升我国数字服务消费的信心，加强对需求侧改革的认识。

案例引导

数字化转型推动服务消费深刻变革

064

第一节　数字技术与数字服务消费

一、消费结构演进中的数字服务消费

依据消费品的性质和特征，消费结构可分为耐用品消费和非耐用品消费，实物产品消费和服务消费，必要生活资料消费和奢侈品消费等。与前两种划分相比，后一种划分比较明显地涉及消费主体的结构问题。从消费的质的方面来看，与生存、享受和发展三大层级需要相对应，消费资料也经历了从生存向享受和发展不断上升的过程，即人类的消费结构由低级向高级不断演进具有必然性。

目前，已有的研究表明消费结构存在普遍规律，即消费结构在其低级发展阶段上，以吃穿两项占绝大比重为其阶段性的特点；消费结构在其中级发展阶段上，以吃穿退居次要地位、耐用消费品占主要地位为其阶段性的特点；消费结构在其发展的高级阶段上，以物质生活消费退居次要地位、文化精神生活消费上升为主要内容为其阶段性的特点。从上述规律的表述中，我们不难理解在人类发展史中，"人们必须先吃、喝、住、穿，然后才能从事政治、科学、艺术、宗教等"这一简单事实所蕴含的真理，也自然能够推知服务的大规模需要和消费并非发生在消费结构的低级发展阶段。

一切经济社会活动应以"以人"和"为人"的生存和发展利益为中心，这才能真正回归到"人化世界"中，姑且不论这个"人"具体指向何种层次的利益主体。人类消费水平和消费结构的升级应该成为经济利益在不同发展时期阶段性的落脚点。对于不同发展水平的经济体，难以确切断言消费的最大利益是物质利益还是服务利益，但是反过来从整个人类的发展过程来看，截至目前，服务利益的最大利益是消费中的利益，集中反映在它对消费水平和消费结构提升的重大推动作用上，而它本身也是消费利益的重要组成部分。得出这样判断的认识基础在于，从人类社会产生之初，服务就以消费为中心，当其逐渐发展到以服务生产为中心的阶段时，服务本身的外延已大大拓宽。在资本主义大工业发展初期，耐用消费品还尚未有条件占据消费的主导，物质消费品，尤其是食物的消费是一种必要生活资料的消费，而奢侈品，特别是服务属于社会上层有闲人士的消费范围，因此尚在形成阶段的服务利益在消费中是以结构对抗的形式出现的。待到服务经济与大众消费时代来临，耐用品的消费比例大幅提升并成为普遍的消费对象时，必要生活资料的消费范围大大拓展，食物在消费中的相对份额不可避免地下降，先前的诸多奢侈品也被纳入大多数人的消费范围，服务消费也有条件真正处于普通个人的消费地带，成为利益追求的重要目标。

数字时代的服务消费又有了新的内涵和变化。其中数字服务消费成为消费结构演进的时代体现。在数字技术的加持和赋能下，数字服务得以大规模的提供，深刻改变着人类的生产生活，深刻改变着服务的特征及服务经济的规律。数字时代的人类已然处于数字经济的浪潮中，数字服务消费不是可有可无的，而是不可避免、难以或缺的。只有以更加开放、与时俱进的心态，更高的数字素养拥抱这样的时代，拥抱这样的消费，才能更好赢得未来的发展。

二、数字技术在数字服务消费中的作用

(一)增强消费动力

2023年1月，中国贸促会研究院发布了《数字技术拉动消费和助力小微企业发展报告》，认为我国现阶段着力扩大国内需求，把恢复和扩大消费摆在优先位置，支持以多种方式和渠道扩大内需，数字技术凭借高效信息传递与获取、数据挖掘分析、精准识别匹配等优势有效拉动了消费。数字技术是消费动力的"提升器"，助力金融创新，以移动支付为代表的数字普惠金融工具通过提高消费便利性、金融可获得性降低金融服务成本，有效激发消费动力。2022年，《国务院办公厅关于进一步释放消费潜力促进消费持续恢复的意见》指出，促进新型消费，加快线上线下消费有机融合，扩大升级信息消费，培育壮大智慧产品、智慧零售和智慧旅游等消费新业态。截至2022年6月，我国网络支付用户规模已经超过9亿人，整体市场覆盖率位居全球第一。同时，数字技术支撑消费场景模式加快创新迭代，强力激发消费创新活力。

(二)对接消费需求

数字技术可以促进数字服务供给与需求更加精准地对接。目前，消费市场正在从以产品为中心向以消费者为中心转变，通过大数据、物联网等数字技术，企业可以快速精准掌握消费者需求和市场趋势变化，使个性化定制和精准生产营销成为可能，柔性生产、反向定制等新的生产和销售模式快速发展。例如，京东等

企业通过精准匹配供需侧诉求的 C2M 反向定制模式，深度参与产品研发与设计，帮助工厂大幅度缩短新品研发周期，推动高品质消费和品牌高质量增长双向增益。

（三）推动消费创新

数字技术的发展催生了直播电商、社交电商、在线服务消费等具有数字化、网络化、智能化特征的在线消费新业态模式，推动线上线下融合消费场景持续发展。同时数字技术助力跨境消费创新，引领带动全球消费升级创新，促进我国加快向全球消费品的生产中心、创新中心发展，推动一大批新国货、新品牌加快崛起。5G 技术的快速发展和应用提供了高通量、低延时及万物互联的可能，进一步加快了新型数字化消费场景、模式的创新，以及线上线下新型融合互动创新的加快，出现了多个百亿级、千亿级的新突破，不仅带动了直播带货、社区团购、云逛街、云旅游等的加速发展，还推动了数字学习、数字医疗、数字文化、数字传媒，以及智能家庭居住、智能个人穿戴、智能交通出行等领域的快速发展。数字平台及其带动的跨境贸易创新成为全球消费市场一体化发展的新途径，也让中国消费创新成为引领全球消费升级的新风向和新风尚。

（四）提升消费效果

新型消费是指利用新技术实现供需、产销高效匹配，形成一系列新业态、新模式、新场景和新服务，从而有效满足消费者对更好产品和服务的需求，并促进各类消费高质量发展。人工智能、虚拟现实、增强现实、元宇宙等新技术正在全面介入生产、传播、消费等各个环节。以网络购物、网络直播、数字文化、在线教育、在线医疗等为代表的数字消费新业态、新模式迅猛发展，与数字技术加速融合，深刻改变着人们的消费习惯。此外，通过应用大数据技术和互联网平台积累的消费数据，可以根据不同消费群体的行为特征、消费者对不同商品和服务的消费倾向，精准发券，提升促消费政策的效果。

三、数字技术在数字服务消费中的应用

（一）发展线上消费

在新科技革命和产业结构升级背景下，大众对线上服务消费的需求呈爆发式

增长,线上订餐、线上培训、线上办公、影视娱乐等行业的需求不断增加,数字消费规模迅速扩大,现代服务方式逐渐向数字化发展。数字技术助力企业利用云存储技术保存用户消费习惯,利用互联网大数据对产品进行宣发等。数字技术与大众服务消费的有机结合形成了经济增长新动能,产生了"线下+线上"的经济新形态,加快了资本的周转速度,促进了数字服务消费规模的扩张。

(二)拓展消费空间

数字技术在拓展数字服务消费空间方面发挥着重要作用。场景式消费契合了当下消费升级的趋势。一方面充分利用现有消费空间场所,搭建数字服务体验的线下场景,将数字服务消费嵌入各类消费场所,满足消费者在不同消费情境下的诉求,以更充分地释放数字服务消费潜力;另一方面发挥数字技术的作用,加强诸如云看展、云旅游、云演艺、沉浸式数字展等数字服务消费,由此增强数字技术在拓展数字服务消费空间方面的功能。例如,在西安大明宫遗址博物馆内,游客可通过 VR 技术选择自己喜好的服饰、妆容,让置身大明宫的自己拥有一个全新形象;北京三里屯太古里打造数字艺术灯光节,用艺术为商业空间赋能,以延长消费者的逗留时间。

(三)促进消费升级

中国贸促会研究院发布的《2022 年中国电子商务发展趋势报告:电子商务在经济高质量发展中的重要作用》显示,数字技术成为消费升级的全新驱动力。一方面,数字技术催生了消费新业态、新模式,如年轻人喜爱的"云逛街""云音乐会"等应运而生;另一方面,数字技术推动消费结构优化升级,通过赋能生产环节,更好地满足消费者多元化、个性化、定制化的消费需求。例如,凭借数字技术,一些沉浸式展演或逼真模拟现实,或创建全新虚拟世界,让观众在声光影电中获得超越现实的真切体验。在一场名为"'纹'以载道"的故宫数字文物展中,360 度环幕展示故宫院藏国宝,高精度立体呈现纹样细节与器物全貌,5.3 米高的裸眼 3D 文物让观众体验到在实物展中无法获取的细节震撼。高质量的数字沉浸展演通过参与的互动性、过程的愉悦性和内容的文化性,带给观众高品质的精神享受。此外,还可以利用数字技术推动线上排队、智慧会员、在线直播、智能停车等智慧应用落地,通过大数据分析消费者驻留时间、出行时段、消费偏好等数据,及时调整运营方向,为消费者提供更好的消费体验。

（四）助力数字素养提高

数字素养与技能是数字社会公民学习工作生活应具备的数字获取、制作、使用、评价、交互、分享、创新、安全保障、伦理道德等一系列素质与能力的集合。提升全民数字素养与技能是顺应数字时代要求、提升国民素质、促进人的全面发展的战略任务，是实现从网络大国迈向网络强国的必由之路，也是弥合数字鸿沟、促进共同富裕的关键举措。应用数字技术可以提高服务供给者和消费者的数字技能，加强培训，培养数字领域的高水平大国工匠和高水平消费者，提升数字服务消费的能力，助力数字服务消费者数字素养的提高。

第二节　数字化与数字服务消费

一、数字服务消费状况

（一）消费规模不断扩大

在数字经济和服务经济蓬勃发展的背景下，数字服务消费规模不断扩大。就我国来看，在数字基础设施和庞大人口基数的支持下，我国数字服务消费同样迅猛增长。2012年到2022年，我国互联网市场规模不断壮大。全国电信业务持证企业超过13万家，是2012年的4.9倍，市场主体更加多元；10家企业跻身全球互联网企业市值前三十强，核心竞争力不断提升；网民规模居世界首位，进一步奠定了中国超大规模市场优势。十年来，"互联网+"蓬勃发展，带动信息消费持续扩大升级，2021年全国网上零售额达13.1万亿元，数字消费市场规模全球第一；工业互联网加快崛起，全面融入45个国民经济大类，产业规模迈过万亿元大关，行业赋能、赋值、赋智作用日益凸显。截至2022年12月，短视频用户规模首次突破十亿人，用户使用率高达94.8%。2018~2022年，短视频用户规模从6.48亿人增长至10.12亿人，其中2019年、2020年受疫情、技术、平台发展策略等多重因素的影响，年新增用户均在1亿人以上。同时用户使用率从78.2%增长至94.8%，增长了16.6个百分点，与第一大互联网应用（即时通信）使用率间的差距由17.4个百分点缩小至2.4个百分点。

(二)消费潜力持续得到释放

在数字技术的加持下，数字服务企业的生产成本和消费者的消费成本普遍下降，电商平台异军突起，规模不断扩大。不仅如此，全球的数字商务圈也在不断扩大，数字化提供的便利条件大大节省了跨境交付、消费的成本，能使消费者获得更具性价比的商品。2020 年 5 月 6 日，国务院批复同意在 46 个城市和地区设立 105 个跨境电商综合试验区，旨在为消费者提供质量更好、更有保障、价格更实惠的产品，激发我国数字服务消费市场活力。加之居民收入增长和中等收入群体规模扩大，我国消费结构加快升级，居民数字消费加快发展，成为扩大内需的重要动力。

(三)消费新业态蓬勃发展

数字技术也在不断推动"数字化+服务业"的数字服务产业新业态。传统的线下服务业开始并逐步加快了数字化进程，服务产业进行数字化转型后产业活力大增，线上便捷的服务模式激发了传统形式所不能及的消费活力，涌现了丰富的数字服务消费新业态。在此形势下，我国之前不可能离岸的服务也变得可贸易了，数字服务业跨境流动加强，我国数字服务消费市场也逐步向世界扩张。

(四)消费区域结构不平衡需要改善

数字服务消费受数字基础设施、经济发展水平等多重因素的影响。从全球看，发达国家和地区与不发达国家和地区在数字服务消费方面仍然有差距。我国数字服务消费水平连年增长，但也存在发展不平衡的问题。我国数字化进程存在地区差异，主要表现为沿海地区发达城市数字化水平较高，内陆地区城市数字化水平较低。同时农村的数字服务消费水平整体低于城市。这种情况不利于我国数字服务经济的稳定发展和数字服务消费的持续增长，不利于全国统一大市场数字服务消费潜力的释放，需要加以改善。

(五)消费者信息安全保障有待加强

在数字经济时代，个人信息数据的经济价值逐渐凸显。这些数据不仅有市场生产者的行业数据，更有广大消费者的数字服务消费习惯等隐私数据，一旦泄露，对相关利益各方将产生严重影响，阻碍数字服务消费健康可持续发展。从法律层面来看，我国消费者权益保护法明确规定，经营者收集、使用消费者个人信息应当遵循合法、正当、必要的原则；我国民法典专章规定了"隐私权和个人信息保护"；2021 年颁布施行的个人信息保护法进一步明确了个人信息处理活动的底线红线，完善了个人信息保护的法律体系。然而面对数字服务消费领域庞大的数据信息，以及出现的新问题、新现象，数字服务消费者的信息安全保障仍有待加强。

二、服务消费数字化转型与发展

(一)数字技术推动愈加明显

数字消费是以互联网信息网络为重要载体，以数据资源为关键生产要素，表现为消费数字化和数字消费化的全新生产方式，它意味着消费内容的多样化、虚拟化和个性化，改变了人们的消费习惯和消费决策，打开了内需新空间，构建了发展新格局。数字化解决了供需信息不对称问题，供需两端通过互联网平台实现供需信息快捷搜索和撮合，释放了潜在消费潜能；数字化实现了供需时空匹配，引导不同人群错峰和错时消费，大幅提升了服务能力和服务效率；数字化更好地满足了客户需求，通过为客户提供更多定制化服务，进一步提升客户满意度。大数据、5G、人工智能等新一代数字技术向服务消费领域迅速渗透，催生了一些新模式、新业态，促进了数字服务消费的发展。例如，网络定位、搜索引擎、线上教育、社交媒体等，加速了服务业线上线下融合，丰富了服务消费场景，改善了服务消费体验，推动了服务消费变革，促进了服务供给与服务消费需求更有效匹配，为服务消费新业态、新模式发展提供了强劲动力。

(二)消费流程数字化持续强化

流程数字化在数字服务消费中具有重要意义。一项业务可以设计相应的业务流程。随着数字化转型的推进，越来越多的企业更加重视业务流程优化与再造，流程数字化成为企业供给及消费数字化转型的关键。在行业层面，数字技术正沿着产业链向上下游行业延伸，推动企业物料采购、物流、加工、零售、配送和融资服务等全业务流程数字化，通过数据整合实现资源配置效率提升，形成服务消费数字化生态。

(三)消费数字化向供给端拓展

数字服务消费数字化向供给端扩展，推动上下游全链条数字化。随着用户对质量、效率等服务体验要求的提升，需求端数字化将倒逼供给端加快数字化转型，推动发展重心由消费互联网向产业互联网转移，从而使供给端主动推进数字化转型的意愿不断增强。

(四)政策支持力度不断加大

数字服务经济已经成为当今贸易经济的重要内容，我国政策支持力度在不断加大。从数字中国建设、数字素养提升、数字化转型指南到数字经济发展规划等，一系列政策出台为数字服务经济的发展注入了强劲的政策动力。随着国家政策对服务贸易的扶持，以及服务贸易方式和对象的数字化，我国的数字服务消费体系不断完善，展现出更为强劲的活力，并且市场逐步向世界迈进。

(五)消费风险治理能力需要提升

数字消费主体、客体、渠道、工具、环境等的数字化，随之带来了新型的数字消费风险。与传统的产品交易不同，电商交易过程风险、电商模式同质化风险、消费者信息滥用泄露风险、网络刷屏和虚拟交易风险等急需匹配有效的风险治理手段，维护数据安全和消费者隐私，打造公平的市场竞争环境。近年来，我国在发展数字经济过程中高度重视治理能力和治理水平的提升，需要持续政策助力、实践跟进。

三、数字服务消费趋势

(一)线上线下消费进一步巩固

2023年2月，中国互联网络信息中心在京发布的第51次《中国互联网络发展状况统计报告》显示，2022年我国线下场景加快拓展，促进相关线上业务进一步发展，形成线下线上互促共融的良好态势。其中在线旅行预订、线上健身等领域持续发展，为广大网民创造了更加丰富多彩的数字生活。截至2022年12月，我国在线旅行预订用户规模达4.23亿人，占网民整体的39.6%；线上健身用户规模达3.80亿人，占网民整体的35.6%。用户进一步养成在线消费习惯，成熟期的数字经济业态规模将持续扩张，成长期的数字经济新业态将加速多点爆发。线上线下加速融合将是经济发展的长期趋势，线下企业并不会被完全颠覆，提供个性化、差异化和高质量的服务将成为重要的竞争策略。

（二）消费链数字化进一步加强

消费链数字化是指整个消费流程中的各个环节都借助数字化技术来实现，从而实现信息流、物流和资金流的快速高效连接，提升消费者的购物体验，优化产业结构，提高效率和降低成本。消费链数字化是未来的发展趋势，其日益受到关注。要想实现消费链数字化的顺利推进，企业需要制定有效的数字化战略，逐步实现数字化转型，掌握数字化技术的核心技能，加强团队建设和人才培养，实现数字化技术的快速应用和推广。

（三）消费智能化水平将进一步提升

数字技术的赋能使智能化成为未来消费行业数字化转型的又一大趋势。2021年11月，国际知名研究机构国际数据公司（IDC）公布的《2022年中国ICT市场十大预测》指出，"企业智能理念兴起，智能预测与智能决策价值凸显"。就消费来看，数字平台在消费智能化方面发挥了重要作用。利用数字平台，消费者对商品的个性化需求可以更为方便地体现出来，直接与商家交流，分散的需求与流量能够通过平台集中起来。例如，近两年兴起的团购热潮，将少量的订单集中，充分调动商家生产的积极性，消费者的个性化需求也能够更好地得到满足。云服务、人工智能等技术的不断完善，对消费者的消费方式、消费体验、消费习惯产生了极大的改变，消费智能化水平将持续提升。

（四）消费法治化水平将进一步强化

数字服务消费过程中面临诸多新现象、新问题，其中数字服务消费法律法规的完善是一个亟待解决的课题。随着数字服务经济治理水平的提升，消费法治化水平将进一步得到强化，对数字服务消费法律法规进行完善，对数字税收、数据安全等问题进行针对性解决，减少企业投资风险，保障消费者数字信息安全，这样才能确保我国数字服务消费健康发展，在开拓国际数字服务市场时行稳致远。

（五）消除数字消费鸿沟成为重要指向

当前，我国数字鸿沟主要体现在不同群体间、不同区域间及城乡间，涉及提升数字素养和技能困难的老年人和残障人士群体、中西部欠发达地区及广大农村地区。发展我国数字服务消费必须大力消除数字消费鸿沟，开展特殊群体数字帮扶行动、欠发达地区数字援助行动及农村地区数字赋农行动，提升全民畅享高品质数字生活的能力、活力和素养，如此才能更好推动数字服务经济发展。

第三节　国际消费中心城市建设与数字服务消费

一、国际消费中心城市建设

一般而言，消费城市具有以下特征，即多样的商品和服务，丰富的娱乐设施和宜人的自然环境，优质的公共服务，便利的交通设施。就国际消费中心城市来看，从本质上看是经济发展的产物，更是后工业社会消费功能作为城市发展驱动力的重要体现。国际消费中心城市经济高度发达，产业结构高度服务化，人民生活富裕化，文化软实力突出，在国家经济体系中具有举足轻重的分量。其主要特征如下。

第一，需要具有国际包容度。城市中消费的商品和服务是全球性的，不仅是本地人消费全球生产的商品，而且全球消费者也在本地购买全球生产的商品。本地消费者不出城市就可以购买到全球最新的商品，享受到国际化的服务；国外游客或者常住人群也能够在本地很容易购买到本国或自己喜欢的商品和服务。因此国际消费中心城市承担着世界主要旅游目的地的角色，拥有国际化、规模化的全球消费者群体，尤其要有大量的过夜国际游客，这是成为一个国际消费中心城市的基本特征。

第二，应该是全球消费资源的集聚地。国际消费中心城市利用其独特的魅力吸引全球商品和服务在本地提供，成为全球消费的集聚地。这里既有全球高端的知名品牌，也有本地特色产品；既有有形的产品消费，也有无形的商品服务；既能购买各类商品，也能享受高质量的公共服务。

第三，应该具有全球范围的资源配置能力和引领能力。国际消费中心城市本质上是一个集聚、整合、配置全球消费资源的大平台，离不开具有世界意义的多样化消费平台的支持，集聚全球顶级消费品供给企业，展示最优最新消费产品及服务，引领最新消费时尚潮流和吸引最强消费能力人群，这也是国际消费中心城市必备的基本特征。国际消费中心城市需要在某些领域具有独一无二的引领作用，能够有效配置生产资源，成为全球产业链中的创新中心和新产品的首发地、新技术及新商业模式的发源地，占领全球消费市场的制高点，成为全球消费的风向标。总之，国际消费中心城市至少应该具备消费的国际性、消费的多样性和消费的中心化等层面的含义。

2019 年 10 月 14 日，经国务院同意，商务部等 14 部门联合印发了《关于培育建设国际消费中心城市的指导意见》，指导推进国际消费中心城市的培育建设工作。

国际消费中心城市是现代国际化大都市的核心功能之一，是消费资源的集聚地，更是一国乃至全球消费市场的制高点，具有很强的消费引领和带动作用。《中华人民共和国国民经济和社会发展第十三个五年规划纲要》提出"培育发展国际消费中心"，《中共中央 国务院关于完善促进消费体制机制进一步激发居民消费潜力的若干意见》《国务院办公厅关于进一步扩大旅游文化体育健康养老教育培训等领域消费的意见》《国务院办公厅关于加快发展流通促进商业消费的意见》等文件，进一步明确了培育建设国际消费中心城市的重点任务。

培育建设国际消费中心城市，带动一批大中城市提升国际化水平，加快消费转型升级，是贯彻落实党的十九大精神，推动经济高质量发展和新一轮高水平对外开放的重要举措，对于促进形成强大国内市场、增强消费对经济发展的基础性作用、更好满足人民日益增长的美好生活需要具有重要意义。

该指导意见指出培育建设国际消费中心城市的工作目标是，利用五年左右时间，指导基础条件好、消费潜力大、国际化水平较高、地方意愿强的城市开展培育建设，基本形成若干立足国内、辐射周边、面向世界的具有全球影响力、吸引力的综合性国际消费中心城市，带动形成一批专业化、特色化、区域性国际消费中心城市，使其成为扩大引领消费、促进产业结构升级、拉动经济增长的新载体和新引擎。

该指导意见明确培育建设国际消费中心城市的重点任务有：一是聚集优质消费资源。引导企业增加优质商品和服务供给；发展品牌经济，吸引国内外知名品牌新品首发；加快培育和发展服务消费产业。二是建设新型消费商圈。打造一批具有较强国际影响力的新型消费商圈，推进智慧商圈建设；加快商业街提档升级，重点开展步行街改造提升工作。三是推动消费融合创新。推动实体商业转型升级，打造一批商旅文体联动示范项目；促进传统百货店、大型体育场馆、闲置工业厂区向消费体验中心、休闲娱乐中心、文化时尚中心等新型发展载体转变。四是打造消费时尚风向标。培育发展一批国际产品和服务消费新平台；鼓励国内外重要消费品牌发布新产品、新服务；促进时尚、创意等文化产业新业态发展。

五是加强消费环境建设。开展城市环境美化建设，提高服务质量和水平；完善便捷高效的立体交通网络；建立健全高效物流配送体系；健全市场监管和消费维权体系。六是完善消费促进机制。完善促进消费的相关政策，提升城市消费竞争力。

2021 年 7 月 19 日，经国务院批准，我国在上海市、北京市、广州市、天津市、重庆市率先开展国际消费中心城市培育建设。这五座城市具有绝佳的区位条件，消费规模大、质量好，对外开放程度高，都具有较强的政策吸引力，以税率低、易退税、出入境便利等优势提升了消费吸引力。同时这些城市具有较强的商业吸引力，商业圈数量众多，商圈消费规模较大。五大城市立足自身优势和定位，根据国际消费中心城市的总体设计方案有序推进，初步形成各具特色、协同发展的区域格局。

二、国际消费中心城市数字服务消费状况

（一）数字消费基础设施不断完善

国际消费中心城市数字服务消费的发展离不开基础设施的不断完善。一方面，信息基础设施的规划与部署面临扩域增量、共享协作、智能升级的迫切需求；另一方面，电网、水利、公路、铁路、港口等传统基础设施正在逐步开展与互联网、大数据、人工智能等新一代信息技术的深度融合，持续提升数据获取的量级和频率，不断丰富数据传输的渠道和方式，扩大数据存储空间，强化数据加工能力，创新数据使用能力，向智能电网、智能水务、智能交通、智能港口转型升级，显著提升能源利用效率和资源调度能力，支撑数字服务消费的发展。以北京为例，近年来，北京市在以 5G 和千兆宽带网络为代表的数字基础设施建设上取得了明显进展，截止到 2022 年 4 月底，北京市 5G 基站累计达 5.4 万个，每万人拥有 5G 基站数 25 个，居全国首位，实现 52 个市级重点商圈和市内重点景区 5G 网络全覆盖。北京市获评全国首批"千兆城市"，具备千兆网络服务能力的 10G PON 端口数达 29.3 万个。

（二）数字消费内容供给日益丰富

国际消费中心城市高度重视数字消费内容的供给。《中国互联网络发展状况统计报告》显示，在虚拟内容消费方面，视频直播、游戏音乐等融合发展，推动

网民时间支出进一步攀升。2021年12月，网民人均每周上网时长达28.5个小时，同比提升2.3个小时。例如，上海重点支持时尚类沉浸式虚拟社交和消费平台，打造国内外数字时尚首发地和消费中心。在支持数字驱动的电商和社交平台的相关政策基础上，上海重点支持开拓虚拟生态和仿真技术创作功能，推动国内外数字技术企业、3D时尚设计师、艺术家、极客等创作者入驻时尚社交平台，共享、共创、共建数字时尚内容；鼓励打造NFT数字时尚商品商店、沉浸式虚拟展演、虚拟时尚衣柜、虚拟形象社交的体验消费中心；大力引进国内外数字时尚新产品和新品牌在沪首发等。

(三)数字消费新业态不断拓展

国际消费中心城市在促进数字消费新业态方面不断发力，包括大力支持智能网联汽车、超高清显示、虚拟现实等新型智能终端产品研发应用。推动数字文化、数字医疗、数字教育、数字健身等新业态发展，支持智慧零售、反向定制等数字消费新应用，实现无感支付、沉浸式体验、AR购物等情景式消费新模式。例如，广州推动新业态、新模式持续快速健康发展，进一步巩固提升"电商之都"地位，促进文、商、旅、体、医、美(容)深度融合，数字艺术、数字创意蓬勃发展，提升城市消费能级，提升"乐玩广州""美在花城"的世界影响力，成为引领消费升级的时尚之都，建成满足多元需求的服务高地。

(四)数字消费能级不断提升

国际消费中心城市大力促进数字消费能级提升。如北京市，2022年6月，北京市经济和信息化局与北京市商务局联合发布了《北京市数字消费能级提升工作方案》，主要目标是立足首都城市战略定位，以提升数字消费能级为牵引，充分发挥科技创新领先优势，丰富数字内容服务供给，强化数字技术赋能水平，规范数字业态监管方式，持续优化创新发展环境，围绕"1+4"的总体目标，将北京市建设成为全国"数字消费首善之城"，打造"数字技术优势引领、数字赋能能力引领、环境标准制度引领和营商环境示范引领"的数字消费新高地，持续激发数字经济创新创造活力和数据资源要素潜力，助力北京加快建设全球数字经济标杆城市和国际消费中心城市。实践中，北京加强对传统商圈进行数字化改造，在主要文化及商业街区、景区等重点区域建设基于数字孪生技术的智慧商圈，加强沉浸式消费体验。数字经济网红打卡地之一的北京坊作为数字技术应用的特色场景，不断增强智慧赋能，优化消费体验，打造"5G+华为河图"智慧商圈，对街区进行智慧科技场景覆盖，焕发前门地区历史文化街区的新活力。

三、促进我国国际消费中心城市数字服务消费的措施

依据《培育国际消费中心城市总体方案》，在数字技术的加持下，结合数字服务消费发展，提出以下促进我国国际消费中心城市数字服务消费的措施。

(一)构建全球多元融合的数字服务消费资源聚集地

国际消费中心城市要突出"中心"特征，推动数字服务消费资源聚集地建设。首先，大力吸引中高端消费品牌跨国企业在当地设立全球总部、地区总部及功能型总部，招揽具有全球视野和国际品牌运作能力的国内外投资商、运营商，引进国际贸易品牌企业，广泛集聚消费领域中产投运销的优质市场主体深度整合全球优质资源。其次，发展植根中国、面向全球的民族品牌，支持鼓励商贸流通企业培育发展自有品牌。再次，内外双向发力，强化"买全国、卖全国，买全球、卖全球"的商业贸易功能，发挥中国国际进口博览会、中国国际服务贸易交易会等溢出带动效应，多渠道扩大特色优质商品和服务进口，推动国内销售的国际品牌与国际市场同步接轨，增强全球著名消费品牌集聚度，更好满足国内外消费者对国际化、高品质、时尚性、便捷性的需求。最后，大力推动数字技术在服务消费中的应用，培育发展健康、养老、托育、家政、教育、文化、体育、旅游等服务业，引进中介经纪、培训咨询、法律服务等国内外知名服务机构，提升城市数字服务消费水平，促进商品消费和服务消费融合发展。

(二)建设具有全球影响力的标志性数字服务消费商圈

国际消费中心城市要充分发挥消费商圈的作用。首先，立足城市布局和商业特色，借鉴国际经验，突出中国特色，融合本地元素，从提升商业质量、优化消费环境、打造智慧商圈、增强文化氛围等方面，差异化打造一批精品享誉世界、服务吸引全球、环境多元舒适、监管接轨国际的标志性商圈。其次，推动设施改造、业态互补、错位发展，培育集历史风貌、品牌购物、文化创意、美食品鉴、休闲娱乐和交互体验于一体的特色街区，增强特色商业街区吸引力。打造一批国家级旅游休闲街区，突出鲜明文化特色。引导特色商店创新商业模式和经营业态，挖掘文化特色，形成新的独特竞争力。积极引进国内外各层次优质品牌的旗舰店、概念店、体验店、融合店，吸引全球新品首发，提升国际化、品质化消费

吸引力。最后，促进购物中心、百货店、家居市场等流通企业调整经营结构，丰富服务业态，打造沉浸式、体验式、互动式消费场景，加快向社交体验、家庭消费、时尚消费、文化消费中心等领域拓展，鼓励将大型体育场馆、老旧工业厂区等改造为消费体验中心、健身休闲娱乐中心等综合性新型消费载体。

(三)打造引领全球数字服务消费潮流的新高地

国际消费中心城市要引领数字服务消费潮流。首先，把握全球消费新趋势，引领全球消费新潮流，大力发展时尚创意、绿色智能消费，更好发挥首牌、首店、首发、首秀效应，通过线上线下互动、商旅文体融合，打造一批对全球消费风尚具有影响力和辐射力的标志性品牌、标志性活动、标志性场景。其次，依托国际国内展会、国际旅游节、国际电影节等平台，举办"时尚周""产品秀""首发式"，打造全球新品网络首发中心，发布新产品、新品牌、新服务；培育有国际影响力的网站、期刊、电视、广播等时尚传媒品牌，宣介我国市场优势和文化"软实力"，形成全球消费时尚的风向标。最后，通过人工智能、5G、互联网、大数据、区块链等技术运用，加快商业转型升级，打造云逛街、云购物、云展览、云走秀、云体验等消费新模式。有序发展直播电商、社交电商、社群电商、"小程序"电商等营销新业态。积极发展夜间经济，规划建设商旅文体融合的夜间消费集聚区。

(四)营造具有全球吸引力的数字服务消费环境

国际消费中心城市要营造具有全球吸引力的数字服务消费环境。首先，建立面向全球、四通八达、抵离便捷、接驳高效的立体交通网络。优化机场、火车站、汽车客运站等交通枢纽与商圈、商业街区、标志性景点等消费载体的交通对接，促进大型商业设施、大型体育场馆、文化场所、旅游景点等与市政交通的互联互通。其次，实施城市生态修复和功能完善工程，优化城市商业布局，美化城市自然环境，提升城市人文环境，开展生态宜居环境建设，提升服务质量与水平。完善涉外医疗机构、出入境服务站和外籍人员服务中心的配套，规范服务场所多语种标识，提升城市国际化水平。再次，建立符合国际惯例的消费纠纷快捷解决机制，优化入境游客消费多元化维权机制，开通入境游客维权绿色通道，完善数字消费质量标准和后评价体系，健全综合咨询、智力支持等服务机制，加强消费环境综合治理，积极开展放心消费创建活动，形成安全放心的市场环境。此外，推广信用承诺制度，加强信用分级分类监管，完善守信激励和失信惩戒制度，加快构建贯穿事前事中事后全过程、以信用为基础的新型监管机制。对标国际水平，完善商业服务标准化体系，提升商业服务人员的质量意识、业务素质和服务技能。

（五）完善自由便利的国际数字服务消费政策制度体系

国际消费中心城市要加强数字服务消费政策制度体系建设。首先，降低商业用地、物流等成本，提升城市消费综合竞争力。稳妥推进健康医疗、教育文化、休闲娱乐等消费领域和相关服务业对外开放，加强金融服务在促进消费方面的支持作用，将城市打造成为高水平开放的新门户。其次，完善通关和签证便利化措施，视情扩大过境免签城市范围，延长过境停留时间。推进境外人士境内移动支付服务试点和扩围，鼓励商业银行等研究开发多渠道、多样化的境外人士境内支付服务方案。最后，完善数字服务消费领域离境退税政策，强化消费人才支撑。

（六）推动形成区域数字服务消费联动发展新格局

以培育城市为核心，集聚整合区域消费资源，强化优势互补、协调联动，建立"以周边支撑中心、以中心带动周边"的区域联动机制，推动城市群消费一体化发展，形成共建、共享国际消费中心城市的培育模式，更好地服务国家区域重大战略、区域协调发展战略及现代化都市圈建设。

本章小结

数字科技的创新为数字服务贸易注入强劲的发展动力，不仅使数据成为数字服务贸易的要素形式，而且对服务消费的不可贸易性、贸易模式的创新等各方面都产生了重大影响，也为发展中国家发挥后发优势，实现弯道超车，赶超发达国家提供了历史性机遇。但是在发展扩大数字服务消费的过程中，仍需要注意数字安全、数字贸易政策等重要问题，保障好消费者的合法权益，这样数字服务消费发展才能行稳致远。立足我国国情，全力建设国际消费中心城市，对我国构建新发展格局，实现高质量发展具有重要意义。

概念和术语

新型消费；数字素养与技能；数字消费；国际消费中心城市

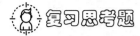复习思考题

1. 什么是新型消费？

2. 试述数字技术在数字服务消费中的作用。

3. 查阅资料，结合具体行业谈谈数字技术在数字服务消费中的应用。

4. 试述如何促进服务消费的数字化转型。

5. 查阅资料，谈谈在我国国际消费中心城市建设中有哪些促进数字服务消费的措施。

大力发展数字文化消费新业态

第五章

数字服务市场

1. 掌握数字服务市场的概念和特征。

2. 掌握数字服务市场的作用。

3. 了解数字服务市场的结构、竞争状况及发展趋势。

4. 了解中国数字服务市场状况、政策和创新实践。

1. 通过对数字服务市场相关概念及发展概况的学习，加强对数字服务市场规律的认识，增强理论思维能力。

2. 通过对数字服务市场结构、竞争状况及发展趋势的学习，进一步深化对已学经济学的应用分析，强化问题意识及对数字服务市场的关注。

3. 通过对我国数字服务市场发展状况、政策及创新实践的了解，增强发展我国数字服务市场的自信心。

案例引导

欧盟加大力度规范数字服务市场

第一节　数字服务市场概述

一、数字服务市场的概念

服务市场是以服务为市场交易对象的市场形态。数字市场包括所有依赖互联网和基于网络数字技术基础设施所展开的产品和服务交换活动。

数字服务市场是指利用数字技术提供服务的各种交换关系的总和。伴随数字经济的发展，数字服务市场的内涵不断深化，外延持续拓展。一方面，原有产业数字化推动服务市场向数字化方向转型和发展；另一方面，新兴数字化产业的发展促进数字服务市场的兴起。更重要的是，数字技术的加持和赋能使数字服务市场突破时空限制，虚拟市场空间得以极大拓展，数字服务市场的各种交换关系愈加复杂，呈现出新的变化和特征。

二、数字服务市场的特征

(一)数据依赖性强

数据已经成为重要的生产要素，数据服务市场的发展离不开数据的支持。数字化与基于云的基础设施的连接，以及更廉价的存储，使数字市场的参与者越来越能够收集广泛的客户数据，从中获知消费者偏好，以进行有针对性的营销行动。此外，机器学习算法的不断改进，使许多行业的公司越来越能够从数据中获得用于改进产品的信息。数据服务市场对数据的依赖性可以形成数据的自我强化优势，这对于数字服务市场而言具有积极的影响。

(二)网络效应明显

在数字服务市场中，需求端存在网络效应，而供应端存在规模收益递减效应。网络效应是数字市场的一种典型的现象，即用户从消费某类产品或服务中获得的效用在一定程度上取决于其他人也使用这些产品或服务。当产品对客户的吸引力随着其他人使用该产品而增加时，就出现了网络效应。数字服务市场的网络效应非常明显。随着越来越多的用户接入互联网，通过网络进行数字服务的交易，其网络效应逐渐显现，而网站的发展和完善会吸引更多的用户相互联系和开展业务。

(三)双边特征突出

数字服务市场中的平台企业发挥重要作用。数字平台是数字市场的主要参与者，它可能拥有两个或两个以上不同的客户群体，并且在不同的情况下，这些客户的市场角色会发生变化，如淘宝的用户有时是买家，有时是卖家；移动电话用户有时是呼叫者，有时是接收者。然而平台企业使双边市场的经济特征更为明显。

(四)垄断倾向性大

数字市场的某些特征，如网络效应、规模收益递增和数据的自我强化优势，提高了数字市场的进入门槛，这使新进入公司很难进入数字市场并进行业务扩展，更难与已占据一定市场规模的公司进行竞争。这意味着数字市场具有垄断或寡头垄断的倾向性，特别是在严重依赖网络效应的社交网络市场。在数字服务市场中，服务的多样性和差异性使市场的垄断性倾向更大。

三、数字服务市场的作用

(一)促进数据要素流动

数据的流动性是与生俱来的根本属性。如果数据没有流动，意味着数据无从应用，理论上数据也就没有价值。数据流动性的特点是包容性。数据的爆发增长、海量集聚蕴藏了巨大的价值，为智能化发展带来了新的机遇。协同推进技术、模式、业态和制度创新，切实用好数据要素，将为经济社会数字化发展带来强劲动力。数据服务市场的发展及机制的发挥无疑将为数据要素的充分流动和作用发挥创造重要的条件。因此要大力发展数字服务市场，持续扩大数据要素的规模，提升数据要素流动水平。

(二)促进数字技术应用

市场是产业数字化转型升级的决定性力量，也为数字技术的应用开辟了广阔的空间。以北京市为例，数字服务市场拓展了数字技术的应用场景。北京市依托CBD、奥运、国家文创实验区及金盏国际合作服务区，围绕数字商务、数字金融、数字文化、数字贸易等领域，构筑数字经济产业生态圈，推动市场趋势变化和产业结构升级相互促进、市场信息和市场资源有效整合、传统产业和产业链协同改造，以新型数字服务生活加快发展数字消费业务，打造国家化数字消费商圈，做实数字生活服务，全面提升企业对数字经济的获得感。

(三)促进数字服务交易

数字服务市场的发展将进一步推动数字服务供给者和消费者的产生，加强数字服务市场机制发挥，促进数字服务交易，特别是在跨境贸易收支便利化的推动下，数字服务贸易范围进一步扩大。在符合相关法律法规的前提下，数字服务相关领域的交易创新不断发展，数字服务市场将更加繁荣。

(四)促进数字经济发展

数字服务市场的繁荣是数字经济发展的集中体现。数字化是当今人类社会发展进步的新特征，数字经济也已经成为新一轮国际竞争的重点领域。我国有14亿多人口，网民规模达10.51亿人，拥有世界上最为完备的产业体系，建成了全球规模最大、性能先进的网络基础设施体系，不断完善的数字经济各项法规法律体系，为我国数字经济发展提供了海量的用户、丰富的应用场景、坚实的物质基础和良好的发展环境。

(五)促进数字规则制定

数字规则是指政府为规范和促进数字经济发展而出台的一系列法律法规和政策的总称。在现实生活中，既有国际层面的数字规则，也有国家层面的数字规则，有时地方政府也会出台一些数字规则。总体上看，数字规则主要包括数字产权规则、数字开放规则、数字流动规则和数字保护规则等。在数字服务市场发展过程中，将面临各种新问题、新挑战。在破解问题、迎接挑战的过程中，数字规则必将得到进一步完善和创新。

(六)促进国际合作交流

数字服务市场的繁荣发展将促进双多边国际合作的开展，是推动我国经济高质量发展、加快构建新发展格局的客观要求，也是我国积极参与全球经济治理体系变革、构建数字合作格局的重要举措。通过与数字伙伴安全互通和合作开发数据资源，加强数字技术合作，参与数字技术国际标准制定，推动数字贸易领域扩大开放，有助于在国际上及时提出中国方案、发出中国声音。

第二节　数字服务市场状况

一、数字服务市场结构状况

（一）数据要素流动性加强

要素流动状况是市场结构的重要方面。在数据要素规模持续扩大及数字技术的加持下，数据要素的流动性也在不断加强。从全球来看，数据要素的流动受数据壁垒等的制约；从我国来看，促进数据要素的充分流动需要发挥各方面的合力。2022年12月，《中共中央　国务院关于构建数据基础制度更好发挥数据要素作用的意见》提出："以维护国家数据安全、保护个人信息和商业秘密为前提，以促进数据合规高效流通使用、赋能实体经济为主线，以数据产权、流通交易、收益分配、安全治理为重点，深入参与国际高标准数字规则制定，构建适应数据特征、符合数字经济发展规律、保障国家数据安全、彰显创新引领的数据基础制度，充分实现数据要素价值、促进全体人民共享数字经济发展红利，为深化创新驱动、推动高质量发展、推进国家治理体系和治理能力现代化提供有力支撑。"该文件打破数据壁垒，突破数据鸿沟，是实现数据要素流动的指引性、纲领性文件，标志着我国数字经济发展将从技术引领进入数据驱动的新阶段。

（二）数字服务供给和消费者快速增加

在平台经济、共享经济、数字经济及服务经济蓬勃发展的背景下，涌现出大量数字服务供给者和消费者。从2012年到2022年，我国促进中小企业发展的政策体系、服务体系不断完善，发展环境不断优化，中小企业呈现又快又好的发展态势。工业和信息化部发布的数据显示，2022年，我国中小微企业数量已经超过了5200万户。这些企业正在加快数字化转型的步伐。中小企业是数量最大、最具活力的企业群体，是我国经济社会发展的主力军，也是数字服务供给的生力军。数字消费主体不断扩大，向老少两端扩张。"95后"一代年轻群体对个性化、品质化消费品的追求力度更大，带动数字化消费不断向多元化、高端化方向升级。同时老年人"会用""敢用"，"银发族"的崛起有望迎来数字时代的新红利。

(三)信息不对称性大大降低

在传统的经济活动中，买卖双方相互独立，沟通机制并不畅通，信息不对称情况普遍存在。然而数字经济促使供给端与需求端的有效连接，将零碎的市场需求整合为消费网络的关键节点，推动需求端与供给端的融合打通，优化供需匹配路径，完善价格信号对市场的调节作用，实现产业供需的精准匹配，强化生产者与消费者的互动，使数字服务市场的信息不对称性大大降低。

(四)市场壁垒发生变化

市场壁垒包括进入壁垒和退出壁垒。在数字服务市场发展的过程中，市场壁垒随着技术、规模、效应、规则、政策等变化而变化。数字壁垒就是数字市场中的新问题。数字壁垒是一国出于自身利益考虑而出台限制或禁止外国数字设备或服务商在本国开展经营活动的政策。在数字服务市场中，进入壁垒和退出壁垒的变化对数字服务市场结构产生了重要影响。

二、数字服务市场竞争状况

(一)动态竞争明显

在传统经济下，交叉融合创新有限，企业间竞争多依赖市场内竞争，如降价、收购等来提高自身份额。在数字时代，动态竞争、跨界扩张、长期发展开始成为数字企业的竞争理念，它们依托海量的数据、巨量的资本、先进的算法和强大的算力，创造出全新的商业模式，如搜索引擎、网络游戏等，并不断迭代升级提升产品或服务的吸引力，或者通过模式创新，如电子商务、移动支付等来颠覆传统市场格局。数字服务市场的动态竞争状况明显，竞争愈加激烈。数字服务企业需要实时把握和及时追踪竞争态势的变化和发展。

（二）全面竞争突出

在传统经济下，企业间竞争主要体现在产品服务质量、品牌等少数维度，靠物美价廉来赢得顾客青睐。在数字时代，数字巨头企业把持着人们上网的"入口"，利用其掌握的用户数据、算法和资本等资源，通过并购重组，或投资入股关联企业，或依托规模优势将业务横向拓展至经济社会各领域，实施跨界竞争和融通合作。数字服务市场的竞争是多层次、全方面的竞争，需要从系统竞争的角度看待数字服务市场竞争的变化。

（三）竞争优势变化

在传统经济下，企业借助成本领先和差异化策略来构筑其核心竞争优势。在数字时代，数字服务企业利用其源源不断的数据资源、分析技术和强大算力增强自身学习能力，提升决策科学性，促进供需精准对接，从而获取更多用户和市场，还可利用自身数据和算法匹配能力，赋能入驻平台上的各类主体，促进各方互动、共同成长，进一步强化平台的差异化竞争优势。数字服务市场竞争优势的生成已经并非单纯的成本等优势，优势形成的技术内涵不断深化。除此之外，标准、规则等同样对竞争优势有着重要影响。

（四）竞争格局转变

在传统经济条件下，受成本下降速度、市场空间的约束，企业扩张速度慢，在大部分时间内，多数市场是竞争性市场，少数市场会出现垄断。在数字时代，巨头企业突破了时间和空间约束，用户数和数据量呈指数式增长，结合平台的独特优势在全球范围扩张，数字服务市场的竞争格局随之发展变化。中小微企业的成长、平台企业的快速发展、市场结构的变化、数字规则的制定等都对数字服务市场的竞争格局产生影响。

三、数字服务市场发展趋势

（一）数据要素功能大幅加强

数据作为新型生产要素，是数字化、网络化、智能化的基础，已快速融入生产、分配、流通、消费和社会服务管理等各环节，深刻改变着生产方式、生活方式和社会治理方式。数据已成为与资本和土地相并列的关键生产要素，呈现爆炸式增长态势，被不断地分析、挖掘、加工和运用，价值持续得到提升、叠加和倍增，有效促进了全要素生产率优化提升，为国民经济社会发展提供了充足新动能。在数字时代，数据要素在数字服务市场的地位及其功能必将得到更大幅度的提升。

(二)数字技术作用更加凸显

数字技术的变革推动了服务市场数字化的进程。5G 时代的到来进一步促进了服务市场和数字技术的融合。以云计算服务为例，其将人员管理、数据计算等服务全部上传到云端完成，使数字服务市场的进入成本大大降低。随着技术的革新，云计算服务也从一开始的应用软件服务向基础设施服务发展，进一步降低了数字服务市场的进入门槛，为中小企业提供了机会。数字服务市场的发展需要大力推动数字技术的应用和创新，从而进一步提升数字服务市场的技术水平。

(三)市场联通水平愈加提升

高度联通是当下社会的重要特征。在数字技术的加持下，数字服务市场信息及其他要素的通达性将提高到新的水平。大数据技术催生了许多新兴的业务模式，跨境电商等服务贸易模式借助此技术发展得更为便利。区块链强化交易的信任和安全问题，使信息沟通和交易更为高效。平台企业的兴起则汇聚了更多的主体和信息，由此推动数字服务市场向更高的联通水平迈进。

(四)市场结构演变更加快速

数字服务经济的蓬勃发展使要素的流动性、市场主体的规模、市场壁垒的变化、信息不对称性等加速改变，从而使数字服务市场结构面临快速变化。不仅如此，对于数字服务市场来说，提供多元化的服务产品对于满足消费者需求，扩大数字服务市场规模非常重要。在数字技术、大数据、智慧物流等现代技术不断融合的情境下，挖掘消费者需求，创造出有创意的、符合审美爱好的服务产品是现在数字服务企业扩大市场占有率的重要手段。需求的变化，以及与供给的互动对市场结构的演变产生了重要影响。

(五)平台化共享化已成趋势

数字服务市场的平台化、共享化是重要的发展趋势。企业之间的竞争重心正从技术竞争、产品竞争、供应链竞争逐步演进为平台化的全面竞争。一批用户基数庞大、技术积累丰富、资金实力雄厚的行业领军企业已率先启动，通过提供开源系统、营造开放环境、促进跨界融合、变革组织架构、重塑商业模式、孵化创新团队等多种方式，持续完善资源集聚、合作共赢的生态格局。同时数字技术、平台企业等为大量未能得到完全有效配置的资源提供了成本趋近于零的共享平台和渠道，吸引了共享者数量呈指数级集聚，促使共享经济快速兴起。

(六)数字治理地位不断加强

数字服务市场的健康发展离不开数字治理能力和水平的提升，数字治理的地位不断加强。在数字经济时代，构建统一、共享的开放数据平台已成为全球趋势，将实现跨层级、跨区域、跨行业的协同管理和服务，为精准化、高效化的社会治理提供决策支持。在推进数字中国建设过程中，数字治理对于促进数字服务市场健康快速发展，维护数字安全具有重要作用。

第三节 中国数字服务市场发展

一、中国数字服务市场发展状况

(一)企业数字化转型加快

从中国服务企业的发展情况来看，传统服务厂商随着数字经济的发展积极推动数字化转型，提升数字服务品质和水平。大中小型服务企业都高度重视数字化，高度重视数字服务给消费者带来的新的消费模式和体验。服务企业以发掘全新的数字服务技术，提供全新的数字服务产品为目标，在数字经济时代来临时，挖掘红利，寻求突破。

(二)数字服务市场需求巨大

以云计算、人工智能、5G、物联网、区块链等为代表的数字技术应用领域日趋广泛，以产业发展为目标的数字服务行业和以产业升级为目标的传统服务行业的市场规模不断扩大。产业变革、创新创造价值的特点开始出现，随之而来的是我国数字服务市场需求的不断扩大。医疗、教育、金融、交通等行业不断深化发展，亟待数字化转型，提供多样化、便捷、智慧的服务；信息通讯、数据搜索、云存储等行业高歌猛进，极大地丰富了人民的生活，改善了大众的生活方式。与此同时，这些行业的融合发展和创新服务需求逐渐增加。

(三)市场创新能力持续加强

在数字服务贸易领域，我国的创新能力不断加强。数据显示，截至2019年底，我国区块链专利申请量的全球份额超过半数。截至2020年1月，我国5G专利族声明量的全球份额达33%，居全球首位。2011年至2020年，我国人工智能专利累计申请量超38万件，居世界第一，占全球总量的74.7%。同时数字技术是数字服务市场的基础，因此在扩大数字服务市场规模，创新应用发展的同时应重视数字技术创新发展。

(四)市场法治化不断加强

面对数字服务市场面临的新问题、新挑战，以及数字治理能力提升的要求，加强法治化建设是顺应形势和要求的必由之路。目前，全国各省区市制定和推动数字经济促进条例，关键信息基础设施安全保护条例、数据安全法、个人信息保护法相继颁布。在适时补充、动态调整的基础上，针对数据确权、数据定价、数据交易、数据安全等数字经济发展中出现的新情况、新问题，加快制定出台促进和规范数字经济发展的法律法规。同时推动社会治理向网络空间延伸，通过净化网络空间内容、营造清朗网络空间环境，构建网络空间治理法治化新格局。通过明晰数字经济产权，依法保护数字经济活动中的知识产权和专利技术，为数字技术的创新、应用和推广提供法治保障。

二、中国数字服务市场发展政策

(一)顶层设计不断加强

我国在推动数字服务市场发展过程中，政策的顶层设计不断加强。2023年2月，中共中央、国务院印发了《数字中国建设整体布局规划》(以下简称《规划》)。《规划》提出到2025年，基本形成横向打通、纵向贯通、协调有力的一体化推进格局，数字中国建设取得重要进展。数字基础设施高效联通，数据资源规模和质量加快提升，数据要素价值有效释放，数字经济发展质量效益大幅增强，政务数字化智能化水平明显提升，数字文化建设跃上新台阶，数字社会精准化普惠化便捷化取得显著成效，数字生态文明建设取得积极进展，数字技术创新实现重大突破，应用创新全球领先，数字安全保障能力全面提升，数字治理体系更加完善，数字领域国际合作打开新局面。到 2035 年，数字化发展水平进入世界前列，数字中国建设取得重大成就。数字中国建设体系化布局更加科学完备，经济、政治、文化、社会、生态文明建设各领域数字化发展更加协调充分，有力支撑全面建设社会主义现代化国家。《规划》的发布无疑有利于引导和助力我国数字服务市场的发展。

（二）政策目标系统集成

数字服务市场发展的相关政策目标愈加多元且系统集成。《规划》明确指出数字中国建设按照"2522"的整体框架进行布局，即夯实数字基础设施和数据资源体系"两大基础"，推进数字技术与经济、政治、文化、社会、生态文明建设"五位一体"深度融合，强化数字技术创新体系和数字安全屏障"两大能力"，优化数字化发展国内国际"两个环境"。同时其他相关政策密集出台，相关政策更加重视系统性，更加重视部门协同和多元政策目标的制定和实现。

（三）政策合力持续强化

数字服务市场相关政策合力持续强化。2021 年 12 月，国务院印发《"十四五"数字经济发展规划》。该规划在数字基础设施、数据要素、产业数字化、数字产业化等多方面提出具体任务要求，强调要加强 5G、大数据、人工智能、区块链等新一代信息技术在数字经济发展中的应用。《"十四五"数字经济发展规划》与《规划》存在密切联系，前者提出的数字经济产业发展目标更加具体，而后者为前者目标的实现构建了切实可行的框架，针对当前数字经济遇到的发展瓶颈给出解决方案，进一步发挥政策引领作用。可见，各项政策的协同和发力对推动数字服务市场发展具有重要意义。

（四）政策效果愈加明显

在加强政策顶层设计、多方协同、着力实施等基础上，数字服务市场相关政策的实施效果也在不断显现，特别是在引导创新实践、促进试点发展方面，相关政策发挥了重要作用。例如，2022 年 12 月，《中共中央 国务院关于构建数据基础制度更好发挥数据要素作用的意见》出台，积极鼓励试验探索，支持有条件的地方和行业先行先试，推动公共数据、企业数据、个人数据合规高效流通使用，在促进数字服务市场数据要素发展方面收到了积极成效。

三、中国数字服务市场创新实践

依据《"十四五"数字经济发展规划》，此处选取几项重点工程介绍我国数字服务市场的实践创新。

(一)数字化转型支撑服务生态培育工程

1. 培育发展数字化解决方案供应商

面向中小微企业的特点和需求，培育若干专业型数字化解决方案供应商，引导开发轻量化、易维护、低成本、一站式解决方案。培育若干服务能力强、集成水平高、具有国际竞争力的综合型数字化解决方案供应商。

2. 建设一批数字化转型促进中心

依托产业集群、园区、示范基地等建立公共数字化转型促进中心，开展数字化服务资源条件衔接集聚、优质解决方案展示推广、人才招聘及培养、测试试验、产业交流等公共服务。依托企业、产业联盟等建立开放型、专业化数字化转型促进中心，面向产业链上下游企业和行业内中小微企业提供供需撮合、转型咨询、定制化系统解决方案开发等市场化服务，制定和完善数字化转型促进中心遴选、评估、考核等标准、程序和机制。

3. 创新转型支撑服务供给机制

鼓励各地因地制宜，探索建设数字化转型产品、服务、解决方案供给资源池，搭建转型供需对接平台，开展数字化转型服务券等创新，支持企业加快数字化转型。深入实施数字化转型伙伴行动计划，加快建立高校、龙头企业、产业联盟、行业协会等市场主体资源共享、分工协作的良性机制。

(二)数字技术创新突破工程

1. 补齐关键技术短板

优化和创新"揭榜挂帅"等组织方式，集中突破高端芯片、操作系统、工业软件、核心算法与框架等领域的关键核心技术，加强通用处理器、云计算系统和软件关键技术一体化研发。

2. 强化优势技术供给

支持建设各类产学研协同创新平台，打通贯穿基础研究、技术研发、中试熟化与产业化全过程的创新链，重点布局 5G、物联网、云计算、大数据、人工智能、区块链等领域，突破智能制造、数字孪生、城市大脑、边缘计算、脑机融合等集成技术。

3. 抢先布局前沿技术融合创新

推进前沿学科和交叉研究平台建设，重点布局下一代移动通信技术、量子信息、神经芯片、类脑智能、脱氧核糖核酸(DNA)存储、第三代半导体等新兴技术，推动信息、生物、材料、能源等领域技术融合和群体性突破。

(三)数字经济新业态培育工程

1. 持续壮大新兴在线服务

加快互联网医院发展，推广健康咨询、在线问诊、远程会诊等互联网医疗服务，规范推广基于智能康养设备的家庭健康监护、慢病管理、养老护理等新模式。推动远程协同办公产品和服务优化升级，推广电子合同、电子印章、电子签名、电子认证等应用。

2. 深入发展共享经济

鼓励共享出行等商业模式创新，培育线上高端品牌，探索错时共享、有偿共享新机制。培育发展共享制造平台，推进研发设计、制造能力、供应链管理等资源共享，发展可计量、可交易的新型制造服务。

3. 鼓励发展智能经济

依托智慧街区、智慧商圈、智慧园区、智能工厂等建设，加强运营优化和商业模式创新，培育智能服务新增长点。稳步推进自动驾驶、无人配送、智能停车等应用，发展定制化、智慧化出行服务。

4. 有序引导新个体经济

支持线上多样化社交、短视频平台有序发展，鼓励微创新、微产品等创新模式。鼓励个人利用电子商务、社交软件、知识分享、音视频网站、创客等新型平台就业创业，促进灵活就业、副业创新。

(四)社会服务数字化提升工程

1. 深入推进智慧教育

推进教育新型基础设施建设，构建高质量教育支撑体系。深入推进智慧教育示范区建设，进一步完善国家数字教育资源公共服务体系，提升在线教育支撑服务能力，推动"互联网+教育"持续健康发展，充分依托互联网、广播电视网络等渠道推进优质教育资源覆盖农村及偏远地区学校。

2. 加快发展数字健康服务

加快完善电子健康档案、电子处方等数据库，推进医疗数据共建、共享。推进医疗机构数字化、智能化转型，加快建设智慧医院，推广远程医疗。精准对接和满足群众多层次、多样化、个性化医疗健康服务需求，发展远程化、定制化、智能化数字健康新业态，提升"互联网+医疗健康"服务水平。

3. 以数字化推动文化和旅游融合发展

加快优秀文化和旅游资源的数字化转化和开发，推动景区、博物馆等发展线上数字化体验产品，发展线上演播、云展览、沉浸式体验等新型文旅服务，培育一批具有广泛影响力的数字文化品牌。

4. 加快推进智慧社区建设

充分依托已有资源，推动建设集约化、联网规范化、应用智能化、资源社会化，实现系统集成、数据共享和业务协同，更好地提供政务、商超、家政、托育、养老、物业等社区服务资源，扩大感知智能技术应用，推动社区服务智能化，提升城乡社区服务效能。

5. 提升社会保障服务数字化水平

完善社会保障大数据应用，开展跨地区、跨部门、跨层级数据共享应用，加快实现"跨省通办"。健全风险防控分类管理，加强业务运行监测，构建制度化、常态化数据核查机制。加快推进社保经办数字化转型，为参保单位和个人搭建数字全景图，支持个性服务和精准监管。

本章小结

数字技术推动的服务市场数字化转型对扩大服务市场效率、优化服务供给、提升人民服务消费体验具有重要意义。在发展数字服务市场时，既要掌握好新技术带来的市场机会，积极创新、勇于开拓，又要防范好数字风险，制定防范措施，健全的法律体系和强有力的执行手段是保障市场健康运行的基础，数字服务市场也是如此。新时代青年要积极学习，感知市场大环境，立足我国国情，在新发展格局下，创新建设新兴数字服务市场，为我国实现高质量发展做出贡献。

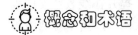 **概念和术语**

数字服务市场；网络效应；数字规则；数字壁垒

 **复习思考题**

1. 什么是数字服务市场？有哪些特征？
2. 试述数字服务市场的作用。
3. 简述数字服务市场的结构和竞争状况。
4. 谈谈你对数字服务市场发展趋势的研判。
5. 查阅资料，进一步了解我国数字服务市场发展的创新实践。

延 伸 阅 读

我国已形成全球最大数字服务市场 有效驱动实体经济转型升级

第六章

数字服务贸易平台

1. 掌握数字服务贸易的定义、特征。
2. 了解数字服务贸易的状况。
3. 掌握数字服务贸易平台的定义、特征。
4. 了解数字服务贸易平台的类型、作用、状况和发展趋势。

1. 通过对数字服务贸易定义、特征的学习，进一步深化对数字服务贸易规律的认识，强化与传统服务贸易的比较。

2. 通过对数字服务贸易状况的学习，增强发展我国数字服务贸易的自信心。

3. 通过对数字服务贸易平台相关内容的学习，加强对平台经济的理解，引导学生与时俱进，观察现实，培养对我国数字服务贸易平台发展的实感。

案例引导

数字平台发展需要更加开放

第一节　数字服务贸易概述

一、数字服务贸易的定义及分类

(一)数字贸易的定义

数字服务贸易是数字贸易的重要组成部分。由于国情不同，各国对数字贸易的认知和重视程度存在较大差距，部分国家甚至对数字贸易还没有官方定义，因此在全球范围没有形成统一的概念。2013年7月，美国国际贸易委员会(USITC)首次提出数字贸易是指通过互联网传输货物或服务的商业活动，主要包括数字内容、社交媒介、搜索引擎、其他产品和服务四大类。在《美国和全球经济中的数字贸易Ⅱ》，USITC对数字贸易作出了如下定义："互联网及基于互联网的技术在产品和服务的订购、生产或交付中扮演重要角色的国内和国际贸易。"美国贸易代表办公室(USTR)认为数字贸易是一个广泛的概念，不仅包括消费者产品在互联网上的销售及在线服务的提供，还包括实现全球价值链的数据流、实现智能制造的服务及无数其他平台和应用。

2019年3月，经济合作与发展组织、世界贸易组织和国际货币基金组织共同发布了数字贸易测度手册，该手册将数字贸易定义为所有以数字方式订购和以数字方式交付的国际交易。其中以数字方式订购的定义为，以计算机网络专门接收或下单的方法进行的一种货物或服务的国际交易，通俗地说就是在网络上进行下单的国际买卖。以数字方式交付的定义为，使用专门的计算机网络以电子格式远程交付的国际交易，通俗地说就是商品是数字格式的国际买卖。

中国对数字贸易的官方定义出现在中国信息通信研究院2019年12月发布的《数字贸易发展与影响白皮书(2019)》中，该书认为数字贸易不仅包括基于信息通信技术开展的线上宣传、交易、结算等促成的实物商品贸易，还包括通过信息通信网络(语音和数据网络等)传输的数字服务贸易，如数据、数字产品、数字化服务等。

(二)数字服务贸易的定义

就数字服务贸易而言，根据《数字贸易发展与影响白皮书(2019)》的定义，数字服务贸易的概念存在于数字贸易中。在此基础上，有学者对数字服务贸易作出如下定义："数字服务贸易与数字商品贸易相对应，同为数字经贸体系的重要组成部分。经济合作与发展组织将数字服务贸易定义为通过互联网为贸易国提供服务。数字服务贸易的产品类型主要为数据化、信息化的服务，即将传统贸易服务转化为数字化形式。广义上的数字服务贸易还包括大数据、云计算等新型服务。"另外，还可以从服务贸易的角度对数字服务贸易进行理解。通过信息通信技术的应用，数据、数字产品(如音乐、影视、游戏等)及数字化服务(如线上教育、线上资讯等)得以通过网络途径进行消费，这些服务型产品的交易拓展了服务贸易的内涵，使其更适应现代化发展趋势和人类的精神需求。数字服务贸易，即实现了数字化的服务贸易。在数字贸易蓬勃发展的背景下，数字服务贸易的发展空间持续扩大。

数字服务贸易由于与服务贸易具有紧密的关联，因此也适用于服务贸易的国际分类方式。

(三)数字服务贸易的分类

1. 跨境支付

一成员国居民在本国境内通过交易行为获得其他成员国数据、数字产品及数字化服务的使用权。

2. 境外消费

一成员国居民在其他成员国境内通过交易行为获得所在国或其他成员国数据、数字产品及数字化服务的使用权。

3. 商业存在

一成员国的企业在其他成员国境内建立商业机构(附属企业或分支机构)，为所在国或其他成员国提供数据、数字产品及数字化服务的使用权。

4. 自然人流动

一成员国的服务提供者以自然人身份前往其他成员国，在所在国提供数据、数字产品及数字化服务的使用权。

二、数字服务贸易的特征

(一)数字贸易的基本特征

数字贸易与传统贸易相比其主要区别在于是否依托信息通信技术来完成交易，因此具有以下特征。

1. 交易无形性

与传统贸易相比，数字贸易完全在网络空间进行，其交易过程只有在数字技术的支持下才可进行。在该情境下，无论是交易对象、交易标的，还是交易货币，都由数字技术呈现，在交易时并不具备客观存在属性。

2. 即时性

有了数字技术的支持，数字贸易的完成速度极快，协议的签订、货币的转移、商品的使用、数据的分析等基本可以跨越空间距离迅速实现，大幅节约了交易双方的时间成本。

3. 数字依赖性

如同船只离开水无法移动一样，数字贸易离开信息通信技术完全无法进行，因此在基础设施建设不够完善、局域网无法覆盖的地区，数字贸易无法发展。

4. 信息隐蔽性

交易的全过程都由数据呈现和记录，在管理者严格的保护下，理论上交易数据隐蔽性较强，泄露风险较小，具有传统贸易欠缺的保密性。

(二) 数字服务贸易的独有特征

数字服务贸易是传统服务贸易与信息通信技术融合发展的产物，与传统服务贸易相比，具有以下独有特征。

1. 传统服务的地理限制被突破

数字服务贸易依靠互联网将服务主体和受体连接在一起，在网络空间实现服务供给与消费，主体和受体不再需要面对面才能完成交易。

2. 即时特征不再显性

由于数字贸易的特征，数字服务产品可以被数据记录并呈现，大量服务不再具备交付和消费统一的特征，延时消费和重复消费成为网络服务的重要特征。

3. 知识和技术附加值大幅提升

在信息通信技术的支持下，数字服务产品的知识和技术附加值得到较大程度的加强，进而促进了知识产权保护意识的觉醒。

4. 服务高质量化、多样化和个性化

数字服务产品的质量普遍优于传统服务产品，数字技术的呈现效果能带来更好的消费体验；数字技术发展催生出一批新的服务业务，如线上展览、线上旅游等，丰富了服务贸易内容；通过大数据分析处理，点对点服务更容易实现，个人偏好更容易被追踪和满足。

三、数字服务贸易状况

(一)全球数字服务贸易

1. 数字服务贸易规模持续扩大

依据《数字贸易发展与合作报告 2022》，作为数字技术和国际贸易深度融合的产物，数字贸易正成为全球数字经济开放与合作的重要纽带，有力推动了数字技术创新、产业数字化转型，国际贸易和世界经济在全球要素资源重组、国际生产网络重塑等方面的作用日益凸显。该报告显示，2021 年，全球跨境数字服务贸易为促进全球经济稳定复苏注入新动能。数据显示，2021 年，全球跨境数字服务贸易规模达到 3.86 万亿美元，同比增长 14.3%，在服务贸易中的占比达到 63.3%，在服务贸易中的主导地位日益稳固。

2. 数字化转型不断加快

2020 年，全球 47 个国家的数字经济规模达到 32.6 万亿美元，占 GDP 的 43.7%，名义增长率 3%，远超当年全球−3.363% 的平均增长率。

从企业层面来看，2022 年联合国工业发展组织报告显示，运用高水平数字化技术的制造业企业其月销售额、年利润、就业率等多项经济指标的表现也远好于其他企业。企业数字化转型的动力强劲。

3. 数字贸易规则谈判成为新焦点

各经济体对跨境数据流动、数字知识产权、数字产品非歧视性待遇和数字税等展开谈判。数字贸易规则构建呈现出以中国、美国和欧盟为代表的三足鼎立之势。

(二)中国数字服务贸易

1. 增长势头强劲

中国跨境数字服务贸易增长势头强劲。2021 年，中国数字服务进出口总值达到 3597 亿美元，同比增长 22.3%，占服务进出口的比重达 43.2%。附属机构的数字服务贸易发展态势相对较好，跨境电商持续快速发展。同时中国积极推动数字贸易创新发展与国际合作。

数据显示，2021 年，中国数字服务进出口总值达 3597 亿美元，同比增长超过 22%；数字服务净出口规模达 300 亿美元，同比增长超过 100%。

根据国家工业信息安全发展研究中心发布的《2021 年中国数字贸易发展报

告》，2021 年，我国数字贸易同比增速达到 40.1%，高于服务贸易同比增速（16.0%）24.1 个百分点，展现出巨大的发展潜力和对经济的拉动作用。

2. 服务经济、数字经济与平台经济深度融合

数字服务平台正成为连接国际贸易的重要枢纽和助力企业深度融入全球供应链的重要载体。截至 2021 年底，我国市值超 10 亿美元的数字服务平台企业已超200 家。根据胡润研究院统计的结果，2021 年，我国独角兽企业数量超过 300家，居全球第二，主要集中在电子商务、医疗健康、人工智能等领域。

以中国为例，《数字贸易发展与合作报告 2022》相关数据显示，2021 年，中国数字服务进出口总值达 3597 亿美元，同比增长超过 22%；数字服务净出口规模达 300 亿美元，同比增长超过 100%。数字经济与服务经济、平台经济深度融合的态势明显。

3. 数字服务应用场景不断扩大

跨境支付业务快速增长。数字人民币跨境支付业务发展潜力进一步释放。冬奥会期间，数字人民币通过大量场景为境外消费者提供金融服务。以中小微企业为主要服务对象的第三方跨境支付行业增长势头强劲。

卫星导航服务呈现高速增长态势。《新时代的中国北斗》白皮书显示，2021年，中国卫星导航与位置服务产业总体产值约 4700 亿元，继续保持稳定高速增长态势，全球服务范围不断扩大。

4. 创新试点和出口基地探索集聚发展新动能

2016 年 2 月，国务院批准在天津、上海等 15 个省市（区域）开展服务贸易创新发展试点。2018 年 6 月，试点进入深化阶段，范围扩大到北京等 17 个省市（区域）。2020 年 8 月，服务贸易创新发展试点地区为北京等 28 个省市（区域）。2020 年 4 月，商务部会同中共中央网络安全和信息化委员会办公室、工业和信息化部联合发布公告，认定了中关村软件园等 12 个园区为国家数字服务出口基地。服务贸易创新试点、数字服务出口基地为数字服务贸易创新发展注入新动能。

第二节　数字服务贸易平台概述

一、数字服务贸易平台的定义

在数字时代背景下，平台经济迅速发展，互联网技术的普及让平台深入千家

万户，信息技术的迭代升级强有力地支撑起了平台经济的发展。平台经济规模飞速扩大，正在成为未来经济转型发展的新驱动力量。支撑平台的关键技术发生了重大变革，涌现出许多以互联网、物联网、大数据、云计算、人工智能及智能设备等为支撑的数字平台。微信、百度、京东和滴滴等数字平台不断涌现，新业态、新模式层出不穷，蓬勃发展，而这些产业发展的基础就是数字平台。

数字平台是以数据生产要素为核心的融合企业的新经济形态，是利用数据、算法技术，打破时空限制，链接各类主体，提供信息、搜索、竞价、调配、社交、金融等综合性服务的新型经济组织。数字服务贸易平台通过产业互联、信息整合互通、构建全体系的数字化服务场景，利用大数据、AI 等技术，将电商平台、广告营销、金融服务和知识产权等一系列服务贸易相关元素进行整合，能够帮助贸易服务商加快数字化转型，降低运营成本，提供数字化服务运营策略。简言之，数字服务贸易平台是以实现服务交易为目的，利用互联网、物联网、大数据等信息技术构建的一体化、网络化、智能化的经济组织。

二、数字服务贸易平台的特征

(一)生态化

数字服务贸易平台汇聚交易相关各方利益主体、资源和要素等，多方利益体在平等的基础上，形成一种可以实现多方共建、资源共享、互利共赢、开放的生态圈。同其他平台一样，数字服务贸易平台战略的核心就是形成多方利益体可以实现互利共赢的平台生态圈，以便更充分发挥平台的作用，体现平台的价值。与此同时，平台参与者的地位在持续提升。其数量越多，平台创造的价值就越大；平台的价值越大，越能够吸引更多的参与者。此外，对于服务企业而言，自身也会围绕战略发展目标，建设平台型组织架构，形成高效的平台生态发展模式。

(二)智能化

数字服务贸易平台在 5G、大数据、区块链、人工智能等数字技术的支持下，不仅能够提升智能水平更好研判和满足服务供给者和消费者的各种需求，实现信息匹配和供需精准对接，而且还可以发挥"拟人智能"的特性或功能，进行自适应、自校正、自协调、自诊断及自修复等，从而更适应服务产品差异化的特点，为更广范围内的服务供需主体高效服务。

（三）集约化

服务门类众多，行业复杂且差异性大，所涉及的要素、资源、利益主体及关系复杂，在要素资源配置、信息传递及交易促进等方面需要更加集中、集约和高效。数字服务贸易平台有利于在服务经济活动中发挥平台作用，实现服务品质的提高、高端要素含量的增加、要素投入的集中及组合方式的优化调整，有助于帮助企业优化业务流程，提高管理效率，改变客户和企业的沟通模式，使沟通更加及时有效。

（四）多样化

在规模、结构、所有制、所属行业等方面，数字服务贸易平台类型多样，可以适应服务行业领域众多复杂、业态不断创新的特点。一方面通过资本运作、科技助力、政策扶持等建设以数字技术为支撑的大型综合贸易平台；另一方面适应服务供给和需求个性化、个体化的特征，推动规模小，但专业性、灵活性强的平台的打造。这些不同类型的平台成为数字服务贸易发展的重要推动力量，为数字服务贸易生态环境的建设和营商环境的改善发挥了重要作用。

三、数字服务贸易平台的类型

平台经济既是一种经济形态，也是一种商业模式。在产品和服务交易的过程中，随着交易市场的扩展，供求双方数量的持续增长、信息等要素的空前增多、沟通协调的复杂频繁等，客观上要求提供条件、变革模式、创新机制等推动交易的发生和效率的提升，平台企业与平台经济恰是在这样的环境中孕育成长并不断发展壮大的。因此所谓"平台"，无论是真实的还是虚拟的交易场所，其本身并不生产产品，但却是经济活动各环节及经济系统功能发挥的重要结果，也是重要保障和动力。在信息科技高度发达的互联网时代，平台经济因获得了科技的支撑助力而突破了时空的约束和各种瓶颈的限制，形成了经济创新的新高度、新浪潮。2019年国务院办公厅发布的《关于促进平台经济规范健康发展的指导意见》强调，互联网平台经济是生产力新的组织方式，是经济发展新动能，对优化资源配置、促进跨界融通发展和大众创业万众创新、推动产业升级、拓展消费市场尤其是增加就业，都有重要作用。

随着国际贸易分工的深化，服务市场交易规模、范围的不断扩大，交易对象的不断拓展，各类资源和要素在区域及全球的加速流动，与贸易直接相关的各种平台和平台企业应运而生，在资源、资金、信息的流动、共享，以及文化产品和服务交易等各方面发挥着愈加独特的作用。事实上，平台服务本身就是服务模式和业态创新。数字经济、平台经济与服务经济的繁荣交织将为数字服务贸易注入新的动力和发展内涵。

在互联网快速发展的背景下，线上数字平台的独特功能正在持续发挥。相关平台呈现不同形式、处于不同行业、发挥不同功能，既涉及实体，也包括虚拟的空间交易市场平台、资源汇聚平台、信息交换平台，还可在产业链中的研发、设计、管理、营销、展会、公共服务等环节构建数字服务贸易的相关平台，从而推动不同所有制、不同类型和规模的平台企业的建设。

一方面，平台经济在加速迭代、创新发展，形成整体上的升级跨越；另一方面，以产业链为基础的平台体系的构建正在推动平台生态系统的形成。从产业链不同环节来看，研发设计平台处于产业链的前端，通过平台的依托作用，研发者能够获取合适的订单需求，筛选其认可的开发方或制造商，而需求方可以提出设计要求，并寻求其认为有商业价值的创意。

投融资和交易平台对资源、要素及服务价值的界定、评估、抵押、租赁、投资和高效交易，贸易规模的扩大、结构的优化和企业的成长有着极为重要的作用。例如，上海文化产权交易所主要受理各文化类项目的产权交易、文化类企业的股权交易和融资并购，同时提供咨询服务。

资源汇聚和服务平台将传统意义上不同的细分市场打破，把海量的客户需求与供应方集中于一个平台，利用长尾效应，极大提高了资源配置效率。例如，腾讯集社交、娱乐、金融、咨询等工具于一体，打造全年龄服务平台，娱乐板块更是细分出了视频、动漫、电竞、文学、音乐等领域，分别对接不同的供应商和用户群体，甚至可以实现同一用户群体的不同需求，社交平台通过多元化增长成长为一网式平台。

信息服务及交易平台主要提供相关文化产品及服务的交易信息和渠道，如提供电影放映信息及票务售卖的猫眼，以及提供体育赛事、音乐会、戏剧等语言类演出的大麦。豆瓣作为社群反馈平台的代表，集中了各类影评、书评、乐评，其开创的评分体系成为文化服务贸易特有的"售后"板块，消费群体可以通过发布评论来影响服务的交易量。

上述平台在数字化转型过程中正在加速推动自身成为高效的数字服务贸易平台，在数字服务经济发展中发挥更大的作用。当然数字服务贸易平台还可以有其他的划分，如综合性数字服务贸易平台、区域性数字服务贸易平台、行业性数字服务贸易平台等。

第三节　数字服务贸易平台作用及发展

一、数字服务贸易平台作用

(一)促进经济增长

数字服务贸易平台具有整合资源、灵活分配的特点，能够促进数字经济规模不断增长，提高配置效率，在减少信息不对称、促进消费增长方面具有巨大作用。同时数字服务贸易平台还能整合用户需求，提供线上医疗、线上问诊、生鲜电商等服务，大大提升了人们生活服务水平和质量，拉动了经济增长，提升了经济增长的抗风险能力。

(二)提供就业机会

数字服务贸易平台依托数字基础建设和出现的融合新业态，创造了大量的就业岗位，特别是新兴的"数字+服务"的视频、音乐新融媒体平台，新融媒体从业者就业方式灵活、就业时间自由，增加了就业者的收入，形成了灵活用工及就业创新发展的新模式。

(三)高效配置资源

数字服务贸易平台可以整合市场消费需求，与市场的服务产品供给进行相互配对，大大提升了数字服务贸易的效率，进而促进整个市场的供需平衡，对数字服务贸易的健康发展具有重要作用。

(四)分担监管职能

数字服务贸易平台要充分考虑整个平台的运转和收益，平台的规范健康运行是平台自身发展和盈利的基础。数字服务贸易平台需要加强对平台的监管，而平台因其技术、数据等优势对市场的敏感性强，监管手段更丰富、高效、多元、快速，往往能及时发现平台发展中的痛点并及时采取措施，因此在一定程度上可以分担监管智能。

二、数字服务贸易平台状况

自进入 21 世纪以来，数字通信技术、互联网技术及算法技术等的发展，使数字服务提供商主要通过平台方式集聚供需双方，形成专业性或综合性的全球数字贸易平台。数字贸易平台可降低跨境贸易的信息搜索成本。谷歌等公司的算法技术改变了原来意义上的数据库和数据概念，这种改变不只是影响某个局部领域，而是影响整个人类的经济和社会生活。目前，全球数字贸易平台主要有六种类型：一是以搜索引擎为服务内容的数字服务平台，谷歌公司为全球最大的搜索引擎平台；二是以社交服务为主要内容的数字服务平台，脸书公司为全球最大的社交网络平台；三是以货物订购为主要内容的数字服务平台，亚马逊为主要数字贸易服务平台；四是以移动应用商店为主要服务对象的数字服务平台，苹果应用商店为全球最大的平台；五是以某种业务共享平台为主要服务对象的数字服务平台；六是以工业互联网为基础的企业之间的跨境数据服务平台（B2B）。[①]

2021 年 11 月，商务部等 10 部门发布的《关于支持国家数字服务出口基地创新发展若干措施的通知》提出："建设数字贸易公共服务平台。统筹利用现有资金渠道支持基地建设共性技术支撑平台、数据资源交易合作平台、跨境数字贸易营销平台、数字贸易应用场景展示平台、大数据分析应用平台等公共服务平台，支持基地提供政策研究、产业规划、信息共享、人才培养、贸易促进、知识产权、品牌推广等公共服务，建成主体功能突出、辐射带动作用强的数字贸易公共服务平台。"这些措施对数字服务贸易平台的建设发挥着积极的促进作用。

在我国大力推动数字中国建设、促进数字贸易高质量发展的过程中，各省市陆续出台了促进数字贸易高质量发展的措施，其中对数字服务平台的建设同样为数字服务贸易平台的发展注入了强劲的动力。

（一）北京市数字服务贸易平台发展状况

2021 年 10 月，北京市商务局、中共北京市委网络安全和信息化委员会办公室、北京市财政局、北京市经济和信息化局、北京市知识产权局印发《北京市关于促进数字贸易高质量发展的若干措施》，强调搭建数字贸易服务平台。

第一，打造数字贸易公共服务平台。搭载"走出去"综合服务平台，提供数字贸易企业"走出去"信息共享、政策咨询、政策匹配、项目对接等基础服务，

---

① 沈玉良. 上海率先构建全球数字贸易平台研究[J]. 科学发展, 2019(7)：33-41.

以及专业翻译、法律咨询、数据合规咨询、风险预警,知识产权、支付清算、版权服务等专业化服务;发挥相关部门驻外机构作用,搭建数字贸易企业与海外市场资源的双向对接渠道。建设国际公共采购"一站式"交易服务平台,实现国际公共采购的有效管理、实时监督和资源管控。

第二,建设数据流通专项服务平台。依托北京国际大数据交易所搭建数据交易平台,开展数据来源合规审查、数据资产定价、争议仲裁等,创新数据交易的规则、技术实现路径和商业模式,加快实现提供面向全球的数据价值发现、数据资产交易服务。

第三,构建数字贸易会展交易平台。高规格办好"中国国际服务贸易交易会",搭建面向全球的线上线下数字贸易交流和展示平台;用足用好 2022 年北京冬奥会、中关村论坛、金融街论坛、全球数字经济大会、北京国际电影节、北京国际音乐节、"电竞北京"、中国(北京)国际视听大会等国际性活动,促进各领域数字贸易发展。

(二)深圳市数字服务贸易平台发展状况

2022 年 11 月,深圳市商务局印发《深圳市数字贸易高质量发展三年行动计划(2022—2024 年)》,提出打造数字贸易服务平台,构建数字贸易全链条数据服务生态系统。

第一,建设跨境贸易大数据平台。支持前海依托国际贸易"单一窗口",汇总口岸和贸易相关部门、行业机构及企业数据,建设跨境贸易大数据平台,加强数字贸易数据交换共享与融合利用,构建数字贸易大数据支撑体系,为打造数字贸易服务平台提供数据支持。

第二,拓展数字贸易公共服务应用。依托跨境贸易大数据平台,支持开发数字贸易撮合等应用方向,为跨境电商、数字内容服务商、云服务商等数字贸易企业提供供需对接等服务,拓宽全球营销渠道。支持跨境贸易大数据平台探索对接银行、保险等金融服务机构,以金融创新赋能数字贸易,鼓励跨境支付公司落地业务和项目,便利数字贸易企业在线办理融资、担保、结算、出口信用保险等各类业务。

第三,发展交付后数字增值服务。支持前海依托跨境贸易大数据平台实现数字贸易云追踪服务,推动数字贸易交易、物流、支付、营销等市场运营流程云端化、数字化,强化数字贸易全链条合规性管理。依托前海、坪山、盐田三大综合保税区,推进全球维修和再制造业务在区域内全面落地实施,支持大型品牌维修基地及专业检测维修服务企业开展高端产品进境维修业务,打造完整的检测维修产业链条。提供高端产品数字化保税维修服务，实现对维修产品的全周期数字化追踪管理。

上述措施的实施有力促进了数字服务贸易平台的建设，也反映了我国数字服务贸易平台发展的状况和指向，为后续持续推进平台建设打下了坚实的基础。

三、数字服务贸易平台发展趋势

(一)平台治理地位更加重要

数字服务贸易平台有自我治理的倾向，要把握此趋势，逐步推进"政府+平台"双监管体系，突出平台责任治理，促进平台内主体相互监督、相互检查，加强平台秩序监管和数字服务贸易行业自律，同时再结合用户体验的反馈，进行平台体系优化和改进。政府应负起相应的责任，把握住平台自身管理和政府宏观管理的平衡点，合理分配管理内容，在消费者权益保护、反欺诈、反垄断等领域着重发力，对平台整体进行评估和监管，更好地促进数字服务贸易平台规范运行，履行社会责任。

(二)平台创新建设更加突出

数字服务贸易平台的未来发展需要以创新为第一动力，不断优化供给侧和需求侧的高效对接，丰富数字服务市场供给，提供高附加值、高社会效益、绿色环保的数字服务产品。强化数字服务需求方的消费体验，增强用户黏性，提升消费效应。

(三)法律法规完善更加紧迫

数字服务贸易平台的持续发展需要完善平台治理的法律法规。政府要加强数字经济领域的立法，加强相关反欺诈、反垄断等法律的执法，引导和促进数字服务贸易平台健康发展，避免出现数字服务贸易平台滥用市场优势地位，通过制造信息差、虚假营销、恶意收费等攫取不正当收益等行为，确保数字服务贸易平台的法治化建设不断迈上新台阶。

(四)国际合作趋势更加明显

在全球数字经济、服务经济和平台经济蓬勃发展的背景下，数字服务贸易平台所涉的范围必然越来越大，其共享性、开放性越来越明显，由此才能更好发挥平台功能，顺应时代发展趋势和要求。我国数字服务贸易平台在数字技术的加持下，伴随数字经济国际竞争力的持续提升，在贯彻新发展理念、构建新格局、推动高质量发展的过程中，需要大力加强国际合作。不仅要加强数字规则的谈判，数字标准的制定，发出中国声音，还要在数字服务贸易各行业、各领域实现全面的合作，为数字服务贸易平台建设创造良好的条件。

本章小结

在新时代的数字化浪潮下，数字服务贸易平台作为调配数字服务贸易市场供需关系的重要媒介，对带动我国经济发展、拉动我国就业、增进我国民生福祉具有重要意义。要把握住数字服务贸易平台建设规律，积极完善数字服务贸易平台法律法规体系，确保数字服务贸易平台规范运行。在学习本章的过程中，要认识到我国数字服务贸易发展特点，理解我国数字服务贸易平台现状和机遇，在高质量发展理念下，为我国数字服务贸易及平台经济发展做出贡献。

概念和术语

数字贸易；数字服务贸易；数字平台；数字服务贸易平台

复习思考题

1. 什么是数字贸易、数字服务贸易？
2. 数字服务贸易有哪些特征？
3. 什么是数字平台、数字服务贸易平台？
4. 数字服务贸易平台有哪些特征？
5. 试述数字服务贸易平台的作用。
6. 查阅资料，谈谈我国数字服务贸易平台状况及发展趋势。

数字贸易时代加速到来

第七章

数字服务经济发展

1. 了解世界数字服务经济发展状况、特征和趋势。
2. 了解发达国家与发展中国家数字服务经济发展状况。
3. 了解不同数字服务经济行业发展状况。

1. 通过对世界数字服务经济状况的了解，进一步加深对数字时代的理解，学会从历史和比较的观点分析数字服务经济的发展。

2. 通过对数字服务经济行业发展的了解，加强对现实数字服务经济的实感，自觉思考我国数字服务经济发展道路，坚定发展信心和信念。

案例引导

数字经济正成为全球复苏新引擎

第一节　世界数字服务经济发展

一、世界数字服务经济的总体状况

(一)全球数字服务贸易规模

20 世纪 90 年代以来，数字化技术大幅提升，信息传播速度极大提高。世界正在进入数字经济时代，这为数字服务贸易发展奠定了基础。统计显示，全球 50%以上的服务贸易已经实现数字化。另外，数字技术使越来越多的服务变得可贸易。一些服务贸易新模式、新业态，如搜索引擎、社交媒体、卫星定位、远程医疗、远程教育等，纷纷涌现并蓬勃发展。数据已成为全球重要的贸易品和生产要素。在此背景下，全球数字服务贸易规模快速增长。

据 UNCTAD 统计，2005 年，全球数字传输服务贸易出口规模为 1.2 万亿美元；2020 年，这一规模已快速增至 3.3 万亿美元，年均增速达 6.7%。全球数字传输服务贸易在全球服务贸易中的占比也在不断提高，从 2005 年的 44.7%逐步提高到 2021 年的 63.6%(见图 7-1)。2021 年，全球跨境数字服务贸易为促进全球经济稳定复苏注入新动能。《数字贸易发展与合作报告 2022》显示，2021 年，

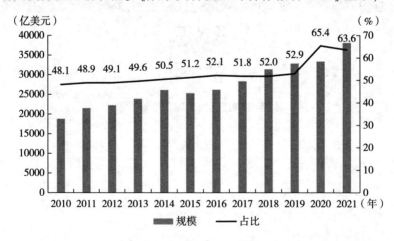

图 7-1　2010~2021 年全球数字传输服务贸易出口规模及其占全球服务贸易的比重
资料来源：联合国贸易与发展会议。

全球跨境数字服务贸易规模达到 3.86 万亿美元，同比增长 14.3%，在服务贸易中的占比达到 63.3%，在服务贸易中的主导地位日益稳固。此外，中国跨境数字服务贸易增长势头强劲。2021 年，中国数字服务进出口总值达到 3597 亿美元，同比增长 22.3%，占服务进出口比重达 43.2%。附属机构数字服务贸易发展态势相对较好，跨境电商持续快速发展。

（二）全球数字服务贸易行业结构

从细分的数字服务结构特征来看，其他商业服务①、ICT 服务、金融服务在数字服务贸易中占据主导地位。根据 UNCTAD 报告，在扩大国际收支服务分类的 12 类细分服务贸易中有 6 类涉及可数字交付的服务贸易，即数字服务贸易，分别是保险服务、金融服务、知识产权服务、ICT 服务、其他商业服务、个人文娱服务。6 类细分数字服务贸易的对应产业发展和国际化分工程度差异巨大，因此其在数字服务贸易中的占比也各不相同。2019 年，6 类细分数字服务贸易按出口规模从大到小依次为其他商业服务（13998.5 亿美元）、ICT 服务（6782.2 亿美元）、金融服务（5204.4 亿美元）、知识产权服务（4091.7 亿美元）、保险服务（1370.3 亿美元）、个人文娱服务（821.9 亿美元），在数字服务出口中的占比依次为 43.4%、21.0%、16.1%、12.7%、4.2%、2.5%（见图 7-2）。

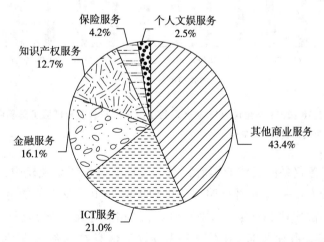

图 7-2 2019 年全球细分数字服务出口在数字服务出口中的占比

资料来源：中国信息通信研究院。

---

① 其他商业服务贸易包括研发、会计、法律、广告、管理咨询、公共关系等服务贸易。

ICT 服务贸易发展较快。据 UNCTAD 统计，2010 年全球 ICT 服务出口规模为 3.0 千亿美元，到 2021 年增至 8.5 千亿美元，年均增速达 9.9%（见图 7-3），美国、中国、日本、德国、韩国是最主要的 ICT 服务供应方。以云计算服务为例，据高德纳公司统计和估算，2019 年全球云计算市场规模为 2278 亿美元，2022 年将达到 3546 亿美元。再如金融服务，据 UNCTAD 统计，2009~2018 年通过互联网提供的金融、保险服务规模年均增速达 7%~8%。还有互联网广告服务，据 UNCTAD 的数据，互联网广告收入占全球广告收入的比重已从 2010 年的 15% 增至 2017 年的 38%，2023 年将增至 60%。另据市场研究公司 e-Marketer 预计，印度、中国、俄罗斯、美国将成为互联网广告收入增速最快的国家。

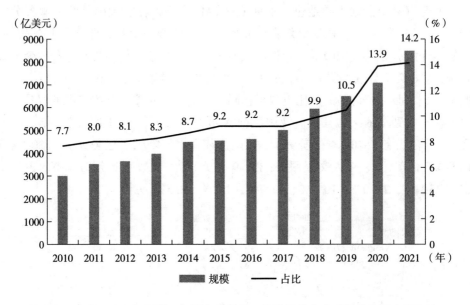

图 7-3　2010~2021 年全球 ICT 服务贸易出口规模及其在全球服务贸易中的占比
资料来源：联合国贸易与发展会议。

从数字服务贸易的具体业态看，在全球数字服务贸易规模中，有三大类业态所占比重较大：一是数据存储、计算和传输的相关业态，如电信、计算机、信息等业态，占比达 20%；二是数字内容的相关业态，如知识产权、个人文化娱乐等业态，占比接近 20%；三是与数字信息技术结合紧密的相关服务业，如保险金融、管理咨询、工程研发等业态的数字服务贸易，占比达 60% 左右。

（三）全球数字服务经济区域结构

从国别来看，美国在数字服务贸易市场中的份额最大，长年保持约17.3%的占比。英国紧随其后，但其规模在世界市场上的占比正逐年下降。德国、法国等经济较发达的欧洲国家，其数字服务经济发展水平也排在世界前列，其规模在世界市场中的占比在5%~7%。此外，相较于其他国家，中国的数字服务贸易规模占比有明显的提高，从2005年的1.4%增长到2020年的4.8%，而其他国家的数字服务贸易规模占比则多数处于不变或下降的状态。值得一提的是，印度的数字服务贸易规模也在逐年增长，其世界规模占比从2005年的3.1%增长到了2020年的4.9%。中国和印度是目前亚洲国家中数字服务经济发展潜力较大的两个国家（见图7-4）。

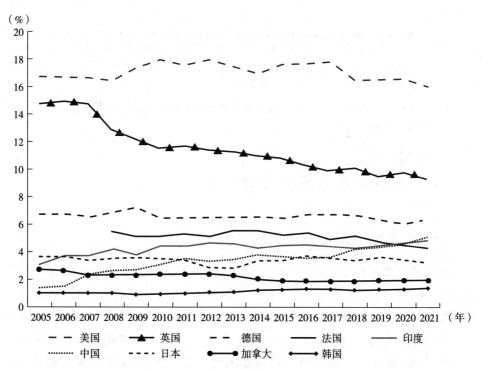

图7-4 2005~2021年世界主要国家数字服务贸易出口规模占世界市场的比重
资料来源：联合国贸易与发展会议。

从洲际来看，数字服务贸易地区主要集中在欧洲、美洲与亚洲。欧洲的数字服务贸易规模一直是最大的，占世界数字贸易规模的50%~60%，然而这一比例从 2005 年 UNCTAD 开始统计后一直呈现下降趋势。美洲与亚洲规模其次，其中美洲的占比稳定在 20%~30%。亚洲的占比则一直上升，这很大程度上得益于中国的贡献(见图 7-5)。

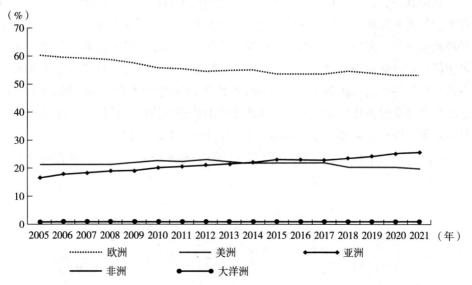

图 7-5　2005~2021 年各洲数字服务贸易出口规模占世界市场的比重
资料来源：联合国贸易与发展会议。

二、世界数字服务经济的发展特征

(一)全球数字服务贸易规模在波动中增长

2008 年金融危机爆发以来，经济全球化遭遇逆流，世界进入经济复苏与结构调整的时期，贸易保护主义逐渐抬头，数字服务经济作为新科技革命背景下一种新经济形式，不断展现出强大的发展潜力。从短期增长来看，2019 年与 2020 年，在全球贸易负增长背景下，全球数字服务出口逆势实现 4.8% 与 1.5% 的增长；从长期趋势来看，自 2012 年起到 2020 年，数字服务出口增速整体超过服务出口和货物出口(见图 7-6-a)。并且，2010~2021 年的全球数字服务出口、服务出口、货物出口年平均增长率分别为 6.6%、3.9% 和 3.5%。数字服务贸易在服务贸易中的地位得到确立和巩固，全球数字服务出口占总服务出口的比例于 2014 年超过 50%，2010~2021 年全球数字服务贸易在服务贸易中的占比从 47.2% 上升至 62.8%；数字服务贸易驱动全球贸易向服务化方向发展，2010~2019 年全球服务贸易在全球贸易中的占比从 20.4% 上升至 24.3%，提升了 3.9 个百分点，而该增长随全球疫情变化而有所回落(见图 7-6-b)。

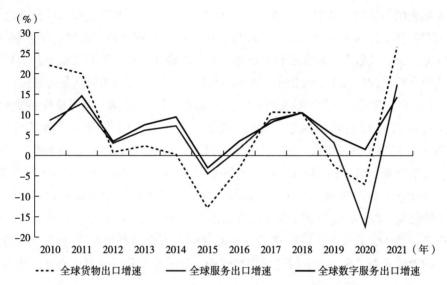

图 7-6-a　2010~2021 年全球货物出口、服务出口、数字服务出口增速
资料来源：联合国贸易与发展会议。

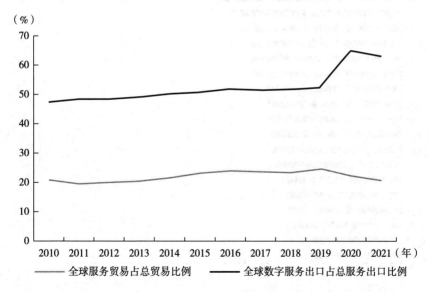

图 7-6-b　全球服务贸易占总贸易比例与全球数字服务出口占总服务出口比例
资料来源：联合国贸易与发展会议。

（二）美欧主导全球数字服务贸易市场

从规模来看，参与全球数字传输服务贸易的经济体可以分为四个层级：第一层级是美国与欧盟，其2020年数字传输服务贸易的出口规模之和约占全球总额的70%；第二层级是中国、日本、印度；第三层级是俄罗斯、巴西、澳大利亚、韩国等国家，其数字传输服务贸易也具有一定规模和优势；第四层级是其他数字传输服务贸易规模较小、尚处于起步发展阶段、产业基础较为薄弱的经济体。

综合各国数字服务贸易的发展环境、市场潜力等各项指标，美国是数字服务贸易发展综合表现最好的国家，德国、英国、日本、中国等国家紧随其后（见图7-7）。世界上规模最大、实力最雄厚的数字服务企业大多是美国企业，如苹果、谷歌、亚马逊、Facebook、微软、易趣、Twitter、Netflix、Priceline、雅虎等，这些企业在各自的领域都处于龙头地位。比如，谷歌控制了全球搜索引擎市场90%的份额，Facebook掌握了全球社交媒体市场2/3的份额，亚马逊占据了全球云服务市场1/3的份额，谷歌和Facebook共同占有全球数字广告65%的市场份额。欧洲国家数字服务贸易综合表现也较好，除思爱普等极少数企业外，欧洲几

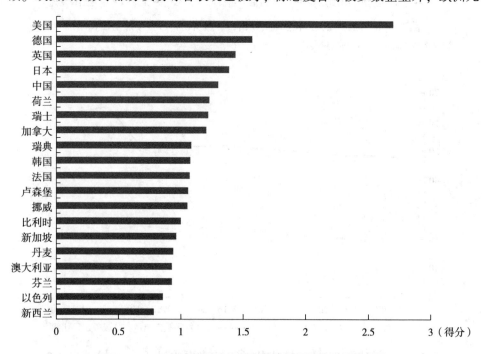

图7-7　2018年主要经济体数字服务贸易综合表现排行榜

资料来源：《世界与中国数字贸易发展蓝皮书(2018)》。

乎没有能在规模上媲美美国的数字服务贸易企业。印度信息服务外包发展独具优势，使其跻身全球主要数字服务出口国之列。近年来，中国数字服务贸易发展较快，中国目前已成为数字服务贸易发展潜力最大的国家和全球最大的数字技术应用市场，在移动支付、社交网络等一些细分领域已形成突出优势，在云服务等领域正在快速追赶，阿里巴巴、腾讯等已成为全球顶尖的数字服务企业。

（三）发达国家与发展中国家存在数字鸿沟

在全球数字服务贸易蓬勃发展的同时，数字鸿沟问题依然比较突出。据UNCTAD 发布的数据，目前全球约有 50% 的人难以上网，在欠发达国家，平均每5 个人中只有 1 个人能够上网。从数字服务贸易的全球市场分布来看，发达国家数字传输服务贸易规模远远大于发展中国家（见图 7-8）。从绝对值来看，发展中国家的数字传输服务贸易出口规模与发达国家的差距越来越大，差距由 2005 年的 8444.5 亿美元扩大到 2020 年的 17052.7 亿美元。

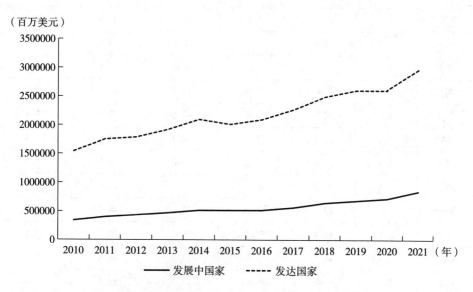

图 7-8　2010~2021 年发达国家与发展中国家数字传输服务贸易出口规模

资料来源：联合国贸易与发展会议。

（四）其他商业服务与 ICT 服务主导出口结构

根据 UNCTAD 统计的结果，大部分经济体的数字服务出口以其他商业服务、ICT 服务为主。从横向比较，代表性经济体的细分数字服务出口结构大体相同，普遍由其他商业服务、ICT 服务主导；从纵向比较，代表性经济体在同一细分数字服务出口中占比有明显差异，各有侧重。2019 年，保险服务出口在本国数字服务出口中占比最高的普遍为发达经济体，如英国、德国、新加坡等；金融服务出口在本国数字服务出口中占比最高的主要是世界金融中心所在的经济体，如卢森堡、英国、美国、新加坡等；知识产权服务出口在本国数字服务出口中占比最高的是发达经济体，对自主创新重视程度非常高，如日本、荷兰、美国等；ICT 服务出口在本国数字服务出口中占比最高的包括欧洲中小发达经济体和承接大量 ICT 服务外包的新兴经济体(如爱尔兰、印度、中国等)；其他商业服务出口在本国服务出口中占比最高的主要是发展中经济体，如泰国、菲律宾、俄罗斯等。大部分经济体的 ICT 服务出口在数字服务出口中的占比都有所上升(见表 7-1)。

表 7-1　2019 年世界代表性经济体的细分数字服务出口结构　　单位：%

国家	保险服务	金融服务	知识产权服务	ICT 服务	其他商业服务	个人文娱服务
爱尔兰	5.2	8.3	5.1	57.3	23.9	0.1
卢森堡	3.5	62.4	2.5	3.6	23.4	4.5
英国	8.3	25.9	8.1	9.6	46.3	1.8
荷兰	0.8	4.4	35.9	15.2	42.5	1.2
印度	1.7	3.2	0.6	43.5	49.6	1.4
美国	3.0	25.2	21.8	10.3	35.2	4.3
德国	6.7	12.8	12.1	21.0	46.1	1.3
菲律宾	0.4	1.0	0.1	25.0	72.8	0.7
新加坡	5.7	25.2	7.3	12.7	48.5	0.6
日本	2.1	11.8	40.1	5.8	39.3	0.8
加拿大	3.3	16.5	9.7	16.0	48.8	5.7
中国	3.3	2.7	4.6	37.5	51.0	0.8
意大利	2.0	14.0	9.2	18.3	55.7	0.8
俄罗斯	1.5	5.1	4.7	25.6	60.6	2.4
南非	5.4	22.1	2.8	16.1	47.3	6.3
澳大利亚	2.6	20.5	5.4	20.6	46.1	4.8
泰国	1.3	5.3	1.4	5.2	85.6	1.2

资料来源：联合国贸易与发展会议及中国信息通信研究院。

三、世界数字服务经济的发展趋势

（一）世界数字服务经济规模持续增长

尽管世界经济在新冠疫情影响下复苏得更加困难，但数字服务经济作为打破了时空限制的新经济，有着逆流增长的趋势。全球数字传输服务贸易规模在全球服务贸易规模中的占比，以及全球 ICT 服务贸易规模在全球服务贸易规模中的占比，也都呈现出明显的上升趋势，尤其是在 2020 年新冠疫情暴发后，上述两个比例的数值都有极大的提升，数字传输服务贸易规模的占比提高了 11.8%，ICT 服务贸易规模的占比提高了 3.4%。此前，全球数字服务贸易规模也在以比较平稳的速度增长。由此可见，数字服务经济具有其他产业缺少的对新冠疫情的抗压能力，会随着各国信息基础设施的不断完善、数字经济发展政策的不断健全而持续增长，但增长速度可能会因各国不同发展情况等综合因素有所波动。此外，鉴于传统服务产业难以应对全球疫情，恢复发展更加困难，而数字服务经济发展空间广阔，发展潜力充足，因此数字服务贸易规模占总体服务贸易规模的比例有望不断提升。

从地区分布上看，疫情加速了世界各国服务贸易的数字化进程，未来数字服务贸易占比可能继续大幅提升。2021 年，北美和欧洲的数字服务贸易占比分别为 77% 和 65%，高于世界平均水平；亚洲紧随其后，比例为 56%，并在 2019~2020 年实现了 15 个百分点的增长（见图 7-9）。

（二）发展中国家数字服务经济发展面临更大挑战

随着全球疫情的好转，世界大多数地区的数字服务经济呈现出回弹趋势，其中北非与亚洲的数字服务出口价格回升得最快，但数字化程度较低的撒哈拉以南非洲国家经历了最大幅度的下跌。此外，最不发达国家由于数字技术与基础设施极度欠缺，数字服务经济没有回弹（见图 7-10）。事实上，目前全球数字服务市场处于"竞争不足"的状态，数字服务出口依然高度集中于少数国家的少数企业，这可能会抑制市场竞争，后发国家进入难度较大。发展中经济体的数字服务出口增长面临低水平陷阱，国际市场占有率越少的经济体可能越难发展。通过对数字服务贸易、服务贸易和货物贸易三类贸易数据进行分析，发现数字服务贸易有两个方面特点：一是落后国家的数字服务贸易不仅国际占有率有限，而且增速较慢，许多落后国家甚至出现了负增长的情况，这可能导致严重的"数字鸿沟"问

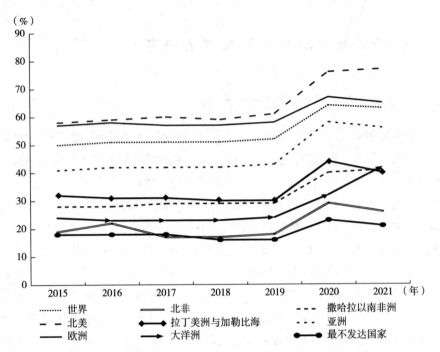

图7-9　2015~2021年各地区数字服务出口占服务出口的比例

资料来源：联合国贸易与发展会议。

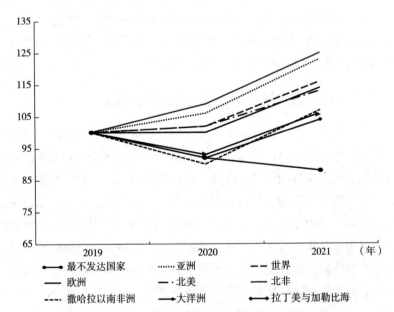

图7-10　2019~2021年各地区数字服务出口价格指数（2019=100）

资料来源：联合国贸易与发展会议。

题；二是数字服务贸易的增长波动更剧烈，部分数字服务贸易发展水平居中的国家有机会实现数字服务出口跨越式发展，但也可能出现大幅倒退的情况。①

对比发达国家与发展中国家在数字服务贸易、服务贸易、货物贸易三类贸易中的规模增长率，发现近十年发展中国家的增长率均高于发达国家，说明发展中国家需要抓住数字服务经济发展的机遇，恢复到疫情之前的经济状态（见图7-11）。尽管从数值上看，欧美依旧拥有最大的数字服务贸易规模与最完备的数字基础设施，但其他国家和地区的数字服务经济也在快速发展。非欧美国家和地区的数字服务国际占有率在逐年上升，欧美国家和地区则在下降。因此广大发展中国家，尤其是拥有良好经济基础的发展中国家，应随着信息基础设施的不断完善、政策制度的不断成熟、产业数字化程度的进一步提高，顶住竞争压力，积极规划与发展数字服务经济，并在一定程度上改变由欧美主导的世界数字服务经济秩序——尽管在相当长一段时间内，欧美仍会保持数字服务经济规模第一的地位。

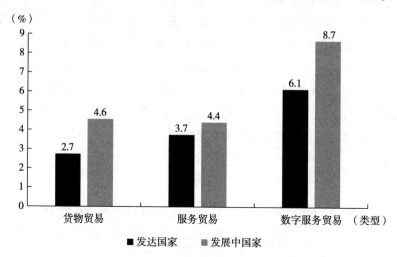

图7-11　2010～2021年发达国家与发展中国家三类贸易的规模增长率
资料来源：联合国贸易与发展会议。

（三）新科技革命带来数字服务贸易新形式

新一轮科技革命和产业革命正在蓬勃兴起，此轮革命的核心便是数据。围绕数据这一关键要素的创新链、产业链的各个环节正在不断取得突破，主要表现在：一是计算领域，数据计算能力不断提速，而计算能力是云服务、人工智能服

---

① 2020年数字服务贸易发展白皮书[R].中国信息通信研究院，2020-12-24.

务的基础，量子计算正在趋于突破，人类的计算能力将迈上一个新台阶；二是存储领域，数据存储的规模和效率正在呈指数级扩张，与计算能力的结合将引发生产方式的极大变革；三是传输领域，数据传输速度将极大提升，正在从第三代移动通信技术(3G)时代、第四代移动通信技术(4G)时代迈向 5G 时代，未来有可能进入量子通信时代，连接方式也正在从互联网向包括互联网、物联网在内的万物互联转变，区块链等新技术正在创造更加安全高效的数据连接方式。这些突破和创新将充分体现在数字服务贸易的发展中，数字服务贸易的规模、形式和业态都可能发生极大变化。传统服务贸易将被极大改造，数字服务贸易的形式和业态不断创新，数字技术在推动新业态、新模式的创新发展。

(四)大国竞争在数字服务贸易领域更加激烈

数字服务经济是正在蓬勃发展的朝阳产业，孕育着极大的商机，是各国都在努力争取的新经济增长点和发展机遇。数字服务经济与数字服务贸易的发展可能会带来一国产业结构与世界国际分工的巨大变化，进而重塑全球经济格局，在这一过程中，大国的竞争和博弈可能更加激烈，不仅表现为对先进数字技术的争夺，同时还有数字服务贸易规则的竞争。例如，美国 2020 年发布《数字战略2020—2024》和《关键与新兴技术国家战略》，欧盟 2021 年发布"2030 数字罗盘"计划，俄罗斯 2019 年发布"俄罗斯联邦数字经济"国家发展计划，日本 2021 年发布第六版《科学与技术基本计划》等。

第二节　发达国家与发展中国家和地区
数字服务经济的发展

一、发达国家和地区数字服务经济的发展

从贸易规模上看，发达国家和地区在全球中处于绝对优势。迄今为止，西方发达国家和地区在世界服务贸易中仍处于支配地位。2021 年，北美与欧洲的数字服务出口规模占全球总量的 71%，此外，发达国家和地区的数字服务经济配套政策更加完善，数字技术更加成熟，数字基础设施更加完备，数字服务经济在GDP 中的占比更高。

（一）美国

美国是全球数字服务经济强国。根据中国信息通信研究院的测算，美国数字经济规模位居全球第一，占美国国内生产总值（GDP）的比重达到65.0%。按照美国经济分析局窄口径，数字经济涵盖信息化基础设施、电子商务和收费的数字服务等领域。美国数字贸易规模同样位居全球第一，数字化交付服务出口规模持续扩大，占美国服务出口比重不断增长。2020年，服务贸易受到疫情严重影响，但数字化交付服务贸易发展韧性凸显，数字化交付服务出口占比大幅提升至75%以上。数字化交付服务进口规模创历史新高，从占比来看，2005年至2019年美国数字化交付服务进口占美国服务进口的比重由40%多增长至一半以上。2020年，在疫情背景下传统服务进口受限，数字化交付服务进口的占比跃升至69%。

美国的数字服务经济有着比传统产业更大的发展潜力。在新冠疫情冲击下，美国数字经济逆势增长，并在2020年为本土提供了780万个全职和兼职工作岗位。在数字服务产业中，美国重点发展的领域内容丰富且前沿，包括基础软件和工业软件、工业互联网、云计算、区块链、数字金融、搜索引擎与社交媒体等。以区块链为例，美国是全球区块链技术创新最为活跃的国家。其把区块链技术确立为国家战略性技术，2016年，美国联邦储备系统（以下简称"美联储"）发布首份区块链研究白皮书《支付、清算与结算领域的分布式账本技术》，肯定了分布式账本技术在支付、清算和结算领域的应用潜力，并探讨了其在未来实际部署和长期应用中面临的机遇和挑战。目前，主流的区块链技术，如加密网络、以太坊等一流的区块链技术均来自美国。美国各大银行、财团、咨询机构等许多巨头也广泛参与，纷纷与区块链组织合作推进技术研发、标准制定和概念验证等方面的工作，进一步强化美国在区块链技术领域的领先地位。根据福布斯发布的2021年全球区块链50强排行榜，美国共有25家企业上榜，是上榜数量最多的国家。

美国还是云计算的开创者。作为"云计算"概念的发源地，美国云计算市场发展较为成熟，其产品、技术和应用规模处于世界领先地位。2020年，美国云计算市场规模占全球比重超过40%。全球前五大公共云服务提供商（AWS、微软、Salesforce.com、谷歌和甲骨文）全部来自美国。在数字金融领域，美国依然走在世界前列。依托华尔街庞大的资本基础和金融人才优势，以及完善的金融科技生态系统，美国涌现出一批顶尖的金融科技机构，包括移动支付领域的巨头

Paypal、为介于优级信用和次级信用之间的客户提供贷款服务的 Vant、世界首家 P2P 贷款企业 Lending Club、专注于互联网保险的 Oscar Health、专注于财富管理的 Wealthfront 等。根据国际数据公司发布的 2020 年全球金融科技公司排名，在前十位中美国公司占据 7 席，其中富达国民信息服务公司(FIS)多年稳居榜单。

在全球搜索引擎领域，美国同样保持着绝对领先地位，三大搜索引擎巨头、Bing、雅虎均是来自美国的企业。根据 Stat Counter 的统计数据，谷歌在全球搜索引擎市场占据领先地位，市场占有率维持在 90% 以上，Bing、雅虎分别位列第二、三名。在社交媒体领域，美国在全球社交媒体领域保持绝对领先地位。根据全球网络指数(GWI)发布的《2020 社交媒体趋势报告》，Facebook 是全球市场占有率最高的社交平台。Statista 发布的数据显示，月活跃用户排名前五的社交媒体分别为 Facebook、YouTube、WhatsApp、Instagram 和 Messenger，均属于美国企业。由于拥有雄厚的经济实力和领先的信息科技水平，在可预见的未来很长一段时期，美国将继续引领全球数字服务经济和数字服务贸易的发展，并牢牢掌握着全球数字服务经济的命脉。

(二) 英国

英国是全球第五大数字经济体，英国一直积极制定促进数字经济发展的整体战略并深入实施数字战略，致力于巩固英国数字经贸大国地位和科技大国地位。从 2009 年开始，英国先后公布实施了《数字英国》白皮书、《英国数字战略》等多项战略举措，强调通过数字化创新推动产业结构调整和优化升级，一方面注重发展新兴数字产业，另一方面依托其在金融、创意、设计等服务领域的发展优势引领加速产业数字化转型。在如此战略部署下，英国的数字服务经济发展迅速。中国信息通信研究院研究测算，英国数字经济规模位列全球第五，欧洲第二。作为最早布局产业数字化转型的国家之一，英国三次产业数字化渗透水平均显著高于全球平均水平。英国数字经济的强劲发展得益于英国对数字化发展机遇的敏锐嗅觉和有力举措，率先在信息通信技术研发、数字基础设施建设、服务业数字化转型等领域出台一系列政策措施，推动英国经济全面转型、高效发展。

英国的数字化交付服务贸易也位居前列，目前为全球第三，数字化交付服务出口规模位居全球第二。2005 年以来，英国数字化交付服务出口占英国服务出口的比重总体保持稳定，2019 年为 72.8%。2020 年，受疫情影响，传统服务贸易遭受重创，数字化交付服务出口占比却大幅提升。数字化交付服务进口规模同样逐年增长，并于 2020 年实现跃升。

英国还是欧洲第一大电子商务市场，跨境电商发展位居全球前列。2019年，英国电子商务总额位列全球第三，欧洲第一。2020年，英国电子商务发展指数为93.6，位居全球第五。除电子商务外，英国重点的数字服务领域还包括数字创意产业、数字金融和数字设计。在数字创意方面，英国形成了全新的"Createch"产业模式，该产业发展呈现出两大特点。一是产业结构加速优化。创意产业中与数字技术结合密切的设计与时尚领域、建筑领域、广告与营销领域、IT软件和计算机服务领域、音乐与视觉艺术领域发展尤为迅速，主导了产业结构升级。2010~2019年，英国设计与时尚、建筑、广告与营销、IT软件和计算机服务、音乐与视觉艺术等子产业均超过创意产业总产值的增速（56%）。这些子产业取得飞速进展，一方面是因为更多类型的传播平台可以把这些领域的创意、产品及服务更为及时地传递给消费者，另一方面则是因为大数据挖掘等技术对客户和消费者偏好进行了详细而精准的判断，提高了企业的运营效率。二是产业业态全面创新升级。一方面，数字技术推动传统创意产业转型升级。数字技术从根本上改变了传统创意产业的运行逻辑，对相关产品和服务产生了深刻的影响。例如，数据分析的应用改变了广告的购买和销售方式，互联网广告逐渐在广告领域占据主导地位。另一方面，数字技术的发展催生出创意产业新业态。例如，虚拟现实（VR）和现实增强（AR）技术在文化、娱乐和游戏等领域的应用衍生出沉浸式创意内容产业。

在数字金融方面，英国被誉为"世界金融科技之都"。2019年，英国政府发布的《英国金融科技国家报告》显示，英国拥有超过1600家金融科技公司，预计到2030年将增长一倍；英国金融科技采纳率为42%，超过世界平均水平（33%）；英国金融科技领域在2018年共吸引投资33亿美元，占欧洲该领域投资总额的68%。英国金融科技高速发展主要基于两个方面因素：强大的金融产业基础和较为宽松灵活的金融监管环境。金融服务业是英国经济的重要支柱产业之一，2020年，英国金融和保险服务支出占GDP比重约为6.9%。英国金融服务业就业人口超过100万，涉及2万多家金融机构，具备丰富的金融服务生态。根据2021年3月发布的全球金融中心指数，伦敦在国际金融中心中位列第二位，仅次于纽约。此外，英国的金融业监管环境较为宽松灵活。英国金融行为监管局（FCA）高度重视金融科技创新，于2015年提出监管沙箱计划，为金融科技企业测试其新开发的金融产品、服务、商业模式和营销方式提供"安全空间"，最大限度地减少金融科技创新的规则障碍。

在数字设计方面，英国有着雄厚的产业基础、发展完善的门类，覆盖通信设计、数字和多媒体设计、室内和展览设计、工业设计、时装纺织设计、服务设计等设计类型。英国设计产业蓬勃发展，在很大程度上得益于政府在制定促进政策、完善金融体系、保护知识产权、培养设计人才等方面的持续努力。英国政府早在"一战"时期就将设计纳入政府工作框架，并将工业设计作为主要扶持对象，在财政、税收、金融、知识产权保护、教育等方面完善机制，随后将关注重点从工业设计转向数字设计，推进设计产业的全方位发展和数字化转型。根据英国工业设计委员会的数据，2010~2019年，英国设计产业增速是本国整体经济增速的两倍。从区域分布来看，英格兰地区，尤其是伦敦因其发达的工业和高科技产业，吸引众多研发设计企业在此聚集，伦敦因此享有"世界设计之都"的美誉。

随着英国数字战略的深入实施，英国将持续努力构建全球一流和安全的数字基础设施，拥有巩固英国科技大国地位、维持英国长期经济繁荣所需要的数字技能劳动力，为科技创新企业创新、发展成长提供所需的资金支持，巩固英国数字经贸大国地位和科技大国地位，助推英国引领全球数字技术发展，加快建设数字化强国进程。

（三）德国

德国数字服务经济位居全球前列，在欧洲处于领跑地位，数字经济规模位列全球第三、欧洲第一。尽管在此期间遭受新冠疫情影响，但德国数字经济依然保持增长态势。从数字经济占GDP的比重来看，2020年，德国数字经济占GDP比重达到66.7%，位列全球第一。其中德国三次产业的数字化渗透水平较高，产业数字化转型显著优于全球平均水平，2020年，德国服务业数字经济渗透率达67.9%，高于全球的43.9%。

在数字服务贸易方面，德国有着较强的国际竞争力。2005~2020年，德国数字化交付服务出口规模增长约1.5倍。2020年，德国数字服务出口占全球数字服务出口的比重为6.4%。从数字化交付服务出口占服务出口比重来看，德国数字化交付服务出口占比由49.1%大幅提升至65.6%。数字化交付服务进口规模居全球第三位，2005~2020年，年均增长率约5.6%。

德国信息和通信技术（ICT）服务贸易优势突出、增长迅速，位居全球第五位，且出口规模不断扩大。从ICT服务出口占数字化交付服务出口的比重和ICT服务出口占服务出口的比重来看，ICT服务出口的重要性稳步提高。在ICT服务进口方面，德国规模居全球第一位。从发展趋势来看，ICT服务进口的重要地位更加凸显。2016 年以来，德国 ICT 服务进口占数字化交付服务进口的比重提高到 20% 以上；2017 年以来，德国 ICT 服务进口占服务进口的比重提高到 10% 以上。德国数字订购贸易位居全球前列。2019 年，德国电子商务总额居全球第七位。2020 年，电子商务发展指数为 93.4，居全球第六位。

德国数字服务经济发展的重点领域为工业软件开发与工业互联网建设。德国拥有蒂森克虏伯、西门子、SAP 等代表性企业。其中 SAP 公司开发的 SAP（System Applications and ProducTS）软件是 ERP（Enterprise－wide Resource Planning）解决方案的先驱，也是世界排名第一的 ERP 软件。SAP 软件被全球超过 120 个国家的 17 万多家企业采用。此外，德国的芯片设计软件 Mentor、计算机辅助设计软件 UGNX 和 Tebis、电影工业特效软件 C4D 的全球市场占有率均位居前列。德国还是工业互联网领域全球领先的国家。德国《全球工业互联网平台创新发展白皮书(2018—2019)》指出以西门子、博世、SAP 等为代表的德国工业巨头依托自身积累的先进制造业基础和能力，已成为美国在工业互联网领域最主要的竞争者。2016 年，西门子推出 Mind Sphere 工业云平台，凭借其开源性、兼容性，以及强大的数据采集与分析能力，为工业企业提供了优质的数据服务，已成为工业互联网领域的风向标。2019 年，西门子推出"Mind Sphere+Mendix"的布局，通过将软件开发工具 Mendix 架构于 Mind Sphere 之上，西门子可以把旗下所有的工业软件基于 Mind Sphere 平台进行云化，并借助 Mendix 开发成工业应用软件。通过 Mendix，没有软件编程能力的工业人能够更加便捷地在 Mind Sphere 平台上进行应用开发，为平民编程创造了可能。

当前，德国将数字化转型视为政策和经济的优先领域，不断推出创新性支持政策和工作举措，推进数字化重点领域的目标和任务落实，以促进数字服务经济和数字服务贸易发展。

（四）日本

日本是全球第四大数字经济体。日本数字经济规模保持增长态势，数字经济占 GDP 比重已接近 50%。在日本经济长期低迷的情况下，数字经济表现抢眼，成为拉动国内生产总值增长的重要动力。总体来看，日本数字化交付服务出口呈现出较为稳定的上升态势。日本服务贸易数字化水平明显提高，数字化交付服务出口占服务出口的比重由 2005 年的 3.05% 上升到 2019 年的 56.73%。从全球占比来看，近年来，日本数字化交付服务出口占全球数字服务出口的比重较为稳定，2020 年这一比重为 3.62%。日本数字化交付服务进口也呈现出较为稳定的增长态势。日本数字化交付服务进口占服务进口的比重增长较快，由 2005 年的 35.17%增加到 2019 年的 63.40%。2020 年，受新冠疫情影响，数字化交付服务进口占服务进口的比重大幅提升到 72.23%。

日本数字服务产业的重点发展领域别具特色，包括动漫和移动游戏、信息通信技术、电子商务和工业互联网等。随着产业数字化的发展，日本的动画与漫画作品更多地呈现在数字平台上，在对外出口时也更多地以数字形式出口。由动漫衍生出的周边产品、游戏制造、影视作品出版、会展娱乐等也都在政策推动下不断提高数字化水平。在移动游戏领域，在 2020 年全球移动游戏市场流水前 100 的发行商中，日本有 17 家企业上榜，位居全球第四；在 2020 年全球移动游戏市场流水前 100 的移动游戏中，日本有 25 款移动游戏上榜，排名全球第四。日本移动游戏市场规模稳居全球前三。

在电子商务领域，日本发展速度快，市场成熟度高，目前已成为全球第二大电子商务市场。日本电子商务迅猛发展得益于高速发展的互联网信息技术、品质优良的商品及多样化的跨境电商平台。日本在 5G 等互联网信息技术领域处于全球领先地位，为移动支付、跨境支付提供了强大的技术支持。日本商品由于个性鲜明、品质优良，深受外国消费者的青睐。根据日本经济产业省统计数据，日本跨境电商市场增长最快的是饮食、美容服务和旅行服务。同时，日本跨境电商平台呈现多样化发展趋势，乐天等综合性大宗交易平台，Stylife、ZOZOTOWN、优衣库等时尚电商平台，Jshoppers、CLUB JAPAN 等跨境电商服务平台在为本国消费者提供商品和服务的同时，积极拓展海外市场。

然而，在数字应用方面，日本企业的数字化水平并不是很高。日本远程办公使用率与电子政务普及率远低于世界发达国家的平均水平。日本相对于中国、美国而言，在能源、金融、医疗、媒体领域使用人工智能技术的比率明显较低。另外，中美两国均发展出世界领先的数字化平台企业，但日本始终没有发展出类似的企业，导致日本企业具有成为平台企业附属加工者的危险。突如其来的新冠疫情不仅对日本经济发展造成了严重冲击，也暴露出了日本在数字经济发展上的薄弱之处。日本企业认为，推进企业数字化转型的障碍中，人才不足是首要原因。此外，由于历史问题，日本在数字经济领域有多个主管部门，每个省厅只负责其管辖范围内的一部分，仅在其所管辖范围内推进数字化工作，这导致各部门数据储存分散，不利于数据统一集中利用，严重阻碍日本实现数据共享。

总之，与其他发达国家相比，日本的数字服务经济水平有待提升。因此，在《2022 年信息通信白皮书》中，日本政府从三个方面提出了未来国家数字战略的政策执行方向。一是实现数字城市构想，二是推进 ICT 国际战略，三是激励邮政服务行业。未来，日本将加大 5G 等数字服务领域的政策和资金支持，努力增强数字技术创新优势，更好发挥产业数字化发展的领先优势，深化数字领域的国际合作，积极推广数字领域的规则主张，推动数字服务经济发展。[①]

二、发展中国家和地区数字服务经济的发展

在最近十几年里，以中国、印度、俄罗斯等为代表的发展中国家的数字服务经济实现了快速发展。虽然相比发达国家，多数发展中国家尚未形成明显的规模优势，存在技术与人才欠缺的问题，数字服务企业的国际表现力相对不突出，但一些发展中国家和地区已经形成独具特色的数字服务经济发展优势，并以此带动经济实现大跨步发展。

(一)中国

在过去十多年里，中国数字经济保持较快增长速度(见图7-12)。

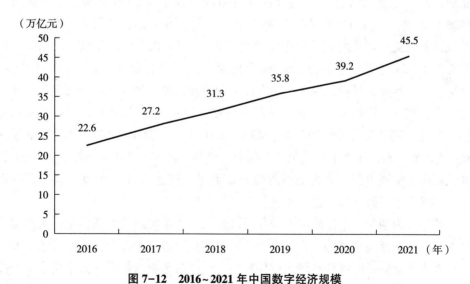

图7-12　2016~2021年中国数字经济规模

资料来源：中国信息通信研究院. 中国数字经济发展报告(2022年)[R]，2022-07.

---

① 李西林，游佳慧，张谋明. 日本数字经济：回顾与展望[J]. 服务外包，2022(5)：42-46.

数字服务经济
Digital Service Economy

和其他国家一样，在疫情与新科技革命背景下，数字服务经济已成为中国最具活力、最具创新力、辐射最广泛的经济形态，是国民经济的核心增长极之一。在中国的三大产业数字经济渗透率中，第三产业，即服务业的数字渗透率最高。从变化上看，服务业是我国数字经济增长最快的部门。自新冠疫情暴发以来，中国服务业数字化转型持续升级，互联网医疗、在线教育、协同办公需求持续火热。数字技术推动服务业纵深发展。

从数字产业化内部细分行业来看，中国电信业保持稳中向好的运行态势，软件和信息技术服务业保持较快增长，2021年，全国软件和信息技术服务业规模以上企业超4万家。互联网和相关服务业持续健康发展。

从产业数字化角度来看，从零售、餐饮、旅游到办公、教育、医疗等我国各类传统服务市场因数字化赋能实现了线上线下融合，进一步带动了服务业的繁荣发展。在电子商务领域，我国电子商务逐步迈向高质量发展新阶段。网络零售持续快速发展，2021年全国网上零售额达13.1万亿元，同比增长14.1%，其中实物商品网上零售额达10.8万亿元，同比增长12.0%，占社会消费品零售总额的比重为24.5%，对社会消费品零售总额增长的贡献率为23.6%。商务大数据监测显示，2021年重点监测电商平台累计直播场次数量超2400万场，累计观看超1200亿人次，直播商品数量超5000万个，活跃主播数量超55万人。在网络支付领域，我国支付体系的完善促进了消费扩容升级。2021年，我国完成移动支付业务1512.28亿笔，金额为526.98万亿元，同比分别增长22.73%和21.94%。网络支付工具加速互联互通，中国人民银行明确提出要加快制定条码支付互联互通标准，统一编码规则，打通支付服务壁垒，推动实现不同App和条码互认互扫。同时，数字人民币推进提速，截至2021年底，数字人民币试点场景超过808.5万个，累计开立个人钱包2.6亿个，交易金额875.7亿元，覆盖生活缴费、餐饮服务、交通出行、购物消费等领域。此外，网上外卖、在线办公、在线医疗、网络视频等数字服务蓬勃发展。

相比其他国家，中国的数字服务经济发展更注重实际的生活应用，更注重提高人民的满足感与幸福感。生活服务业的数字化会进一步提升行业发展质量和效率，助力产业转型升级和经济高质量发展。生活服务业通过提升数字化水平，提高供需匹配效率，改善生产经营，缓解传统服务业主要依赖劳动力、物力投入的发展困境，推动自身转型升级，以更丰富、更高质量的服务满足人民对美好生活的需要。

（二）印度

2020 年，印度数字经济规模位列全球第八名。从数字经济占国内生产总值的比重来看，2020 年印度数字经济占比仅为 20.2%，仍有较大发展空间。印度在数字经济领域建立起颇具特色的优势地位，如给予信息技术产业较大发展自由度，实施"零税收"等一系列优惠政策，印度软件业发展迅速，信息技术及业务流程管理（IT-BPM）业务发展优势明显，稳居全球服务外包最大承接国，获得了"世界办公室"的美誉。

印度数字服务出口规模持续扩张，由 2005 年的 373.64 亿美元增加到 2020 年的 1547.75 亿美元，年均增长 9.94%。印度数字服务出口占全球数字服务出口的比重在波动中呈现提升态势。数字服务贸易在印度服务贸易中占据重要地位，自 2005 年以来，印度数字服务出口占印度服务出口的比重保持在 70% 左右。2020 年，受新冠疫情影响，印度数字服务出口占印度服务出口的比重大幅跃升为 76.15%。与此同时，印度数字服务进口规模也不断扩大，2020 年达到 776.65 亿美元，排名全球第 11 位。

印度数字服务经济的主要领域有信息技术服务、数字创意、电子商务、数字医疗、数字金融和数字物流服务等。在信息技术方面，印度是全球最大的信息技术及业务流程管理基地，也是承接离岸服务外包规模最大的国家。印度积极利用发达国家以节约成本为目的进行大量离岸服务外包的契机，大力发展信息技术服务产业，目前在 IT-BPM 领域处于全球领先地位。印度 IT-BPM 主要包括软件产品与服务，软件产品主要包括系统软件、企业应用软件和垂直应用软件，服务细分领域主要由 IT 服务、BPM、工程研发和产品开发构成。2020 年，IT-BPM 产值大约占印度 GDP 的 8%。印度 IT-BPM 行业已培育出一批全球知名的企业，如塔塔、印孚瑟斯、威普罗等公司，在全球 80 个国家设立了 1000 多个交付中心。

在数字内容方面，在疫情影响下，印度数字媒体和娱乐服务产业快速发展。根据毕马威（KPMG）的报告，新冠疫情导致电影、报刊、电视等传统媒体收入大幅度下滑，而在线视频点播、移动游戏、数字广告等基于互联网的媒体和娱乐服务产业快速发展。在线上视频点播领域，2020 年印度互联网电视平台视频订阅量近 6200 万，比 2019 年底增长 1 倍；互联网电视平台订阅收入达到 5300 万卢比，是 2019 年的 5 倍。在移动游戏领域，根据波士顿咨询公司的数据，2019~2021 年印度游戏市场规模年均增长率达到 30%，其中移动游戏占比达 90%。

数字技术的应用提升了游戏的视觉和语音效果，使玩家的体验感不断优化。印度游戏公司还将用户生成内容、流媒体直播等新兴领域与移动游戏不断融合，提高玩家的参与度。在数字广告领域，毕马威发布的报告指出，2020年印度数字广告发展迎来了重要转折点，数字广告支出超过了一贯占据主导地位的电视广告支出。随着数字技术的快速发展，印度数字广告的互动性显著增强，与内容的融合效果不断提升。

在电子商务方面，根据e-Marketer的数据，2021年印度零售电商消费额同比增长27%，预计在未来几年将继续以20%以上的速度增长。印度品牌资产基金会(IBEF)发布的报告显示，2020~2025年印度电子商务市场规模年均增长率将达到32.4%；到2034年，印度将超过美国成为全球第二大电子商务市场。印度电子商务的飞速发展得益于在线消费者数量增加、技术及商业模式创新、政府政策支持等因素。疫情加速了消费者行为模式的改变，印度已成为仅次于中国和美国的第三大在线消费者群体。数字支付、超本地物流、数字广告等技术创新和应用改变了电子商务的运营模式，显著提高了交易效率。在政策方面，印度政府取消了允许电子商务B2B领域的外资股比限制，允许外商在该领域成立独资企业，也允许外商在仓储、支付等领域提供服务，为外商投资印度电子商务领域创造了良好条件。

在数字医疗方面，可穿戴技术、远程医疗、基因组学、VR、AI等新一代医疗技术正在改变印度医疗体系的格局，高效率、综合性的数字医疗体系正加速建立。根据2020年India Health发布的《印度数字医疗报告》，远程医疗技术的应用可以通过优化医患匹配减少患者等候时间，可以帮助印度每年节约40亿~50亿美元；人工智能技术可以通过分析健康数据，提高日常健康管理效率。数字技术的应用使印度医疗市场规模迅速扩大。根据印度互联网与手机协会(IAMAI)发布的报告，印度数字医疗市场规模正以39%的年均增速增长。印度数字医疗市场的迅速扩大带来了该领域初创企业的蓬勃发展。目前，印度数字医疗领域共有近5000家初创企业，遍布印度主要城市，在建设数字基础设施、提供数字化健康记录、优化临床护理服务等方面为患者和医院提供数字化解决方案。

近年来，印度金融科技蓬勃发展。根据普华永道的数据，2021年印度金融科技领域共吸引投资46亿美元，几乎是2020年吸引投资额的三倍。目前，印度有超过2100家金融科技公司。印度金融科技发展存在众多亮点，且潜力较大。在互联网金融安全方面，印度银行已应用指纹识别、声音识别、虹膜识别、移动技术等生物识别技术提升用户体验。在智能投顾方面，传统经纪商已将 Big Decision 等智能投顾应用于共同基金、保险计划、养老计划等诸多领域。在数字支付领域，得益于"废钞令"的实施和统一支付系统(UPI)、全国电子收费系统、国家综合账单缴费系统(BBPS)等新型支付产品的推出，印度数字支付实现井喷式增长。

(三) 俄罗斯

随着数字经济成为经济发展新动能，俄罗斯政府在政策制定和国家战略规划上积极谋求数字经济加速发展，以期通过数字技术的使用达成多个目标，包括政府工作数字化和经济增长，特别是关系到俄罗斯国家安全和其国际地位的战略，虽然这些目标有时会相互排斥，但更多时候是交织在一起的。俄罗斯联邦政府设立"俄罗斯联邦数字经济"国家项目，执行周期为 2018 年 10 月至 2024 年 12 月。2020 年 10 月，由总统普京责成调整的新"数字经济"国家项目获得批准，确定四项社会各领域的数字化转型目标：一是经济社会各关键部门实现"数字化成熟"目标；二是将电子形式服务大众的比重提升至 95%；三是家庭的互联网普及率提高到 97%；四是加大对信息技术领域国内解决方案的投资力度，继续深化建设已初具规模的数字化信息体系。此次对数字经济的发展布局由之前的 2024 年进一步延长至 2030 年。2021 年 6 月，俄罗斯联邦政府数字发展和利用信息技术改善生活质量及营商环境委员会主席团批准了俄罗斯经济数字化转型战略，该战略的最大目标是将具有竞争力的国产解决方案扩大应用到俄罗斯经济、社会等各个领域和公共管理的各个部门。

目前，俄罗斯云服务市场规模在疫情刺激下呈现快速增长态势，公有云服务占比高达 85% 以上。根据 Statista 数据，预计 2024 年俄罗斯公有云服务市场规模将比 2019 年增长 2.5 倍以上。软件即服务(Software-as-a-Service)是俄罗斯公有云服务市场的主要部分，该市场前三大提供商分别为 SBS Kontur、Softline 和 Mango Telecom。公有云服务市场第二大类别是基础设施即服务(Infrastructure-as-a-Service)，该市场前三大服务提供商依次为 Rostelecom、MTS 和 Selectel。

同时俄罗斯 ICT 相关产业也稳步发展。ICT 产业是俄罗斯数字经济的核心部分，贡献了数字经济 90% 以上的增加值。近年来，俄罗斯 ICT 产业增加值增速实现稳步增长，2020 年占 GDP 的比重为 3.1%，达到历史最高水平。这是因为在新冠疫情影响下，俄罗斯民众和企业对数字商品和服务的需求急剧增加，但是当前这一比重仍低于美国、日本和瑞典等 ICT 产业发达国家，这些国家的

ICT 产业占 GDP 比重基本维持在 6%~7%，韩国甚至高达 11% 以上。未来几年，作为经济和社会领域大规模数字化计划的推动力，俄罗斯 ICT 行业有望进一步增长。

然而，俄罗斯数字服务经济发展面临困难。一是信息基础建设发展缓慢。截至 2020 年底，在俄罗斯 15~75 岁的人口中，网民比重为 84.99%，而大多数西欧和北欧国家保持在 96% 以上。从宽带接入情况来看，截至 2020 年底，俄罗斯家庭宽带接入比例仅为 80%，而欧盟国家家庭宽带接入比例在 91% 左右。从俄罗斯 ICT 产业发展基础来看，俄罗斯 ICT 产业发展整体上落后于发达国家，第三产业在三大产业中占比较低，致使其产业数字化基础不牢，不利于传统产业数字化转型。不同地区间的数字鸿沟也相对较大。二是俄罗斯 ICT 服务国际竞争力偏弱。虽然对于 2020 年出口额同比下降 35% 的 ICT 产品来说，俄罗斯 ICT 服务出口额有 4% 的增长，但其 2019 年在全球数字服务出口额中的占比仅为 0.86%，而我国的占比为 8.46%，远远超过俄罗斯。从细分领域来看，俄罗斯 2020 年计算机服务出口与进口比例同比下降 12%，保持顺差，电信服务逆差进一步改善，2020 年出口与进口比例提升 8%，信息服务逆差进一步恶化，出口与进口比例从 2018 年的 0.3 下降到 0.23（见表 7-2）。

表 7-2　2020 年俄罗斯 ICT 产品及服务进出口情况　　单位：亿美元

ICT 服务	出口额	进口额	出口与进口比例
总额	59.36	59.01	1.01
计算机服务	50.93	45.03	1.13
电信服务	7.23	8.87	0.82
信息服务	1.2	5.11	0.23

资料来源：蓝庆新，汪春雨，尼古拉. 俄罗斯数字经济发展与中俄数字经济合作面临的新挑战[J]. 东北亚论坛，2022(5)：111-126，128.

俄罗斯数字服务经济发展还面临国内人才不足和西方制裁的困境。目前，俄罗斯数字经济领域从业人员约 230 万人，未来所需网络从业人员是当前的两倍。截至 2020 年底，俄罗斯 ICT 行业专家占其就业人口比重仅为 2.5%，芬兰这一比重为 7.6%，瑞典为 7.5%，英国为 5.6%。俄乌冲突爆发后，美国禁止向俄罗斯出售高科技产品，其中还包含所有使用美国技术的外国科技产品，一些大型数字企业宣布向俄罗斯断供芯片，部分俄罗斯前沿科技领域的发展因此受到严重制约，前期大量的人才与资金投入也付之东流。另外，俄罗斯数字产业基础底层技术对西方仍有很强的依赖性，因而西方制裁使其数字服务经济发展受到严重阻碍。

三、发达国家与发展中国家和地区数字服务经济的比较

（一）产业发展规模与就业情况

从规模来看，发达国家的数字服务经济规模比发展中国家更大，发达国家数字经济在第三产业中的渗透率更高（见图7-13）。由于发达国家产业起步早，经济基础更加雄厚，信息基础设施更加完善，掌握更多前沿数字技术，国民对数字服务的消费能力与消费需求更高，因此发达国家数字服务经济发展动力更足。目前，美国依然是全球数字服务经济规模最大的国家，掌握最多和最前沿的数字服务核心技术，服务业数字化水平排在世界前列，并在国内数字服务经济政策的制定上，以及国际数字服务贸易规则的制定上，拥有更多的经验与话语权。相比来说，发展中国家产业起步较晚，经济基础不如发达国家，信息基础设施正在不断完善与普及，在关键数字技术领域占有优势较少，在数字服务国际贸易中比较依赖进口。

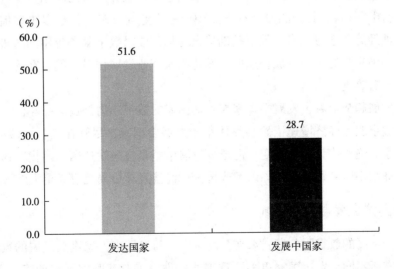

图7-13 2020年发达国家与发展中国家数字经济在第三产业中的渗透率

资料来源：中国信息通信研究院。

从就业来看，发展中国家数字服务人才较少，行业收入水平不及发达国家。2020年，美国的数字产业为本土提供了780万个全职和兼职工作岗位，约为全国人口的2.3%，并且相比于就业人口1.2%的增长率，行业收入比前一年增长了7.3%。

数字服务人才不足普遍出现在发展中国家中。2019年OECD发布的一份报告显示，俄罗斯不到1%的毕业生攻读的是信息、通信或技术专业，而在获得人工智能相关学位的学生当中，很多毕业生更愿意去美国寻找就业机会，因为与美国同行相比，俄罗斯企业相关职位的薪资仅为美国的四分之一。这种人才流失情况会加剧发展中国家与发达国家在数字服务产业领域的发展差距。

(二)产业发展速度与发展趋势

虽然从现状来看，发达国家在数字服务领域的各方面都占据优势，显示出更强的竞争力，但从数字服务经济发展速度来看，发展中国家是略快于发达国家的。2020年，全球经济因疫情出现了倒退现象，发达国家GDP增速为-2.29%；发展中国家GDP增速为-3.65%。然而，数字经济对于各国的驱动作用凸显，发达国家数字经济比前一年增长2.99%，高于GDP增速5.28个百分点；发展中国家数字经济增速则为3.08%，高于GDP增速6.73个百分点(见图7-14)。根据UNCTAD数据，2006~2020年发展中国家数字传输服务出口的增速整体高于发达国家(见图7-15)。其中的原因有发展中国家产业起步晚，但可以更多借鉴发达国家发展经验与学习技术，数字基础建设与加强前沿数字服务应用同时进行，于是发展中国家具有更快的成长速度。发达国家产业发展相对成熟，在此基础上继续成长更有难度。

从发展趋势上看，发展中国家与发达国家的数字鸿沟是逐渐缩小的。未来发达国家数字服务经济增速依然会整体小于发展中国家，尽管在较长一段时间内，发达国家的绝对优势不会改变，但至少发展中国家在向发达国家靠拢，这对未来制定全球数字服务贸易规则，以及改善全球经济发展格局是意义重大的。

(三)产业发展重点领域

基于不同的数字服务发展水平，发达国家与发展中国家重点发展的数字服务领域也有所不同。发达国家更多注重工业软件、工业互联网、云计算、区块链、搜索引擎、社交媒体、数字文娱等前沿科技的开发应用，以及文化服务内容的创作创新，致力于提供更高水平的数字文化服务。发展中国家更多注重数字基础设

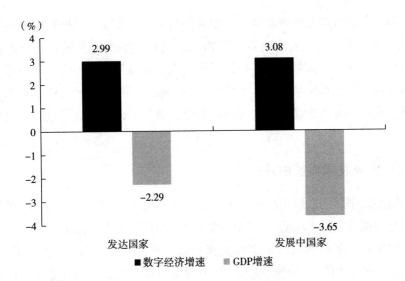

图 7-14　2020 年发达国家与发展中国家数字经济与 GDP 增速

资料来源：中国信息通信研究院。

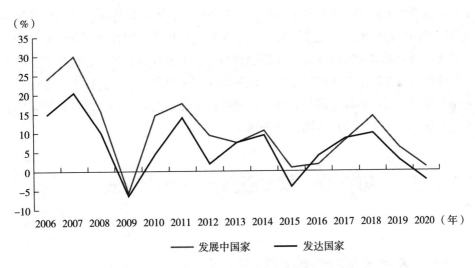

图 7-15　2006~2020 年发达国家与发展中国家数字传输服务出口增长率

资料来源：联合国贸易与发展会议。

施建设，如进一步普及家庭网络宽带，开发与普及移动支付系统，完善电子商务平台管理等，但同时也注重前沿科技开发与文娱内容创新，如加强 AR、AI 技术在医疗等领域的使用，为移动游戏、流媒体等提供支持性的政策等。

我国作为目前发展潜力最大、经济基础较强的发展中国家，服务业数字化水平相对较高。在《2022中国数字经济发展报告》中，我国不仅提到要推动传统服务业数字化，更好满足人民基本生活需求，还提出要提升关键核心技术创新能力，有针对性地开展高端芯片、操作系统、人工智能等关键核心技术研发，加快布局前沿技术，围绕区块链、人工智能、量子通信、神经芯片等前沿技术进行创新，推进政产学研力量优化配置和资源共享，聚智汇力加速战略性、颠覆性技术发展。

（四）产业发展面临的挑战

不同的数字服务发展情况决定了发达国家与发展中国家在产业发展过程中面临的问题与挑战也是不同的。发展中国家面临的挑战比发达国家更大，其原因在于发达国家在很多领域已形成垄断力量，如美国的苹果、谷歌、亚马逊、Facebook、微软等企业的市场垄断势力发展中国家的新企业很难与之竞争。此外，由于发达国家掌握着许多数字核心技术，发展中国家在国际贸易中容易陷入被动状态。例如，美国商务部禁止中国高科技企业对俄罗斯出口半导体（这里限制的是使用美国技术的那部分半导体），若中国高科技企业不加以遵守，美方将切断中国生产产品所必需的美国设备和软件。然而目前，包括中国在内的众多发展中国家尚无法完全脱离美国技术进行先进制程芯片等关键数字服务产品的生产，各国企业现阶段还难以摆脱美国带来的干预和风险。相对来说，发达国家面临的挑战主要是维持自身在国际上的绝对优势，完善数字安全监管工作，以及确保数字服务经济发展成果切实为广大国民所分享。

第三节　数字服务经济行业发展

一、数字旅游产业发展

（一）数字旅游产业发展背景

针对疫情下世界旅游业恢复状况，我国社会科学院旅游研究中心对全球旅游人次与全球旅游收入进行了统计，并基于悲观、基准与乐观三个情境对2022年全球旅游业的恢复状况进行了预测。数据显示，2021年全球旅游总人次（含国内旅游人次和国际旅游人次，下同)和全球旅游总收入(含国内旅游收入和国际旅游收入，下同)恢复至疫情前的不足60%。2020年之前，全球旅游总收入占GDP的比重接近7%，2020年则降至3.7%，2021年回升至3.8%，可见，世界旅游业正在缓慢复苏。

在数字旅游方面，从Booking、Expedia、携程、同程艺龙等OTA(Online Travel Agency，在线旅游公司)行业代表的财报数据来看，OTA行业复苏情况存在差异，但总体来看，2021年营收的下滑幅度有所收窄。Booking集团财报显示，2021年第三季度总预订额为237亿美元，同比增长77%；住宿预订量为1.83亿间夜，比上年同期增长了44%。在卫生安全和疫情风险得到更多关注的情况下，OTA积极投资供应链企业，旨在为用户提供无缝体验。随着竞争的日趋激烈，以及谷歌、微软、美团等平台跨界加码旅游业，OTA将进一步强化客户忠诚度计划。中国疫情防控工作取得了良好成效，这也为OTA经营重新步入正轨提供了重要支撑。由此，数字旅游产业呈现出整体向好且复苏提速的态势。

在全球疫情防控不同步的背景下，亚洲地区，特别是中国市场的总体恢复状况较好，成为关注重点。2021年，Expedia第三季度的预订受疫情影响较为明显，尽管Expedia集团收入仍以美国国内为主，但在美国市场疫情防控不稳定的情况下，Expedia开始与石基信息(我国知名饭店管理集团、高星级饭店信息系统最主要产品供应商和技术服务商)旗下的畅联达成合作，共同推进中国B2B旅游市场的进一步发展。Booking集团总体而言更加关注本土市场，但在疫情常态化背景下也更加意识到中国市场及其他国际市场的重要性。Trip Advisor扩大与携程的战略合作关系，其旗下品牌Viator也与Booking达成全球分销合作，拓宽其在国际市场上的业务布局。在中国，与较为发达的城市群相比，一些低线城市的市场需求表现出较为迅猛的增长态势，专注于下沉市场的在线旅游企业因此也获得良好发展。同程艺龙下沉市场策略尤为成功，通过深入挖掘市场需求，锁定低线市场，加大对非一线城市布局，同程艺龙的部分业务已恢复，甚至超越疫情前水平，低线城市的用户订单量增长45%，在其微信平台上的新付费用户中，约62.7%来自三线或以下城市。因此一些低线城市成为在线旅游企业持续发力的新增长引擎。

(二)数字旅游产业特点

数字经济正在催生着巨大的产业变革，旅游业是参与这种变革的重点行业之一。在这样的宏观框架下，旅游业正在从单纯的产业规模扩大向服务品质提高转型。数字化转型将逐步改变世界旅游的产业边界和方式，在极大程度上影响世界旅游业的未来发展模式。因此这不仅是一种新技术的应用，更是游客资源价值寻求模式质变的重要载体。数字旅游在学界被看作行业融合的重要体现，将带动旅游行业的升级与革新。同时，数字旅游还被看作旅游虚拟业态集群的策动者，让传统旅游突破地域局限，实现海量旅游者与服务提供者等利益相关者在虚拟空间的聚合与交流，敏捷地解决旅游者的需求与政府部门的监督要求。

从组成要素分析，数字旅游主要分为软硬件设施、数字服务与数字旅游产品。数字旅游对游客发展方式的改变有一些明显特点。一是虚实互动迭代，虚拟现实技术带来的旅行感受与本地化现实感受双轨并行，虚实场景的结合推动了信息迭代和商业模式创新。二是资源优化配置，旅游信息智能化可以使实物旅游资源与虚拟旅游资源之间实现跨空间的再分配，从而进一步实现旅游产业集群的帕累托最优状态。三是价值链界限打破，大数据企业利用数字分工产生的虚拟企业重塑产业增长方式，使旅游产业变得更加模块化和虚拟化，逐步打破了原有的价值链界限。①

旅游新创投资趋势主要有两大类方向：第一类是虚拟或无接触替代方案，如虚拟旅游体验与无接触机场、住宿服务等。第二类是提高运营效率的数字科技，如从烹饪、支付到配送一站式服务的云端厨房 Pop meal 顺应了疫情需求，极大减少了商业风险。

旅游产业既要充分利用数字化信息技术，也要注重重新构建与之匹配的商业模式。只有行业外部技术与行业内部商业模式同时进化，才能让整个行业迭代虚实交互、优化资源配置、重塑价值边界，真正实现旅游业的数字化。

(三)数字旅游产业发展趋势

新冠疫情之下，传统旅游业遭到重创，行业开始创造完整的供应链架构和孕育新一代注重质量的服务新模式，行业和产业之间，以及产业链中的各个公司之间，差距逐渐拉开。数字旅游业表现出以下趋势。

1. 消费的分级与下沉

以中国为例，在第六次人口普查中，中国三线及以下城市的消费者占全国七成以上，GDP 占全国的 59%，三线及以下城市贡献着中国 2/3 的经济增长。尤

---

① 魏翔. 数字旅游——中国旅游经济发展新模式[J]. 旅游学刊，2022(4)：10-11.

其是随着交通运输的便捷和城市网络的迅速发展，三四线城市呈现高消费性增长。当前，一线城市消费能力逐步饱和，非一线城市成为多数企业业务发展的重要引擎，如何更有效地发掘非一线城市的市场潜力，将成为多数企业保持稳定成长的重要核心。在新经济背景下，我国旅游业的社会消费分层与下降态势将进一步加速，未来旅游消费布局将越来越细分化，向专业化、细致化服务迈进。旅游消费行为层次将进一步驱使旅游业开拓全新的发展空间，而多元分众化的需求将倒逼旅游公司进行创造性改革与发展。如何优化产业结构、建立更有效细致化的旅游市场战略，并利用新经营战略改善旅游消费行为体验，激发和释放更多人的旅行消费行为潜力，是旅行业未来的重要学术课题。

2. **大数据管理水平不断升级**

旅游大数据挖掘主要包括规模布局信息、客户信息、游客出行统计分析、路线布局解析、活动轨迹统计分析、景点游览情况及预警等方面。数据挖掘的最大难点就是科学高效的数据挖掘方式。例如，我国"个推"企业旗下的"个旅"游客大数据监测平台，采用智能可视化大屏显示城市和景点的游客状况，其大数据分析内容包含区域人口热力图、客户图像、游客变化趋势比较等多维度数据分析，有助于政府部门和游客机构进行信息动态监控、预警和决策。其旅游轨迹分类体系包括游客旅行目的地的分布与排序，旅游者在省际流动时选取的路线比例，对旅行团队全方位掌握旅游者动态参考价值极大。总体来说，旅游数据分析比较难避免冗余和重复。尤其是在节假日，由于大数据分析的挖掘工作讲究实时性、即时性，当面临大体量的旅游者时，旅游公司缺乏科学有效的旅游者数据收集与顾客细分手段，如果不能深入了解其旅游特点与消费特征，就不能推送与之相适应的市场营销战略。因此如何通过有限的资金实现旅游者数据收集，成为旅游业亟待升级发展的重点。当前，旅游公司通过不断迭代用户图像来实现大数据分析的精准度，用数据分析驱动旅游转型发展，进而增强旅游的品牌黏性。与此同时，旅游公司还通过加速向数字化转型，获得多终端新媒体平台、移动终端互联网平台、线下平台的客户信息，并集中在大数据分析池中，以突破数据孤岛的封闭现状，促进平台之间的信息资源共享。目前的技术能够做到根据游客在一个社会化平台上发布的图片位置信息，描述出游客所旅行的路线、地方和项目，并给旅游者精准画像，通过了解其消费轨迹与习性，形成高效的商业模式。

3. **互联网营销水平不断提高**

大规模、碎片化的推广环境已过分地消磨了旅游者在看到消息时的注意力，造成了旅游者的抵抗心理，导致了推广效益无法衡量、游客利益无法转移的不良局面。因此，数字旅游需要及时把控信息推送途径、时机、信息内容的节奏，拉近企业与旅游者之间的心理距离，从而形成有温度的文化旅游企业。旅游数据管理部门可运用营销数据驱动洞察力，实现旅游者动态监测与统计分析，发现景区热点与旅游者兴趣点，指导旅行公司制定相应的旅行攻略和规划相关的旅行产品；再利用量化数据分析最佳推广途径，通过研究旅游者的触媒习性，甄选出与其沟通交互的最佳时段，提高内容的引发度，同时运用融媒体的宣传特点，引导旅游者积极地投入旅游营销传播，最终联动游客和旅游公司进行旅游数据、旅游商品及消费数据分析，逐步形成精准推广平台。

各国政府为促进旅游产业复苏，纷纷顺应数字化发展趋势，制定出相应的政策措施，如促进游客监管数字技术应用、虚拟现实技术应用、人工智能、旅游导航技术应用等（见表7-3）。

表7-3　各国重点旅游城市加快数字化转型的策略和措施

城市	策略和措施
韩国首尔	首尔自2021年开始为旅游者提供可以查看首尔市内各地区实时拥挤度的"首尔观光安全指数"服务。此外，还推出线上程序"首尔虚拟游戏场"，用数字科技帮助首尔各大会展中心成功转型升级
韩国仁川	仁川成为韩国首个"智能旅游城市"，实现个人旅游管理
奥地利维也纳	维也纳推出数字城市导游——IVIE，涵盖了各类实用信息和功能（如最近的饮水机或公共厕所，作为地图导航使用）。IVIE还为旅游者提供维也纳城市一卡通服务
法国巴黎	巴黎推出应用程序帮助旅游者避免排队和拥挤，从而确保健康安全并改善游客体验。例如，Affluences允许游客实时监控博物馆、游泳池和商店的人口密度情况，而City-Mapper则帮助游客找到公共交通工具上的空位
捷克布拉格	布拉格市政厅推出名为Brejlando的服务，在虚拟现实中为观众提供实验性剧院体验，借助最先进的技术和VR眼镜，让每个人都可以在家中以全新的角度近距离观看布拉格剧院的精选表演
加拿大渥太华	渥太华旅游局推出"渥太华线上游"活动，为参与者提供身临其境的交互性体验，旨在让旅游者进一步了解加拿大首都渥太华的独特优势

资料来源：世界旅游城市联合会，中国社会科学院旅游研究中心. 世界旅游经济趋势报告（2022）[R]，2022-03-02.

二、数字物流产业发展

(一)数字物流产业发展背景

电子商务活动中任何一笔交易都是由四种基本的"流",即信息流、商流、资金流、物流所组成。传统物流的流程则包括运输、储存、搬运、分拣、物流信息管理等各种活动。由于传统物流其单一动作过程的技术化、系统化、信息化程度较低,导致了物流时间过长、物流成本过高等一系列问题,制约了中国电子商务的发展,而不成熟的物流支付系统、配送系统和安全系统也为作为服务行业的物流提出了更高的需求导向。在我国电子商务市场积极推动下,以物流信息化为基础的现代物流系统概念很快在中国普及开来,这种新型的物流模式使商品流转较传统方式更加信息化、自动化、现代化和社会化,既减少了库存和资金积压,又降低了物流成本,提高了经济效益和社会效益。电子商务为物流企业提供了技术条件和市场环境,为物流功能集成和物流企业实现规模化经营创造了有利的条件。[①]

关于数字物流的定义,可以将其描述为在仿真和虚拟现实、计算智能、数据库等支撑技术的支持下,应用数字技术对物流所涉及的对象和活动进行表达、处理和控制,具有信息化、网络化、智能化、集成化和可视化等特征。此处的数字技术是指以计算机硬件、软件、信息存储、通信协议、周边设备和互联网络等为技术手段,以信息科学为理论基础,包括信息离散化表述、扫描、处理、存储、传递、传感、执行、物化、支持、集成和联网等领域的科学技术集合。数字物流是在计算机、网络等技术与物流技术不断融合、发展和广泛应用的基础上诞生的。

目前,5G、人工智能和机器学习、高级数据分析、区块链、机器人自动化、云计算、边缘计算、物联网、AR、数字孪生、全互联网PC、车联网、无人机、智慧城市等,这些技术和应用正在渗透物流产业的方方面面。物流产业在以上技术的推动下,必将迎来新一波发展高潮。

---

① 吴菁苃．物流3.0时代:数字物流驱动行业大变革——我国物流技术发展纵横论之三[J]．物流技术与应用,2020(12):100-103.

(二)数字物流产业特点

和传统物流产业相比,数字物流在性能、服务、管理和技术层面有很大的不同。在性能方面,数字物流速度快,效率更高,不再传统地以服务为中心,而是以客户为中心,从而提供更好的个性化服务;在服务方面,数字物流的基础设施更加先进,服务能力更强,可以提供更加综合的物流服务,并可以实现更广阔的跨部门、跨区域的物流工程服务,提供更优质的物流和信息相关服务;在管理方面,数字物流通过集成要素,可以实现产业协调联动管理,综合物流管理,全面控制供应链,而非传统的单项物流管理;在技术层面,数字物流功能技术机械化与自动化程度高,并大量采用综合技术,如广泛应用 GPS、GIS 等先进信息技术,以及实时网络信息整合系统,如电子数据交换(EDI)系统等。

(三)数字物流产业发展趋势

当下世界数字物流发展呈现出以下趋势。

第一,数字技术加速供应链产业信息融合,产业一体化更加明显。目前,在物流基础上,出现了将原材料、半成品和成品的生产、供应、销售、流通等有机结合的一体化物流,形成了流通与生产的纽带和促进关系。随着一体化物流的纵深发展,出现了"价值链"的概念(涉及将产品或服务提供给最终消费者的过程和活动的上游及下游企业组织所构成的网络),并在此基础上形成了比较完整的供应链理论。总之,以物联网、互联网、人工智能为代表的数字科技正在与各个垂直领域深度融合,数字科技已经成为推动全产业链资源交互融合,精准洞察行业痛点与客户需求,预警防范行业风险,以及实时响应行业用户需求的高效手段,并助推产业数字化结果从"记录过去"转向"预测未来"。

第二,数字物流与其他数字系统深度融合。数字物流在物流系统的设计、规划、分析及配送等过程中,与地理信息系统、智能交通系统等数字城市框架技术紧密相连,或者两者有着交叉、融合部分,也可以将数字物流变为数字城市框架的一项重要内容。例如,在流通领域,随着全球卫星定位系统的进一步完善和广泛应用,社会大物流系统的动态调度、动态储存和动态运输将逐渐替代企业的静态固定仓库。在物流中运用机载数字遥感系统、卫星遥感系统、卫星定位系统、地籍调查测量系统和多种业务系统来获取与更新数据,使数字物流具有实时数据,这对物流系统的设计与规划、物流配送与管理调度等方面具有较大的现实意义。

第三，数字物流将通过进一步与大数据结合而更加高效。数字物流实际上就是对物流的整个过程进行数字化描述，从而使物流系统更高效、可靠地处理复杂问题，为人们提供方便、快捷的物流服务，借此表现物流体系的精确、及时和高效，进而达到物流操作数字化，物流商务电子化，物流经营网络化。对于物流系统的要求有多种提法，但从本质上讲就是准确、快速、高效及个性化。随着全球数字经济规模不断扩大，未来特别是服务行业，谁拥有海量数据及优质算法，谁就拥有最大价值与话语权。在竞争机制下，数字物流必将与大数据更加紧密地结合，并配备更精确的算法，使该行业效率得到进一步提升。

三、数字金融产业发展

(一)数字金融产业发展背景

数字金融作为金融与科技紧密结合的新兴领域，其内涵在不断动态变化，开始阶段侧重于具体环节和产品业务的技术创新，现已扩展至金融行业投融资、货币支付、咨询等全范围内的各类技术创新。目前，数字金融这一概念尚未有统一界定，在文献和政府文件中较多地将其称为"数字金融""金融科技"，或"互联网金融"。中国人民银行等将"互联网金融"定义为"传统金融机构与互联网企业利用互联网技术和信息通信技术实现资金融通、支付、投资和信息中介服务的新型金融业务模式"。金融稳定理事会将"金融科技"定义为"技术带来的金融创新，它能创造新的模式、业务、流程与产品，包括前端产业也包含后台技术"。黄益平、黄卓认为金融科技主要突出了其技术特性，而数字金融在概念界定上更加中性，并将"数字金融"定义为"传统金融机构与互联网公司利用数字技术实现融资、支付、投资和其他的新型金融业务模式"。由于在不同的文献中对概念界定尚无统一的标准，本书主要采用黄益平、黄卓关于数字金融的定义，并将数字金融、金融科技、互联网金融统称为数字金融。

从全球的历史演进来看，金融与技术的相互交织与共同演进最早可以追溯至19世纪后期电报与电缆在金融全球化中的应用，1967年ATM的引入被认为是现代数字金融的开端。20世纪90年代，数字金融发展主要由传统金融业主导，利用信息技术推进流程电子化。2008年金融危机后，金融监管变革与数字技术进步共同推动数字金融进入蓬勃发展的新阶段。

中国的数字金融在2010年之后迎来快速发展。得益于数字金融的移动化、实惠化、便利化等优势，数字金融得以快速被使用者接受。随着覆盖广度的加深、数字支持程度的提高，数字金融在支付、信贷、保险、投资等领域的使用深度逐渐增加。不仅如此，金融科技领域的投资也十分活跃。2016 年，中国对金融科技的风险投资排名世界第一，并孕育出大量独角兽公司，同年中国的金融科技类独角兽公司数量约占世界的 40%，总市值占世界的 70% 以上。《产业数字金融研究报告（2021）》显示，2021 年中国产业金融规模为 260 万亿元，预测到 2025 年将达到 449 万亿元。

（二）数字金融产业特点

普遍来讲，数字金融产业具有服务成本低、覆盖面更大、服务对象广等特点。

服务成本低。一方面，传统金融机构无法避免固定成本的上升，特别是偏远区域，当增设服务点收入小于支出时，原有的金融服务供给会遭受阻碍。但是数字金融的存在替代了地域网点与人力投入，同时极大降低了服务新用户的边际成本，从而减少了开支。另一方面，传统金融机构存在推广宣传效率低下、交易流程烦琐等弊端，造成了金融业务成本过重的问题。数字技术的应用着力解决传统金融行业的困境，如利用大数据进行精准营销等，减少金融机构拓展新客户的成本，从而提高金融服务的效率。

覆盖面更大。考虑到成本与效益，金融机构通常选择在经济发达地区投放资源，忽略了欠发达地区。数字金融突破了地域限制，在极大程度上帮助居民获取跨越空间的无差别金融服务与产品，县级、村庄、社区各层面的数字金融均取得根本性发展。

服务对象广。数字金融具备实现服务对象普及化目标的技术。例如，大数据技术可以使受到信用评估阈值限制的低收入群体与中小型企业满足获得金融服务的要求，帮助他们顺利实现信贷、投资与融资等金融活动。此外，伴随着新技术的发展，线上信用平台、众筹平台等新型业务形态已经出现，它们在一定程度上拓宽了普通用户和各类金融资本参与金融活动的渠道与机会。

（三）数字金融产业发展趋势

目前，数字金融产业呈现出以下发展趋势。

1. 数字监管将得到进一步强化

在数字经济带来发展新机遇的同时，数据安全的形势亦不容乐观。数字经济的核心是数据与产业的融合，而数据在采集、共享、分析、流动与使用等环节都将面临不同层面的风险，这包括数据产权、数据流通、跨境传输和安全保护等层面的风险问题。美国在发展数字金融时，格外注重功能监管和行为监管，并将数字金融纳入货币政策和宏观审慎管理框架，并注重加强对金融消费者权益的保护。2020 年，我国工业和信息化部公示《网络数据安全标准体系建设指南》，从政策层面为数据管理提供了制度保障，未来还需要产业中各类企业主动强化数据安全技术能力建设，建立统一高效、协同联动的网络安全管理体系，做好个人信息保护与数据安全管理。

2. 数字金融加深科技应用进一步赋能实体经济

我国数字金融的蓬勃发展得益于我国增速迅猛的数字经济。对于金融行业，新科技加速了传统金融场景重塑，释放了消费新动能，进一步提高了金融精准扶持中小企业的能力。未来，要发挥科技赋能金融、服务实体经济的优势，首先，要充分把握宏观经济的运行特征，紧贴实体经济发展方向。其次，金融业应加强与科技的融合。信息科技对数字化转型引领和驱动作用不断显现，充足的科技投入成为数字化转型的必要条件，主要金融机构持续加大科技投入，确保数字化转型顺利推进。企业应充分发挥金融科技的技术优势，加速全面数字化转型，创新产品和服务，搭建生态场景，助力产业数字化发展。最后，要支持产业的全链路转型升级，促进产业链、供应链体系的创新完善和韧性发展，提升金融服务的普惠性、便捷性、渗透性，助力实现共同富裕。

3. 绿色金融迎来更好的发展势头

绿色低碳发展是全球可持续发展的迫切课题。在数字技术的加持下，绿色金融势能进一步放大，将为工业、农业、服务业的产业数字化可持续发展和我国"双碳"目标的实现提供坚实保障。目前，我国推动绿色金融发展的三大主要金融科技包括大数据、人工智能和云计算。在应用业务上，金融科技的使用主要集中在绿色信贷、绿色基金、绿色能源市场、绿色债券等业务领域。在应用场景上，金融科技工具的使用覆盖了 ESG 投融资、全国碳市场交易、绿色建筑、绿色消费、绿色农业、小微企业等多个领域。金融机构在绿色数字技术的应用领域主要聚焦三个方面：其一，利用金融科技提升环境风险识别能力，实现对绿色信贷、绿色债券投向的跟踪，帮助降低"洗绿"风险；其二，实现环境风险建模及智能定价，提升绿色金融业务的营销与定价能力；其三，建立绿色项目评级数据库和评级模型，提升绿色业务流程管理能力。

4. 数字金融不断变革金融业

数字技术不会改变金融的本质，但有可能改变传统金融的运行方式和风险特征。中国正在进入数字金融发展 2.0 时代，支付、贷款等金融服务依然处于变革之中。

四、数字文化产业发展

(一)数字文化产业发展背景

由于不同的文化背景和发展路径，世界各国(地区)在界定数字文化产业的概念时表现出了不同的特色和侧重点，因此数字文化产业在国际上并未形成一致的概念。但是普遍意义上，数字文化产业指利用当前数字技术，扩充文化产业内容和形式的一种现象，具体而言，数字文化产业是指利用云计算、物联网等数字技术，创作、生产、传播文化创意内容，具有技术更新快、生产数字化、传播网络化、消费个性化等特点的新型产业，包含数字影视、数字音乐、大数据、数字文学等产业。

我国在 2006 年发布的《国家"十一五"时期文化发展规划纲要》中首次提出了"文化创意产业"这一名词，指以创作、创造和创新为基本手段，以文化内容、创新成果和知识产权为价值观，以实现知识产权和消费交易为特征，为消费者提供文化产品的产业集群。后经产业内部的更新发展及其与互联网大数据等相关产业的融合演变，2017 年 4 月文化部出台的《文化部关于推动数字文化产业创新发展的指导意见》首次明确使用"数字文化产业"这一概念，数字文化产业以文化创意内容为核心，依托数字技术进行创作、生产、传播和服务，呈现出技术更迭快、生产数字化、传播网络化、消费个性化等特点，有利于培育新供给，促进新消费，主要涉及动漫、游戏、网络文化、数字文化技术及装备、数字艺术展示等领域(见表7-4)。为推动文化事业和文化产业更好更快发展，科学技术部等六部门共同研究制定了《关于促进文化和科技深度融合的指导意见》，2020 年 11 月文化和旅游部发布《关于推动数字文化产业高质量发展的意见》，更加细致地对我国数字文化产业进行了战略规划。

英国政府将创意产业分为 13 个行业，但对外通常按 9 个大类公布数据，分别是广告营销，建筑，工艺品，时尚设计，电影、电视、视频、音频和摄影，IT软件和计算机服务，出版，博物馆、画廊和图书馆，音乐、表演和视觉艺术。其中电影、电视、视频、音频和摄影，以及 IT 软件和计算机服务在整个创意产业中的占比较大，两项占比超过 50%。英国从 2017 年开始不再单独发布数字创意产业的经济数据，而是将其合并至文化、媒体和体育部（DCMS）的统计数据中。这一举措充分反映了在繁盛的数字化趋势下，英国创意产业与数字技术、文化和媒体行业的联系越发密切与"难分难舍"，创意产业与数字技术的融合发展已成数字时代新趋势。从 DCMS 部门公布的最新数据来看，DCMS 部门增加值在英国总体经济增加值中的占比接近 10%。

表 7-4　数字文化产业细分领域

产业	分类	涉及业务
数字文化产业	动漫	动漫制作和产品、动漫会展及其他动漫衍生业务
	游戏	网络游戏、电子游戏、应用游戏、功能性游戏、家庭主机游戏、电竞赛事、电竞直播及其他游戏衍生业务
	网络文化	网络剧目、网络演艺、网络音乐、网络文学等网络文艺产品及其他网络文化业务
	数字文化技术及装备	提供新型文化消费的虚拟现实产品、可穿戴设备、智能硬件、沉浸式体验平台、应用软件及文化相关数字技术，满足高端消费需求的智能化舞台设备和高端影音视频业务
	数字艺术展示	以数字技术为手段，以光学、电子等新兴媒介为表现形式，与公共空间和艺术内容相结合，传承中华美学精神的数字艺术展示业务

资料来源：《文化部关于推动数字文化产业创新发展的指导意见》。

（二）数字文化产业特点及趋势

数字文化产业是文化产业依托数字技术产生的新兴产业，具有绿色环保、创意集聚等的特性。我国 2017 年出台的《文化部关于推动数字文化产业创新发展的指导意见》在对数字文化产业的概念进行界定时提出，数字文化产业主要具有技术更迭快、生产数字化、传播网络化、消费个性化等特点。

技术更迭快。当前，数字技术更新快，创新成果日新月异，"速度优势"已经远远胜过传统意义上的"规模优势"。因此只有在数字文化产业领域，加大研发投入，推动技术加速进步，才能形成企业在市场中的核心竞争优势。

生产数字化。数字文化产业充分依托数字技术进行发展，如网络音乐、影视等的制作，需要将信息依靠数字技术转换成计算机代码，这样才能进行后续的设计、运算、加工、存储和传播。

传播网络化。网络游戏、音乐、网络视频等数字文化产品依托飞速发展的数字技术得以广泛传播。当前，随着移动互联网技术的不断革新，移动互联网用户已经构成世界网络用户的主体，数字文化产品的传播和体验更加便利，移动数字文化产业已成为数字文化产业的主要发展方向。

消费个性化。时代的发展，尤其是互联网时代的到来使人类对文化消费的需求与日俱增，数字技术使多种文化产品及服务触手可及，消费个性化已经成为文化消费市场的突出特点。

当下，世界数字文化产业呈现出全球化、精品化、产业融合加深的发展趋势。

全球化。近年来，我国加大力度鼓励优秀传统文化作品、文化创意产品及服务和影视剧、游戏等数字文化产品及服务"走出去"。在政策支持下，将会有越来越多的数字文娱公司进军海外市场。

精品化。在文化产品及服务类型多样化和消费者对品质的关注度提升的背景下，优质内容 IP 成为吸引消费者、实现内容价值变现的关键环节。随着数字技术的进一步发展，数字文化产业将面临技术对研发、制作、呈现等方面的诸多改革，为整个市场的发展注入新的动能，推动文化产品及服务优化升级。

产业融合加深。未来数字文化娱乐产业的开发将以 IP 为核心，连接多种文化细分行业，使内容制作、宣传推广、发行销售、衍生品开发等各个环节实现联动，不同的细分行业以 IP 为内核形成"共同体"，逐渐走向大融合，打破产业边界将会逐渐成为行业共识，有望形成一个"超级数字场景"。

本章小结

从全球来看，数字服务经济方兴未艾，在全球疫情的背景下，数字服务依然凭借其独特性为世界经济增长做出了突出贡献。从国别来看，以欧美为主的发达国家在数字服务经济领域具有远高于发展中国家的发展水平，发达国家与发展中国家存在较大的数字鸿沟。发展中国家在随着新一轮科技革命中奋起直追，在近十几年内实现了数字服务经济水平的较大提升。从行业来看，各国政府通过不断推进传统服务业数字化转型，提高了各服务业抗风险能力，在一定程度上促进了传统服务业附加值提升与工作效率提升，推动了疫情下世界各国经济的复苏。我国作为最大的发展中国家，应抓住时代潮流，加快前沿数字服务科技创新与应用，帮助建立更加有序的世界数字服务经济发展格局。

概念和术语

数字金融产业；数字文化产业；数字物流产业；数字旅游产业

复习思考题

1. 简述世界数字服务经济发展现状。
2. 简述世界数字服务经济发展趋势。
3. 简述数字文化产业发展现状。
4. 试从多角度比较发达国家与发展中国家数字服务经济不同的发展状况。
5. 查阅相关资料，追踪数字服务领域前沿科技最新进展。
6. 选取一个具体服务行业，讨论如何促进该行业数字化转型与发展。

加快县域数字经济发展 促进新型城镇化建设

第八章

数字服务协定与法案

1. 了解《服务贸易总协定》产生背景和谈判历程。
2. 了解《服务贸易总协定》框架结构、主要内容和重要意义。
3. 了解数字服务贸易谈判及其进展。
4. 理解数字服务贸易多边体制完善。

1. 通过对《服务贸易总协定》产生背景、谈判历程，协定的结构、内容和意义的学习，深化学习者对国际协定和规则的了解，增强学习者对于提高我国在相关领域话语权的紧迫感。

2. 通过对世界贸易组织体制下的国际服务贸易、数字服务贸易谈判及其进展和数字服务贸易多边体制完善的学习，加深对国际经贸秩序变革的理解，增强百年未有之大变局下的使命和担当。

案例引导

中国申请加入《数字经济伙伴关系协定》彰显开放与远见

第一节　《服务贸易总协定》

一、《服务贸易总协定》产生的背景

(一)世界服务贸易高速发展

自 20 世纪 70 年代以来，全球整体的产业结构不断优化升级，新技术革命兴起，世界服务贸易也随之迅速发展起来。随着服务贸易发展与多边贸易谈判的逐步深入，1947 制定的《关税及贸易总协定》面临新的问题，尤其随着服务贸易的需求扩大，贸易内容复杂多样，世界急需一个规范与促进服务贸易的共同约定。于是，制定一套系统的、全球性的服务贸易规则被提上了日程。

(二)以美国为首的发达国家倡导

《服务贸易总协定》的产生首先源于发达国家对服务贸易自由化的倡导，发达国家希望凭借自身强大的国际竞争力进一步拓展全球市场。尤其对美国来说，在经历 20 世纪 80 年代的经济危机后，美国经济增长缓慢，在国际货物贸易中赤字逐年增加，而在服务贸易领域却连年顺差，占据明显优势。美国希望以服务贸易为突破口，尽快打开其他国家的服务贸易市场，通过出口大量的服务贸易来弥补贸易逆差。由于各国对服务贸易都有着不同程度的限制，美国因此遇到了障碍，成为倡导服务贸易自由化最积极的国家之一。

面对美国的态度，发展中国家和其他一些发达国家起初持反对意见。欧盟对美国的提议本来持有疑虑，但经调查发现，欧共体的服务贸易出口量甚至高于美国，便转而坚决地支持美国。日本当时虽然是服务贸易逆差较大的国家，但为了缓和与美国日益尖锐的贸易摩擦问题，加之本身在国际货物贸易中也呈现顺差，于是便始终支持美国。迫于发达国家的态度，同时也由于服务贸易竞争力在不断提高，发展中国家也纷纷开始支持服务贸易的谈判。最终，1994 年 4 月 15 日，各成员方在摩洛哥马拉喀什正式签署《服务贸易总协定》。

二、《服务贸易总协定》的框架结构与主要内容

(一)《服务贸易总协定》的框架结构

《服务贸易总协定》是在多边贸易体制下第一个有关国际服务贸易的框架性法律文件，旨在通过逐步提高透明度和自由化来扩大服务贸易，并促进各成员方的经济增长和发展中国家服务业的发展。《服务贸易总协定》由三个方面内容组成：一是《服务贸易总协定》条款；二是《服务贸易总协定》附件；三是各成员方的具体承诺表(市场准入减让表)。这些内容除序言外，由正文六个部分，共29个条款、8个附件和9个部长会议决定，以及各成员方的承诺表组成(见表8-1)。

表8-1 《服务贸易总协定》的主要组成部分

第一部分	条款(共29条具体条款)
第二部分	附件(共8个)，包括豁免附件；根据本协议自然人移动提供服务的附件；航运服务的附件；金融服务附件一；金融服务附件二；海运服务谈判附件；电信服务附件；基础电信谈判附件
第三部分	各成员方的具体承诺表(共94个)

条款部分包括一个序言和六个部分。其中序言确定了各成员参加及缔结《服务贸易总协定》的目标、宗旨及总原则。六个部分包括：《服务贸易总协定》的适用范围及服务贸易的定义；各成员的一般义务和纪律；各成员服务部门开放的具体承诺义务；各成员，尤其是发展中国家服务贸易逐步自由化的原则及权利；制度(机构)条款；最后条款。

另外，附件也是《服务贸易总协定》不可分割的部分。附件包括八个部分：关于豁免的附件；关于根据本协定自然人移动提供服务的附件；关于空运服务的附件；关于金融服务的附件一；关于金融服务的附件二；关于海运服务谈判的附件；关于电信服务的附件；关于基础电信谈判的附件。

(二)《服务贸易总协定》的主要内容

条款涉及六个部分，包括适用范围和定义、一般义务和纪律、承担特定义务

（具体承诺义务）、逐步自由化、制度（机构）条款、最后条款。条款的核心在于最惠国待遇、国民待遇、市场准入、透明度及支付的款项和转拨资金的自由流动等。

关于适用的范围和定义，协定规定"成员的措施"为中央、地区或地方政府和主管机关所采取的措施，以及由中央、地区或地方政府和主管机关授权行使权力的非政府机构所采取的措施。每一成员在履行协定条款时应尽其所能采取合理措施，保证其领土内的地区或地方政府和主管机关及非政府机构遵守这些义务和承诺。"服务"则包括任何部门的任何服务，但政府行使职权时提供的服务不属于这一范围。只有依据商业基础提供的，或者能够与一个或多个服务提供者竞争的服务才属于协议界定的"服务"。服务贸易方式主要分为四种：跨境交付、境外消费、商业存在、自然人流动。

关于最惠国待遇原则，条款规定对于协定涵盖的任何措施，每一成员应立即并无条件地给予其他任何成员不低于向其他国家给予的同类服务和服务提供者的待遇。该规定不得解释为阻止任何成员对相邻国家授予或给予优惠，以便利仅限于毗连边境地区的当地生产和消费的服务的交换。成员国只有符合最惠国待遇相应附件上的要求，才能豁免维持不一致的措施。

关于透明度原则，条款规定通常情况下，各成员应迅速并最迟于其生效之时宣布所有普遍适用的、影响本协定实施的措施。各成员应立即或至少每年向服务贸易理事会通报其显著影响在本协定下已作具体承诺的服务贸易的新的法律、规章或行政指示，或对现行法律、规章或行政指示的任何修改。协定中任何规定不得要求任何成员提供一经披露即妨碍执法、违背公共利益、损害特定公私企业合法商业利益的机密信息。

关于市场准入原则，条款规定每个成员给予其他任何成员的服务和服务提供者的待遇，不得低于其承诺表中所同意和明确的规定、限制和条件。一成员除非在其承诺表中明确规定不得在某一区域内或其全境内实施限制服务交易的措施，如通过数量配额、垄断等方式限制服务提供者的数量、服务交易或资产的总金额，限制或要求一服务提供者通过特定类型的法律实体或合营企业提供服务，通过对外国持股的最高比例、单个或总体外国投资总额的限制来限制外国资本的参与等。

关于国民待遇原则，条款规定每个成员在所有影响服务提供的措施方面，给予任何其他成员的服务和服务提供者的待遇不得低于其给予本国相同服务和服务提供者的待遇。一成员给予其他任何成员的服务或服务提供者的待遇与给予本国相同服务或服务提供者的待遇，不论形式上相同还是不同，都可满足市场准入的要求。如果某项待遇改变了竞争条件，使该成员的服务或服务提供者与任何其他成员的相同服务或服务提供者相比处于有利地位，这种待遇应被认为是较低的待遇。

三、《服务贸易总协定》对数字经济发展的意义

（一）促进全球数字服务贸易规则制定

《服务贸易总协定》为全球数字服务贸易规则的制定提供了丰富经验，奠定了关键基础。《服务贸易总协定》为服务贸易的开展提供了国际社会共同遵循的贸易规则，其多边主义的精神将被继承，包括最惠国待遇、透明度等原则，以防止双边协调或区域协调的情况发生。全球数字服务贸易将同传统服务贸易一样依照多边贸易规则进行，并享有一个具有预见性和透明性的法律环境。

此外，相比于以往的行业协调方式，《服务贸易总协定》提供了一套更加系统、更具权威性的国际服务贸易规则，使服务贸易更有序地进行与发展。在国际共同遵守的贸易规则下，各国在服务贸易方面的合作与交流得以明显加强，并逐步从对服务市场的保护与对立转向开放和对话。透明度条款和发展中国家更多参与条款中提供的关于信息、建立联系点等的规定，也更加便利了各成员方在数字服务贸易领域的信息交流和技术转让。此外，定期谈判制度的建立还为成员方提供了不断磋商和对话的机会。《服务贸易总协定》充分证明了多边贸易规则的积极作用，促使着全球数字贸易规则的建立。

（二）奠定全球数字服务贸易自由化基础

自 1995 年以来，世贸组织一直致力于乌拉圭回合谈判的未尽议题。其中关于服务贸易具体部门的分项谈判是这些议题中的重头戏。在即将进入 21 世纪时，世贸组织对《服务贸易总协定》谈判时的遗留问题进行了解决，在金融服务、基础电信和信息技术三个方面实现了历史性突破，组织达成了《金融服务协议》《全球基础电信协议》与《信息技术产品协议》，旨在促进金融服务贸易自由化、信息技术产品贸易自由化、电信服务贸易自由化，并进一步开放了电信服务市场等。这一成果将服务贸易自由化原则向具体成果方面推进了一大步，为数字服务贸易自由化奠定了重要基础。比如，在数字金融服务方面，协议规定取消对跨境服务

的限制，允许外国资本在本国投资项目中占比超过一半等，有效促进了数字金融贸易的自由化；在信息技术服务方面，协议规定降低或取消多项信息技术产品的关税，如计算机、电信设备等，从而在促进数字经济基础设施建设的同时，间接促进数字服务贸易的发展与自由化。

（三）推动数字经济与传统服务贸易协同发展

《服务贸易总协定》的实施使"服务付费""知识付费"等观念深深植入人们的经济活动中，推动了传统服务贸易及相关货物贸易的繁荣，为数字经济的产生与发展奠定了理论基础和物质基础。同时随着经济全球化与全球价值链的不断加强和深化，产业融合、协同发展已经成为经济发展的重要动力来源和有效途径之一。数字经济与传统服务贸易及相关货物贸易的相互促进是大势所趋。一方面，传统服务贸易，如饮食、旅游、商业等之中包含的广阔的市场需求，促使自身提高数字化水平，实现转型升级，壮大数字经济；另一方面，数字化又在不断提高传统服务行业的质量和效率，形成了互相促进的作用。此外，具有资本密集型与技术密集型特征的数字服务贸易往往与相应硬件设备的有形商品贸易联系紧密，如数据处理服务、远距离通信服务等会促进通信类各种硬件设备的发展；数字金融服务的发展会促进银行系统的传真通信系统及资金调拨网络硬件贸易的增长。

（四）保护国家内部数字经济发展

《服务贸易总协定》的实施虽然要求发展中国家为服务贸易的逐步自由化做出贡献，对本国服务业市场进行适度开放，但也允许发展中国家在特定条件下采取适当的措施保护其落后的服务业。鉴于数字贸易的国际竞争优势依然主要在发达国家，发展中国家可以在协定规则范围内保护本国的数字服务业，采取一些限制进口的措施和规定，也可以在适度的开放过程中学习发达国家在数字服务业方面的先进技术和经营管理方式，使本国在竞争中实现产业升级。然而在关注《服务贸易总协定》的正面作用时，也要看到它可能产生的负面影响。由于各国经济发展状况不同，各国数字服务业发展参差不齐，各国所拥有的优势各有不同，因此《服务贸易总协定》的实施可能会使不同国家的数字服务贸易产生不均衡的增长，也可能加剧发达国家与发展中国家数字服务贸易发展的不平衡状态。

第二节 《数字经济伙伴关系协定》

一、《数字经济伙伴关系协定》产生的背景

(一)数字服务贸易发展急需国际规范

21 世纪以来，无论是投资还是贸易，都越来越多地以数字化形式呈现。美国布鲁金斯学会测算，全球数据跨境流动对全球 GDP 增长的推动作用已经超过贸易和投资。由此产生的数字本地化存储、数字安全、隐私、反垄断等一系列问题需要规则和标准来协调。截至目前，世界数字经济规模前三的国家依次是美国、中国、德国，它们所倡导的全球数字经贸规则各不相同。美国倡导数据自由流动；欧盟强调隐私、知识产权和消费者保护；中国强调数字主权。这三大数字经济体在数字经贸规则方面存在巨大差异，因此国家之间越发需要制定固定、统一的规则。《数字经济伙伴关系协定》(DEPA)作为全球首个专门的数字经济治理协定，比《全面与进步跨太平洋伙伴关系协定》(CPTPP)中的电子商务条款涵盖的内容更广，更符合数字经济发展总体趋势，并为塑造和完善全球数字治理框架提供了新样本。

(二)新加坡、新西兰、智利数字经济发展迅速

随着"工业 4.0"时代的到来，新加坡、新西兰与智利纷纷开始实施和数字化相关的经济转型战略与政策。自 2006 年起，新加坡政府先后推出了"智慧国家2015"计划、"智慧国家 2025"计划、科技创新计划、中小企业数字化计划等，旨在协助中小企业了解与采用适用的数字科技，从而增加盈利、开发新市场和提高生产力，且实施成果显著。智利的数字经济发展程度居拉美地区之首，优势明显，数字经济消费潜力巨大，优势明显。智利政府十分重视数字产业改革，积极推动国内数字化进程。智利政府的《2020 年数字议程》从顶层设计层面为产业迭代升级确立了发展方向与实施方案，进一步提升了互联网覆盖率与连接质量。另外，智利也在不断拓展与中国在数字经济方面的合作前景。新西兰与英国、新加坡等一起被列为全球最领先的数字化经济体。总之，新加坡、新西兰与智利有着

较好的数字产业基础，并渴望有进一步的数字贸易，满足数字市场需求。

(三)亚太地区经贸合作加深

加入亚太经合组织以来，新加坡、新西兰、智利三国间的交流合作往来频繁。2005 年，这三个国家偕同文莱组织签订了《跨太平洋战略经济伙伴关系协定》(TPSEP)，在十几年内又不断吸引了八个贸易大国加入。2017 年美国退出该协议后，协定更名为《全面与进步跨太平洋伙伴关系协定》(CPTPP)，致力于亚太地区贸易自由化发展。由于亚太地区的贸易交流已发展到一个新阶段，新加坡、新西兰与智利凭借自身作为国际经贸合作发起国的经验，于 2020 年 6 月 12 日线上签署了《数字经济伙伴关系协定》(DEPA)。为积极响应亚太地区多边数字服务贸易发展，我国商务部部长王文涛于 2021 年 11 月 1 日致信新西兰贸易与出口增长部部长奥康纳，代表中方向《数字经济伙伴关系协定》保存方新西兰正式提出加入 DEPA 的申请。

二、《数字经济伙伴关系协定》的框架结构与主要内容

(一)《数字经济伙伴关系协定》的框架结构

DEPA 采用独特的"模块式协议"，参与方不需要同意 DEPA 所覆盖所有模块的全部内容，可以选择其中部分模块进行缔约。

DEPA 结构简洁，由两个方面构成：条款和附件(关于本协定的谅解)。其中条款包括 16 个模块，依次是：初步规定和一般定义、商业和贸易便利化、数字产品及相关问题的处理、数据问题、广泛的信任环境、商业和消费者信任、数字身份、新兴趋势和技术、创新与数字经济、中小企业合作、数字包容、联合委员会和联络点、透明度、争端解决、例外、最后条款。

(二)《数字经济伙伴关系协定》的主要内容

DEPA 的条款部分包括 16 个模块，核心内容如下：

模块 1：初步规定和一般定义涉及范围、与其他协定的关系及定义等。本协定适用于缔约方采取或维持的影响数字经济贸易的措施。其不适用于：为行使政府权力提供的服务；金融服务，第 2.7 条电子支付除外；政府采购，第 8.3 条政府采购除外；缔约方或代表方持有或处理的信息，或与该信息相关的措施，包括

与收集该信息相关的措施，第9.5条政府公开数据除外。

模块2：商业和贸易便利化涉及无纸化贸易、电子发票、电子支付等。各国应及时公布电子支付的法规，考虑国际公认的电子支付标准，从而促进透明度和公平的竞争环境；同意促进金融科技领域公司之间的合作，促进针对商业领域的金融科技解决方案的开发，并鼓励缔约方在金融科技领域进行创业人才的合作。

模块3：数字产品及相关问题的处理涉及关税、数字产品的非歧视待遇及使用密码技术的信息和通信技术产品等。任何一方不得对双方之间的电子传输（包括电子传输的内容）征收关税。

模块4：数据问题涉及个人信息保护、通过电子手段进行的跨境数据流动、计算机设施的位置等。DEPA允许在新加坡、智利和新西兰开展业务的企业跨边界无缝传输信息，并确保它们符合必要的法规；成员坚持它们现有的CPTPP承诺，允许数据跨边界自由流动。

模块5：广泛的信任环境涉及网络安全合作和在线安全等。DEPA关于网络安全的条款旨在促进安全的数字贸易以实现全球繁荣，并提高计算机安全事件的响应能力，识别和减轻电子网络的恶意入侵或传播恶意代码带来的影响，促进网络安全领域的劳动力发展。虽然DEPA在网络安全问题上没有具体的规则，但DEPA缔约方将随着新领域的出现继续考虑这一问题，并要求各国政府相互合作。

模块6：商业和消费者信任涉及主动提供的电子商业信息、线上消费者保护及连接和使用互联网的原则等。DEPA指出各方应认识到必须采取透明和有效的措施，以保护消费者在进行电子商务活动时免受欺诈或误导。

模块7：数字身份涉及关于数字身份的互认和合作等。DEPA要求各国促进在个人和公司数字身份方面的合作，同时确保它们的安全性；以互认数字身份为目标，以增强区域和全球的连通性为导向，促进各个体系之间的互操作性；致力于在有关数字身份的政策和法规、技术实施和安全标准方面的专业合作，为数字身份领域的跨境合作打下坚实基础。

模块8：新兴趋势和技术涉及金融技术合作、人工智能、政府采购、竞争政策合作等。DEPA采用道德规范的"AI治理框架"，要求人工智能应该透明、公正和可解释，并具有以人为本的价值观；确保缔约方在"AI治理框架"上保持国际一致，并促进各国在司法管辖区合理采用和使用AI技术。

模块9：创新与数字经济涉及数据创新、政府公开数据等。DEPA通过促进跨境数据驱动型创新以促进新产品和服务的开发；缔约方可以探索扩大访问和使用政府公开数据的方式，为企业创造机遇，如使用开放数据集（尤其是具有全球价值的数据集）以促进技术转让，人才培养和部门的创新；鼓励以在线可用的标准化公共许可证形式使用和开发开放数据许可模型，并允许所有人合法地自由访问、使用修改和共享开放数据。

模块10：中小企业合作涉及贸易投资合作、信息共享、数字对话等。DEPA要求缔约方继续与其他合作方交流信息和分享最佳案例，利用数字工具和技术使中小企业获得资本、信贷、参与政府采购的机会等；鼓励中小企业参与能够帮助它们与国际供应商、买家和其他潜在商业伙伴建立联系的平台；召开数字中小企业与私营部门、非政府组织、学术专家等利益相关方的对话会。

模块11：数字包容涉及数字参与、相关文化、民间合作等。DEPA承认包容性在数字经济中的重要性，希望扩大和促进数字经济机会，并致力于确保所有人，包括妇女、原住民、穷人和残疾人都能参与数字经济并从中受益；通过共享最佳实践和制定促进数字参与的联合计划，改善和消除其参与数字经济的障碍，加强文化和民间联系，并促进与数字包容性相关的合作。

模块12：联合委员会和联络点涉及决策、议事规则、合作、执行等。联合委员会是由各方政府代表组成的联合委员会，负责考虑与本协议实施或运营有关的任何事项，包括设立附属机构和加入条款或修改协定、进一步加强双方之间的数字经济伙伴关系、制定实施等。各方需指定一个整体联络点以方便沟通。

模块13：透明度涉及出版、行政程序、复审和上诉等。如有必要，各方应建立或维持司法、准司法或行政法庭程序，以迅速审查和纠正本协议所涉事项的最终行政行为，但因审慎原因而采取的行为除外。该机制应当独立于委托行政执行的职务或者机关以保持公正。

模块14：争端解决涉及协商、调解和仲裁程序等。此模块定义数字贸易领域争端解决机制，为解决各方间的争端提供有效、公平和透明的程序。

模块15是例外情形，模块16则为最后条款，涉及协定生效时间、修订、加入机制、退出机制等。

三、《数字经济伙伴关系协定》的重要意义

（一）促进全球疫情下的经济恢复

《全球数字经济新图景（2020年）》相关数据显示，2019年全球数字贸易平均

增速高于全球 GDP 增速 3.1 个百分点,在全球经济压力加大的情况下实现了"逆势增长"。新冠疫情的暴发使传统的货物贸易和服务贸易均遭到剧烈冲击,而数字贸易却爆发出极大潜能,新业态、新模式层出不穷,在一定程度上抑制了全球经济的衰退。从国际贸易学视角来看,经贸规则是维护全球经济效率、促使各参与国经济实现帕累托改进①的必要条件。因此,随着越来越多国家的加入,DEPA 的签订将对全球数字市场的规范性作出调整,并为市场的安全性提供制度保障。

(二)促进多边数字贸易发展

在国际数字贸易规则领域的竞争中,"美式模板""欧式模板"与"中式模板"三足鼎立、各成一体,这种规则"联盟化"的趋势使全球数字贸易分裂的局面渐趋形成。但是经济全球化和数字全球化是大势所趋,多边数字贸易规则终将形成。历史的经验表明,开放才是合作的基础。DEPA 最大的特点便是开放性,其模块化的加入方式在一定程度上打破了传统数字贸易大国的规则垄断,并吸引着其他国家加入。该协定的灵活性及缺乏报复性的措施为世界各国提供了一个积极开放的承诺,这将在一定程度上加速推动全球数字贸易规则的形成。从这个层面上讲,DEPA 未来或将为各国在数字贸易领域的合作提供坚实平台,并可能促进多边数字贸易规则的形成。

(三)促进多边数字贸易规则完善与落实

与其他规则相比,DEPA 的内容更全面,规定也更细致。因此 DEPA 的签订可以作为现阶段全球数字贸易规则的高标准样板,在短期内可以对其他经贸协定产生一定的示范和调整效应,影响其他经贸规则中有关数字贸易协定条款的制定,甚至落实。从国际经贸规则的发展史来看,全球经济的发展与该时代的经贸规则紧密联系,从第一次工业革命时期的友好通商协议,到《关税及贸易总协定》时期的多边投资规则,再到 WTO 时代的多边经贸规则,最后到 21 世纪的区域经贸协议,都遵循着这一规律。支持每个经贸时代发展的背后,是一大批符合该时代发展的贸易规则协议的涌现。因此 DEPA 协议的签订或将促使各经贸协议中数字贸易规则的加快完善和落实。

---

① 帕累托改进,指在没有任何人受到损害的前提下,使其至少对一个人有利。

(四)为数字治理提供新思路

当前，全球数字贸易规则的制定相较快速发展的数字贸易明显落后，包括数字鸿沟、数据伦理、网络安全等社会经济安全问题日益突出。作为全球第一份数字贸易协定，DEPA 在数字管理上的相关规定更为先进，包括建立以人为本的人工智能框架、在电子商务领域实行替代性争端解决机制、设定网络安全条款等。上述规则的设定不但兼顾了数字发展和数字安全的复杂性，而且缓解了日益严重的全球数字治理"碎片化"问题。因此从长远来看，DEPA 的签订不仅为全球数字治理难题提供了新思路，也可能对全球数字治理产生深远影响。

(五)对发展中国家提出机遇与挑战

DEPA、CPTPP、《美墨加三国协议》(USMCA)中数字条款的绝大部分内容符合发达国家的利益。例如，DEPA 允许跨境流动自由，这与"美式模板"的主张相同。发展中国家大多由于数字基础设施不完善，存在潜在的数据安全风险。此外，《全球数字经济新图景(2020 年)》显示，2019 年发展中国家和欠发达国家的互联网普及率在 30%~45%，而全球互联网的平均普及率达 54%，发达国家达到86.6%。因此 DEPA 协定的签订可能并不符合大部分发展中国家的数字经济国情，会进一步扩大发达国家与发展中国家，特别是欠发达国家之间的数字鸿沟。

第三节　《数字服务法案》

一、《数字服务法案》产生的背景

(一)《电子商务指令》落后时代需求

欧洲数字产业发展较早，早在 20 世纪 90 年代末，一些欧洲国家就针对网络服务提供者的民事责任问题颁布了相应法律，并表现出对网络服务进行规范与监管的意向。2000 年，为调整和统一各成员国在网络服务领域的立法与实践，欧盟理事会和欧洲议会颁布了《关于共同体内部市场的信息社会服务，尤其是电子商务的若干法律方面的第 2000/31/EC 号指令》。该指令试图通过确保成员国之间信息社会服务的自由流动来促进内部市场的正常运行，并协调统一成员国有关信息社会服务的国内法规，如内部市场、商业通信、电子合同、法院诉讼、成员国间的合作等相关规定。

然而，自该指令出台以来，欧洲经历了一系列科技变革，极大改变了公民的生活，然而欧盟关于大型在线平台托管用户内容时的平台责任立法并没有发生相应变化，没有予以更新和完善，相关立法停滞不前。欧洲急需一套适应当下数字经济发展的新规范与新法则。

（二）大型在线平台行为急需规范

随着欧洲地区的数字化发展，在技术主权与数字主权理念的引领下，欧盟的决策机构与立法机关日益关注关于数字服务的法律规则的系统设计，强调全面改革亚马逊、谷歌和苹果等数字领域巨头在欧盟运营的平台上的监管内容及方式，抑制垄断地位，从而实现维护消费者安全和各类在线平台公平竞争的总体要求。

在数字时代，消费者通过搜索引擎、购物网站及点评网站等获得在线销售的数字服务或者产品，而数字企业则通过搜集用户数据进行大数据精准运算，以增强客户黏性。用户成为大数据算法推送的被动接收者，而某一领域的巨头公司则依靠其形成的优势使其他企业难以与之竞争，从而形成垄断地位。

因此必须通过新一代立法加强单一的数字市场，修正和增加相应的数字服务责任规则，并确保中小企业能够享有一个较为健康公平的竞争环境。《数字服务法案》(DSA)作为欧洲对欧盟委员会、欧盟成员国和其他司法管辖区不断推动数字化进程的积极回应，涉及大型在线平台的相关竞争与责任问题，未来将会在宏观层面对欧洲乃至全球的社会经济生态产生重大影响。

综合以上原因，欧盟委员会于2020年12月公布了两项针对所有数字服务的立法提案——《数字市场法案》(DMA)与《数字服务法案》(DSA)提案，旨在为数字平台提供适用于整个欧盟的协调一致的规则，力求线上企业在欧洲能够像传统线下企业一样公平、自由竞争，同时展现了欧盟希望成为全球数字监管领导者的战略目标。

二、《数字服务法案》的框架结构与主要内容

（一）《数字服务法案》的框架结构

《数字服务法案》由四个部分内容组成：一是解释性备忘录；二是提案；三

是立法财务报表；四是术语表(见表8-2)。解释性备忘录主要阐述了制定该法案的必要性、合理性、科学性和可行性等。提案，即条款部分，包括五个章节，共74个条款，第一章提出了一般规定，第二章规定了中介服务提供商的责任豁免，第三章规定了透明、安全的在线环境的勤勉尽责义务，第四章规定了条例的实施和执行，第五章规定了最终条款。

表8-2　《数字服务法案》的主要组成部分

第一部分	解释性备忘录
第二部分	提案(共74条具体条款)
第三部分	立法财务报表
第四部分	术语表

(二)《数字服务法案》的主要内容

条款部分涉及五个章节，包括一般性条款，中介服务提供商的责任，维护透明且安全的在线环境勤勉尽责义务，实施、合作、制裁与执行，最终条款。

关于核心内容，法案着重强调了对大型网络平台的管理。根据欧盟最新公布的说明，欧盟有关数字市场法案一揽子监管指引将数字公司大致分为中介服务、托管服务、在线平台、超大在线平台四类，明确界定了数字公司的责任和义务，即数字公司规模越大、用户越多、提供的服务越多样，承担的责任和义务越多。尤其是超大在线平台，其要遵守的基本规制多达17项，包括设立投诉和补偿机制、治理平台滥用、允许用户标记网上非法内容、审核第三方供应商、提高广告透明度、报告刑事犯罪、依法向政府部门和研究人员分享数据、加入欧盟打击网络仇视性言论的行为准则、保障危机应对合作等。此外，欧盟将对服务欧盟人口超过10%的超大数字平台"量身定做"监管规则。具体来说，就是要求提高在线平台透明度，对平台推荐算法进行审核，防止滥用平台权利；研究人员可以访问部分平台公司关键数据，以了解在线风险的演变方式；相关政府执法部门可以要求社交媒体等数字平台删除暴力等危险性信息等。欧盟将成立欧洲数字服务委员会，协调成员国更好地对大型公司进行监管。

法案还规定，科技公司不能利用其竞争对手的数据来与其竞争，也不能在自己的平台上优先展示本公司的产品。如果科技公司拒绝遵守这些规定，它们将会承担公司利润10%的罚金。不仅如此，多次违规的公司还可能面临被逐出市场的风险。如果社交媒体平台无法按规定及时删除恐怖行动的政治宣传内容及其他违法帖子，公司将会承担多达其利润6%的罚金。未能履行准则的公司将面临高达其全球营业额6%的罚款。一旦签署准则，公司有六个月的时间落实相应措施。此外，签署方还必须采取行动，处理夹杂虚假信息的广告，并提升政治广告透明度。

三、《数字服务法案》的重要意义

(一)为欧盟超大平台的数字内容治理提供新框架

《数字服务法案》建立了欧盟内部针对不同类型服务(中介服务、托管服务、在线平台服务和超大在线平台服务)的分层责任框架，对规范超大在线平台、搜索引擎投送广告、内容推送及保护未成年人提出了更高要求，是以《电子商务指令》为基础进行的规制革新。欧盟官员强调《数字服务法案》展现了欧盟捍卫数字治理边界的决心，更在数字内容治理上取得了机制性突破。新法案主要体现了以下几个突出特征。

一是基于一系列基本规范与价值观，强化对定向广告投放和特定内容推送的限制。新法案禁止平台与搜索引擎关于儿童或基于宗教、性别、种族和政治观点等敏感数据的定向广告和内容推送，"黑暗模式"也将被明令禁止。"黑暗模式"也叫"欺骗模式"，是使用各种不正当、隐蔽的、带有诱导性，甚至误导性的技巧与手段，使消费者做出违背初始意图的选择并借此获利的行为。这一"擦边球"在全球范围内并不鲜见，国内消费者也不陌生，如商家在"退订"的回复文本或是"取消订阅"的按钮上耍花样、隐藏总体服务价格、佯装制造商品稀缺性或购买紧迫性等。欧盟认为这是以立法的形式来禁止非法内容的传播，并以实际措施进一步确保欧盟可以保护欧洲公民的基本权利。

二是重新理顺欧盟范围内的数字内容治理流程。《数字服务法案》一经生效便会直接在全欧盟成员国范围内适用，并着重强化在监督和执法过程中创新机制化建设，如建立"数字服务协调员"和"数字服务委员会"；超大型平台需要指定至少一个独立的"合规官"，使其与"数字服务协调员"合作并尽到监督与告知义务等。此外，与全球范围内对算法的监管潮流相匹配，欧盟法案对平台的推荐算法透明度提出了更高要求，不仅用户可以质疑平台的内容审核决定，特定的研究者还有机会获取平台的关键数据以开展在线内容风险的相关研究。

三是特别针对超大型平台"开刀"。欧盟在《数字服务法案》中格外注重对"超大在线平台"和"超大在线搜索引擎"施行严格要求。超大在线平台被定义为每月活跃用户超过 4500 万的平台，这个数字相当于欧盟总人口的 10%。欧盟立法者共同的观点认为对于超大型数字平台而言，"权力越大，责任越大"，这些特定的超大型平台在民众开展线上线下联结的公共活动时发挥着至关重要的作用，从经济与意识形态影响力的角度来看不容忽视，因此需要对其透明度、公共义务和其他责任提出更多的要求。

（二）增强欧盟数字治理信心

《数字服务法案》并不是孤立提出的，欧盟在针对数字平台巨头的监管道路上正协同加速，数字治理雄心正在逐一落地。欧盟官员、立法者和研究者在不同场合反复强调《数字服务法案》展现了欧盟强化数字治理能力的雄心，欧盟委员会主席冯德莱恩称欧盟必须做到"在线下违法的内容在线上也是违法的"，"我们向所有欧洲人、所有欧盟企业及国际同行们发出了一个强烈的信号"。

欧盟委员会于 2020 年 12 月推出的提案不仅有《数字服务法案》，还包括《数字市场法案》(DMA)，两者共同组成了欧盟数字治理新阶段的"数字治理法案包"，而《数字市场法案》已于 2022 年 3 月 22 日先一步达成了政治性协议。两个法案分别指向数字内容治理和数字平台反垄断两个不同的重点，旨在为欧盟重新定义数字治理框架，以保护欧洲市场与用户应对美国数字平台巨头带来的监管挑战，并希望能同时促进数字经济的创新。因此如果通盘考虑《数字服务法案》与欧盟此前数字治理规制的关系，《数字服务法案》更多的是进行有针对性的补充，在欧盟立法者看来即使有重叠或冲突之处，也不是整体规制方案持续前进的阻碍。

（三）强化欧美数字治理的"不对称监管"

在数字治理方面，目前欧盟对美国数字平台加强监管，而美国无法反击的态势越来越明显，《数字服务法案》标志着这一态势的强化。这一态势的形成有三个主要原因。一是美国数字产业无法割舍消费力强大的欧盟市场，二是美国境内缺少同体量的欧洲数字平台运营，三是美欧跨大西洋联盟关系对于美国处理层出不穷的全球地缘政治新危机至关重要。

自《通用数据保护条例》①实施以来，已有数次美国数字巨头在欧洲被罚巨款的案例。新的"数字治理法案包"将会使美国数字产业面临更多的监管压力。

美国数字产业针对欧盟的"不对称监管"展开一系列软性反击，如谷歌、Facebook 等数字巨头在欧盟各大城市频繁发布"指向性广告利于疫情后经济复苏""科技平台便利生活"等广告。此外，美国政界也不断施压，要求拜登政府反对欧洲针对美国的歧视性数字贸易政策。

欧美数字治理合作依然在寻求实质性突破。尽管美欧双方数字经贸体量庞大，但由于美国一直未达到欧盟的数字保护标准，欧盟对美国数字产业仍未形成信任，因而美欧数字治理合作依然在寻求实质性突破。

《数字服务法案》使欧盟数字治理规制架构进一步得到完善，欧盟对美国数字治理"不对称监管"下两大经济体的数字产业竞争进一步加强，这也使两者寻求共识。

本章小结

无论是《服务贸易总协定》，还是《数字经济伙伴关系协定》或《数字服务法案》，本身都是世界对如何治理新兴的数字服务贸易这一问题的回答。随着数字技术与数字服务贸易水平的不断提高，制定出一套相应的贸易规则是重中之重。这些规则是对数字内容治理的创新，将有效促进数字经济发展，促进数字贸易自由化，减少贸易壁垒，提高贸易透明度。通过规范与监管数字贸易市场，以有效减少恶性竞争与垄断等情况。此外，这些规则也将影响世界各国在数字服务贸易中的角逐。中国应积极参与多边数字贸易规则的制定、实施与维护，推动建立良好的数字服务贸易秩序，在信息时代的新潮流中把握发展机遇，应对挑战。

概念和术语

《服务贸易总协定》；《数字经济伙伴关系协定》；《数字服务法案》

复习思考题

1. 简述《服务贸易总协定》制定的背景。
2. 简述《数字经济伙伴关系协定》的重要意义。

---

① 《通用数据保护条例》（GDPR）为欧洲联盟的条例，前身是欧盟在 1995 年制定的《计算机数据保护法》。

3. 简述《数字服务法案》的重要意义。

4. 试从多角度比较《数字经济伙伴关系协定》与《数字服务法案》。

5. 查阅相关资料，追踪数字服务贸易谈判的最新进展。

美国联邦贸易委员会诉 Facebook

第九章

全球数字规则

1. 了解区域性数字规则发展状况。
2. 掌握重要的区域性数字规则内容。
3. 理解区域性数字规则的影响。
4. 了解全球数字规则发展状况。
5. 了解全球数字规则面临的挑战。

1. 通过学习区域性数字规则发展状况及重要的区域性数字规则内容，深化学习者对区域性数字规则和内容的了解，增强数字规则制定和实施的责任感和紧迫感。

2. 通过了解全球数字规则发展状况和面临的挑战，基于时代背景、国际视野认识我国数字规则的制定和实施，提升学习者数字素养。

案例引导

借力 RCEP 推动我国数字贸易发展

第一节　区域性数字规则

一、区域经济一体化中的数字服务贸易秩序

（一）北美自由贸易区：大国主导与南北合作

1994 年，北美自由贸易区在区域经济集团化进程中，由发达国家和发展中国家在美洲组成。2018 年，特朗普政府签署《美墨加三国协议》（USMCA），替代了实施多年的《北美自由贸易协议》，旨在促进美国、墨西哥、加拿大三国经济的协调增长。虽然贸易协定有所改变，但涉及的贸易主体与地区没有改变，因此本书依然采用"北美自由贸易区"这个提法。

北美自由贸易区贸易有两个显著特征，一是大国主导，二是南北合作，这在数字服务贸易领域也是如此。为维护数字经济和数字治理的领先优势，美国极力推动"美式模板"成为全球数字规则，使他国接受美国自由主义的数字治理方式，为此，美国主要采取以下几种手段：一是在世界贸易组织、国际服务贸易协定（TISA）等中抛出能够反映美国数字治理立场的"美国议案"。二是利用亚太经济合作组织（APEC）、经济合作与发展组织、七国集团首脑会议（G7）、二十国集团（G20）等国际合作机制阐明自己的数字治理主张。三是在双边自贸谈判中加入数字相关议题。四是推动与其他经济体在数字治理规则方面的对接，如美国与欧盟曾经开展的"安全港""隐私盾"合作、美国与英国达成的数据跨境获取协议、美国与澳大利亚在数据领域的执法互助协议等。五是通过区域协定加入数字相关规则，如在《跨太平洋伙伴关系协定》（TPP）、《跨大西洋贸易与投资伙伴协定》（TTIP）谈判中，美国就提出了较高标准的数字规则。美国在退出 TPP 后，相关数字规则基本被《全面与进步跨太平洋伙伴关系协定》（CPTPP）继承下来。美国与墨西哥、加拿大完成了北美自贸区升级谈判，并最终达成了《美墨加三国协议》。六是由美国企业推动相关国际规则。长期以来，美国一些大型数字企业，如微软、谷歌、亚马逊、Facebook、苹果等，都利用自己的技术优势和全球影响力，积极参与并不断推动数字治理的相关国际规则和标准的制定。拜登政府上台后，对全球数字规则高度关注，围绕美式数字规则向全球推广预计将成为其重要

的施政方向。拜登政府有可能在《美墨加三国协议》数字规则的基础上，在美英数据协议中创造更高标准的数字规则体系，并将其作为推广的重要范本。①

加拿大和墨西哥作为邻国，是美国重要的数字服务贸易对象。2016 年，美国向加拿大出口服务贸易总额的 52%，即 278 亿美元，为潜在信息通信技术品类（Potentially ICT -Enabled Categories，PICTE）服务。在美国对墨西哥服务出口方面，知识产权使用费为 37 亿美元，占 PICTE 服务出口的最大份额，为出口总量的 43%。2016 年，美国与加拿大、墨西哥的贸易种类为 ICT 服务和 PICTE 服务，均出现顺差。PICTE 服务在与加拿大的贸易顺差中占 58%，在与墨西哥的贸易顺差中占 53%。此外，与 2006 年相比，美国 2016 年出口到加拿大与墨西哥的 PICTE 服务增长了近一倍（见表 9-1）。②

表 9-1　　2016 年美国与加拿大、墨西哥的 ICT、PICTE 服务贸易

服务贸易额	加拿大			墨西哥		
	出口	进口	顺差	出口	进口	顺差
合计 （百万美元）	53957	29950	24007	32045	24569	7476

资料来源：美国经济分析局。

（二）欧盟：强调建立单一数字市场

作为世界上经济一体化程度最高的区域性自贸组织，欧盟在数字治理方面一直较为强调建设一个统一的市场，通过个人数据隐私保护、征收数字税等方式，形成抗衡美国数字进攻的制度壁垒，并意图通过建立单一市场做大欧盟数字市场规模，提升欧盟数字经济发展水平。通过一系列数字经济发展战略，欧盟力图与中美争夺全球市场份额、"技术主权"和国际规则制定权，力争成为除中美外的全球"数字化第三极"，甚至成为全球数字经济和数字治理的领导者。

为占据数字经济发展优势地位，欧盟出台了《通用数据保护条例》（GDPR）。不同于美式数字治理的市场自由优先，欧盟数字治理强调人权保护优先。欧盟总体上也认同跨境数据流动、数字服务市场开放等议题，但在规则制定中会将个人隐

---

① 张茉楠. 全球数字治理：分歧、挑战及中国对策[J]. 开放导报，2021（6）：31-37.

② U. S. Department of Commerce Economics and Statistics Administration Office of the Chief Economist. Digital Trade in North America[R]. 2018-01.

私权保护置于优先地位。2016年欧盟通过的《通用数据保护条例》于2018年5月正式生效，被认为是最严格的个人数据隐私保护条例。欧盟奉行个人隐私保护优先，其主导的GDPR主要采取"国家认证"方式，即其他国家只有达到欧盟认证的隐私保护标准，方能允许其使用欧盟数据并放松数据跨境流动的限制。因此《通用数据保护条例》事实上扮演了基于个人隐私保护的贸易壁垒角色。

此外，欧盟注重推进数字单一市场建设。欧盟为提升与中美等在数字经济领域的竞争能力，积极推进数字单一市场建设。单一数字市场以数字商品和服务的准入、安全网络环境和数字经济增长为三大支柱，致力于打破欧盟各成员国间的"数字制度围墙"，破除限制数字商品和服务自由流动的制度障碍，打破行政和法律壁垒，推动数据在欧盟内部自由流通，推进欧盟大市场的整合，促进欧盟数字经济的发展。同时利用自身的市场规模优势，培育具有竞争力的欧洲数字巨头企业。

另外，欧盟提议征收数字服务税。欧委会于2018年3月率先提出"数字税"草案。2019年3月，由于各方分歧较大，欧盟不得不宣布暂停在欧盟范围内推行数字税，但这一提议产生了深远的国际影响，实质推动了国际税制改革进程。在欧盟数字税难产的情况下，法国出台了数字税征收方案，引发了美国的强烈反对。未来欧美在该领域的分歧和冲突可能会长期持续，并可能引发数字经济国际税收规则的重构。

(三)亚太贸易区①：注重践行数字多边主义

近年来，广大亚太国家为防止欧美国家对数字贸易秩序进行主导，实现自身独立发展，同样在制定数字贸易规则上进行了积极探索。《全面与进步跨太平洋伙伴关系协定》(CPTPP)、《区域全面经济伙伴关系协定》(RCEP)、《数字经济伙伴关系协定》(DEPA)等多边贸易协议都纳入了数字经济治理的内容。相较于北美自由贸易区与欧洲联盟，亚太地区的数字贸易协定，如DEPA，更加具有开放性，并且内容更加细化，监管范围更广，受益国更多，法规透明度更高。值得一提的是，RCEP已成为继北美自贸区与欧盟之后全球主要的自由贸易区，包括15个成员国：中国，韩国，日本，东盟十国(缅甸、老挝、泰国、柬埔寨、越南、菲律宾、马来西亚、新加坡、文莱、印度尼西亚)，以及大洋洲的澳大利亚和新西兰。RCEP覆盖全球近23亿人口，是目前全球最大的自由贸易区。

---

① 此处"亚太地区"指狭义上的西太平洋地区，主要包括东亚的中国(包括港澳台地区)、日本、俄罗斯远东地区和东南亚的东盟国家，有时还延伸到大洋洲的澳大利亚和新西兰等国。

然而，亚太地区国家众多，其中包含发达国家、新兴经济体及工业欠发达国家，各国数字经济发展程度具有显著差异，这使得该地区就数字经济治理达成一致的难度较大。事实上，新兴经济体及发展中国家在数字安全保障能力、数字经济发展能力、数字规则制定能力等方面，普遍与发达国家存在较大差距。出于保护本国市场、维护数字安全的考虑，这些国家在国际数字治理方面整体呈现出保护主义、保守主义倾向。亚太国家在消除数字鸿沟方面任重道远。

二、区域性数字规则的制定及实施

由于缺少全球通用的数字治理规则，许多国家转而在《区域贸易协定》（RTA）中制定特定范围内的数字条款。根据 WTO 统计数据，在 2000 年至 2019 年全球范围内签署实施的 303 个协定中，有 171 个协定包括数字条款，这表明跨境数据流动为各国数字治理提出了挑战，数字规则已经越来越受到各国重视。

（一）美国主导下的区域性数字规则

由于 WTO 的框架协议越发不能满足全球数字贸易飞速发展带来的规则需求，以美国为首的发达经济体主导制定了 TPP、TTIP、TISA 三个超大型自由贸易协定。

TPP 前身是《跨太平洋战略经济伙伴关系协定》，是由新西兰、新加坡、智利和文莱四国发起的一组多边关系的自由贸易协定，旨在促进亚太地区的贸易自由化。然而自 2009 年 11 月开始，美国正式提出扩大跨太平洋伙伴关系计划，开始推行自己的贸易议题，并全方位主导 TPP 谈判。TPP 的数字贸易规则主要对电子商务进行规定，核心是追求自由开放的数字产品和服务贸易，有利于维护美国在内容服务、搜索引擎和社交网站等领域的优势。2017 年，美国退出 TPP，于 2018 年签署了《美墨加三国协议》，对规则进一步改进，将电子商务章节改为数字贸易章节。2019 年 11 月，《美日数字贸易协定》在 USMCA 基础上完善了相关定义，强化了知识产权保护力度，增加了多项例外规定，规定了数字贸易税收问题、金融服务提供商的金融服务计算设施的位置、使用密码技术的信息和通信技术产品等条文。《美日数字贸易协定》符合《美墨加三国协议》制定的数字贸易规则的一般标准，也将扩大美国在数字贸易领域的领先优势。

TTIP 于 2013 年启动，属于欧美双边自由贸易协定，对欧美经济乃至全球贸易格局均产生重要影响。目前,双方已对数字贸易部分条款达成共识,集中于电子认证服务、消费者隐私保护等方面,并未涉及数字本地化和跨境数据流动。对于 TISA,数字贸易规则是其框架下的重要议题,从 2012 年初启动早期协商到目前为止已进行了多轮谈判和协商,其主旨便是创设跨境数据、电子商务等新兴领域的管制规则,从而带动数字贸易和跨境贸易的发展。跨境数据流动、个人信息保护、数据储存本地化、互联网平台责任等提案是其中的焦点议题,而其关于数字贸易的成果也主要集中于电子商务领域,与 TPP 基本相同。

(二)欧盟主要区域性数字规则

1995 年,欧盟委员会发布数据保护指令,要求所有欧盟成员国实施自己的数据保护立法,以确保其公民的个人数据得到适当保护,并确保公民获得特定权利,以便了解第三方所持有的数据,能够在适当的时候纠正或删除数据。后来随着信息科技的快速发展,新的数字保护法律亟待制定。欧盟因此提出了《通用数据保护条例》。与之前允许欧盟成员国以自己的方式实施规则的数据保护指令不同,《通用数据保护条例》作为单一欧盟范围的法规,于 2018 年 5 月开始生效。该条例的主要目标之一是扩展欧洲现有的数据保护制度,以确保所有欧盟公民享有相同的保护水平,无论其数据是由欧盟企业还是非欧盟企业处理。委员会表示,要确保所有公民在个人数据日益成为未来数字经济关键的时代拥有一套标准的"数字权利"。

2020 年 12 月,基于 2000 年通过的电子商务指令中关于欧盟市场数字服务的主要法律框架,欧盟委员会推出《数字服务法案》(DSA)和《数字市场法案》(DMA),对打破互联网科技巨头垄断、促进欧洲数字创新及经济发展等深层问题作出了回应。其中《数字服务法案》侧重于加强数字平台在打击非法内容和假新闻及其传播方面的责任;《数字市场法案》则是反托拉斯法在数字领域的拓展和体现。两部法案的共同目标是建立更加开放、公平、自由竞争的欧洲数字市场,促进欧洲数字产业的创新、增长和竞争,为消费者提供更加安全、透明和值得信赖的在线服务。两部法案以尊重人权、自由、民主、平等和法治等欧洲基本价值观为基础,以"权力越大、责任越大"和"线下禁止的,线上也应禁止"为原则,在赋予监管机构职权、规制数字服务企业方面迈出了大胆步伐,建立了明确的事前义务、监管措施、实施措施和威慑制裁等创新举措,强化了对在线平台(尤其是大型在线平台)的规制。

(三)亚太贸易区区域性数字规则

2017 年 11 月,亚太国家在 TPP 基础上成立 CPTPP。作为迄今为止全球范围内最高标准的自贸协定,CPTPP 侧重于提高数字贸易规则水平,其数字贸易规则框架既延续了电子传输免关税、个人信息保护、线上消费者保护等传统电子商务议题,又创新性地引入了跨境数据流动、计算设施本地化、源代码保护等较具争议性的议题,还为多项条款预留了回旋的空间,如设置例外条款等。

2020 年 11 月,包括东盟十国、中国、日本和澳大利亚等 15 个主要国家和地区签署了《区域全面经济伙伴关系协定》(RCEP)。RCEP 主要在电子商务的框架下规定了数据跨境流动的内容,明确要求各成员方不能将设施本地化作为在其领土内开展业务的条件,也不能阻止为实现业务需要而开展的数据跨境流动活动。同时也规定了例外条款,明确各成员方在以下情况下可以规定设施本地化或限制数据跨境流动:一种是为了实现合法的公共利益所必需,且要求是合理的、非歧视的、不会变相限制贸易;另一种是保护基本安全利益所必需,且不会在其他各方之间产生异议。RECP 对于数据跨境流动规定的内容虽然不多,但同时兼顾了国家安全和产业发展的双重目标,最大限度地考虑了不同国家之间的现实需要,有利于促使各方在数据跨境流动方面达成更加深入和广泛的合作,推动成员国个体和亚洲整体区域数字经济的发展。

2020 年 6 月,新加坡、智利、新西兰三国于线上签署《数字经济伙伴关系协定》(DEPA),旨在加强三国间的数字贸易合作并建立相关规范。我国于 2021 年申请加入。DEPA 有 16 个模块,包括初步规定和一般定义、商业和贸易便利化、数字产品及相关问题的处理、数据问题、广泛的信任环境、商业和消费者信任、数字身份、新兴趋势和技术等。DEPA 允许加入协定的国家或地区根据自身情况只加入其中的特定模块并履行该模块要求的义务。这种非整体约束性承诺有利于更多国家或地区以符合自己数字经济发展水平的方式加入数字经济多边合作,在关键领域达成共识、开放的标准和通用规范,以充分发挥其在发展数字经济、促进科技创新性和可持续发展方面的作用。DEPA 以相对灵活的制度参与安排为数字时代如何形成和执行国际性数字规则提供了很好的借鉴,有利于不同数字经济发展程度的国家和地区相互理解、互相尊重,共同推进国际数字制度的完善。

三、区域性数字规则的影响

(一)推动区域内数字贸易发展

区域性数字规则有效推动了区域内服务贸易的发展。区域性数字规则对发达经济体与发达经济体间的服务贸易，以及发达经济体与发展中经济体间的服务贸易，均存在正面影响，并且对后者的正面影响尤其显著。有研究证明，两国之间的数字基础设施差距越大，越有利于两国数字贸易活动的开展，因此区域内各国之间应加强沟通和交流，了解彼此的观点和诉求。区域内的贸易组织应当努力维护数字贸易规则的公平公正，平衡各国的利益诉求，促进区域内各经济体协调发展。各国应保证区域贸易协定在数字贸易规则体系构建中的"垫脚石"地位，避免其成为发展的"绊脚石"，让区域贸易一体化成为全球数字贸易发展的推动力量。

(二)推动区域内传统服务贸易发展

区域性数字规则的出台促进了知识密集型服务业的发展。例如，金融服务、电信计算机和信息服务、文化与娱乐服务等，本身与网络信息技术和数字知识产权等联系密切，数字条款中有利于互联网、大数据分析、人工智能等技术发展的部分，以及有关数字知识产权的部分，对知识密集型服务业的发展起到了推动作用。同时，在数字时代背景下，传统的服务部门也逐渐数字化，如旅游部门的线上购票、住宿等，都会一定程度上受到数字条款的影响。已有研究表明，数字规则的设立对运输、旅游和对他人拥有的有形投入进行的制造服务等非知识密集型部门也存在促进其发展的作用。此外，区域贸易协定类型对 ICT 产品的影响效应存在异质性。在对 RTA 分类的异质性研究中，我国学者发现属于货物贸易的RTA 中的规制效应比属于服务贸易的 RTA 中的规制效应更为明显。

(三)形成数字服务贸易壁垒

数字规则一方面规范和促进着服务贸易的发展，另一方面也建立起新的服务贸易壁垒。例如，数据流动条款和数字知识产权条款对服务贸易存在着抑制作用。研究表明，数据流动条款对服务贸易的作用显著为负，其原因在于电子商务章节外的数据流动条款数量较少，且其中含有"数据存储本地化"等不利于数据流动的限制性条款，因此在一定程度上抑制了服务贸易的往来。数字知识产权条款对服务贸易同样存在负面影响，原因在于数字知识产权条款侧重于知识产权保护和信息权限管理等，通过进口替代效应和技术垄断形成市场势力，从而导致贸易规模的减少。[①]总之，数字贸易在某种程度上仍然符合传统贸易的基本特征，限制性的条款、关税和物价等对其仍存在着负向影响。但是数字服务贸易壁垒在一定程度上也保护着各国内部的数字经济发展。

(四) 推动全球单一数字规则建立

区域性数字规则有利于促进全球建立一个统一的数字贸易规则。一方面，对比双边和多成员 RTA 中数字条款对服务贸易的影响程度，数字条款在多成员 RTA 中作用更为明显。这是由于多个原产地规则带来了高适用成本，而多成员区域性贸易协定扩大了原产地规则的范围，降低了企业适应"碎片化"产地规则的成本，从而比双边的自由贸易协定更大程度地增加了成员之间的贸易。因此为了不断减少这种适应规则的成本以促进贸易，区域性数字规则适用范围或将不断扩大，直至形成全球统一的规范体系。

区域性数字规则还为全球多边数字规则的制定、实施与完善积累着经验，为多边数字服务贸易提供补充。在区域贸易协定发展的进程中，由区域贸易协定制定出高标准贸易规则，再慢慢演变成多边规则。区域性数字规则探索着全球数字经贸发展的方向，推动区域数字贸易一体化，对全球数字贸易发展产生积极影响。

第二节　区域性数字规则与多边规则的关系

一、区域性数字规则与多边规则的联系

(一) 区域性数字贸易规则对多边贸易体制的积极影响

区域性数字贸易规则对多边贸易体制具有积极影响。

首先，区域性数字贸易规则同样以自由化为目标，在一定程度上对多边贸易

[①] 进口替代效应，指投资国的跨国公司将其生产基地转移到东道国后，东道国当地企业通过技术扩散或模仿开始生产同种产品，从而减少该产品的进口。

体制发挥补充作用。①数字服务贸易的区域一体化，在区域经济集团内部产生了"贸易创造"效应。所谓"贸易创造"，即在区域经济一体化组织内部降低关税壁垒后，生产效率低、成本高的国内生产不再被保护，而是从伙伴国以低价进口取代高价的国内生产，提高消费者福利水平。虽然区域性规则对外实行相对严格的贸易保护主义，但也不失为贸易自由化的一种"次优"选择。

其次，区域性数字服务贸易规则可以实现将已取得的区域内服务贸易自由安排制度化，抵制区域内某些成员国内部利益集团的贸易保护主义。随着数字服务贸易多元化、国际化的趋势加强，数字服务贸易对世界各国经济的重要性日益提高，国际服务贸易市场上各国的竞争加剧，贸易保护主义盛行。国际服务贸易规则大量存在于各国国内法层面，对国际服务贸易提供者及其所提供的服务具有最直接、最广泛的影响。国内立法者的贸易政策取向较易受相关利益集团之影响，其摇摆不定阻碍了国际服务贸易自由化的发展。区域性服务贸易规则在一定程度上可将各成员国间已采取的服务贸易自由化措施锁定，借国际条约之力量抵制某些成员国内部利益集团的贸易保护主义，防止各国立场的倒退，并以此为基础进一步推进多边服务贸易自由化。

另外，区域性数字服务贸易自由化规则的制定及实施，为多边数字服务贸易规则起到"实验田"的作用。在全球，欧盟、北美自由贸易区等地区的区域性经济一体化组织已对数字服务贸易自由化进行了一些规定。这进一步加深了人们对数字贸易自由化的认识，有助于消除人们的疑虑，为多边数字贸易规则的达成和实施建立了一定的思想认识基础。

(二)区域性数字贸易规则对多边贸易体制的消极影响

区域主义为实现本地区的贸易利益最大化，对区域外成员多采取贸易保护主义，对多边贸易体制造成一定的消极影响。区域经济一体化作为贸易自由化的次优选择，无法实现资源的最优配置，在信息化背景下的服务贸易领域尤为突出。区域经济一体化由于对非成员国实行贸易保护主义，其带来的"贸易创造"效应在一定程度上被"贸易转移"效应所抵消。所谓"贸易转移"是指由于区域性集团内部取消贸易壁垒，对外实行贸易保护主义，会使原来从区域外国家进口的服务转为从区域内成员国进口，产生了贸易转移。这就无法实现资源的最优配置，给世界经济造成了一定的损失。

①　范黎红.区域性服务贸易规则与多边规则之关系[J].国际贸易问题，2002(10)：55-59.

区域性数字服务贸易自由化将拉大发展中国家与发达国家在世界服务贸易格局中的差距，加剧世界数字规则博弈。美国与欧盟作为世界上两大主要的经济力量，均以区域经济一体化为其加强对世界市场争夺的重要工具，在不断相互较劲区域经济一体化进程的广度和深度，通过区域性数字规则极力维护在数字贸易中的竞争优势与利益。由此，数字治理博弈便逐渐成为大国博弈的一种工具和手段。例如，美国利用数字技术的不对称优势对我国进行威胁，远远超出了经济的范畴，使数字治理成为美国全方位打压我国的手段之一。美国的数字治理还与意识形态捆绑在一起，要求他国市场开放、允许美国数字服务企业，特别是数字社交媒体企业无障碍进入他国市场。这些超出经济层面的政治和意识形态因素的存在，导致全球数字治理愈加复杂化，数字领域的大国竞争和博弈也更加激烈。

因此，区域性数字规则对多边贸易体制可谓利弊兼具。无论是目前还是将来，世界经济中的集团化和全球化并不是两种完全对立的趋势，而是两种并存趋势，共同发展。区域性数字服务贸易规则作为国际贸易法的重要组成部分，是多边数字服务贸易规则必要和有益的补充，但不能取代多边数字服务贸易规则。处理两者关系的正确途径是：区域全球化而非全球区域化。如何约束区域数字服务贸易一体化，消除其负面效应，使其成为多边贸易体制的有益补充，是世贸组织面临的一大难题。

二、区域性数字规则状况

(一)北美《美墨加三国协议》(USMCA)

《美墨加三国协议》(USMCA)是美国退出《跨太平洋战略经济伙伴关系协定》(TPSEP)与《北美自由贸易协议》(NAFTA)后新制定的贸易协议。它在绝大部分继承 TPP 的基础上对议题有所调整，将某些新议题纳入谈判框架，对某些议题进行了扩充，对某些议题进行了删减。比如，在数字贸易议题上，NAFTA 没有涉及，TPP 设置了电子商务专章，USMCA 则演进为数字贸易专章，并进一步扩大了议题涵盖范围，提高了已有议题的标准。关于标准的提高，USMCA 规定在数字贸易中，缔约方应设立与数字贸易相关的国内法律框架，即对成员国的要求从边境规则扩展到边境后规则。另外，USMCA 要求进一步推动跨境数据流动和政府数据开放，并进一步降低跨境电子商务非关税壁垒，删除了 TPP 中计算机设施本地化中的例外条款，还将源代码条款中的规制范围从源代码扩展到算法。

与 NAFTA、TPP 相比，USMCA 进一步提升了国际贸易规则水平，实现了数字贸易领域的实体性规则与程序性规则的深度融合，意在强化区域价值链，体现"单边主义"倾向，体现"美国优先"理念，淡化发展议题，具有"规锁"中国的意图。[①]

从 NAFTA 到 USMCA，美国关于知识产权保护的标准越来越严格，并出现了禁止强制技术转移条款、商业秘密保护条款等抑制技术传播的条款。服务业的兴起带来了服务贸易的蓬勃发展，以及与此相关的服务贸易自由化条款的完善。为了进一步推动服务贸易自由化，USMCA 不仅提高了缔约方服务贸易自由化的承诺水平，也将服务承诺与成员方的落地政策相绑定。与此同时，USMCA 更加关注美国关键制造业的回归。因为随着全球价值链分工的持续，美国制造业开始出现空心化，在失业压力和安全考虑下，美国政府开始注重制造业的回流，并通过提高 USMCA 中原产地标准等条款的要求促进就业岗位从墨西哥回流到美国。

（二）欧盟《数字服务法案》（DSA）与《数字市场法案》（DMA）

2010 年，欧盟发布《欧洲数字议程》，分析了影响其信息技术发展的障碍，如数字市场壁垒、网络犯罪与风险、缺少投资、研发与创新不够、社会缺少数字技术知识普及等。文件提出要打造一个单一数字市场，增强网络信任与安全。2015 年，欧盟在《欧洲数字化单一市场战略》中进一步提出要打破数字市场壁垒，构建欧洲数字化单一市场。2017 年通过的《数字贸易战略》明确表示反对数字贸易保护，禁止强制要求数据本地化，强调对个人信息和公民隐私的保护。

2016 年，欧盟出台《通用数据保护条例》，矛头直指行业内的科技巨头，强化了对在线平台，尤其是大型在线平台的规制，建立了明确的事前义务，建立起了大公司垄断行为的预防制度。2020 年，欧盟发布了两份关于规范数字经济的草案，即《数字服务法案》（DSA）和《数字市场法案》（DMA）。DSA 规定了在线平台和其他在线中介机构的明确尽职调查义务。DSA 在内容删除及投放广告方面为在线平台提供了更高的透明度要求，还确保欧盟层面的快速干预通过数字服务协调员和欧洲数字服务委员会解决整个欧盟的问题，是建立真正欧洲互联网服务治理体系的基础性提案。DMA 防止大型数字平台对企业和消费者施加不公平的条

---

① 白洁，苏庆义.《美墨加协定》：特征、影响及中国应对［J］. 国际经济评论，2020（6）：123-138，7.

件，并确保重要数字服务的开放性。DMA 旨在实现事前预防与事后纠正并举，并在用于事前预防的义务规则上有诸多创举。根据欧盟此前发布的内部评估报告，众多数字平台巨头有设置不公平合约条款、收取过多佣金等行为，有违公平准则。对此，法案设置了一系列严格的监管规则。两份法案打破了美国互联网经济巨头的垄断，有利于促进欧洲数字技术创新，维护欧洲数字市场秩序和捍卫数字经济领域下欧洲公民的基本权利等。

由此可见，欧盟的数字规则前期强调建立单一的数字市场，减少贸易壁垒，并对用户信息进行保护；后期强调对互联网巨头的限制，注重打击数字市场中的垄断和违规现象。另外，欧盟在数字税立法上表现积极，但因部分国家反对被迫搁置。

(三)《东盟数字一体化框架》(DIF)

2018 年，东盟批准了《东盟数字一体化框架》(DIF)，成为东盟数字经济领域的综合指导性文件。为全面落实 DIF，东盟又于 2019 年制定了《〈东盟数字一体化框架〉行动计划 2019—2025》(DIFAP)。DIF 确定了六个中期优先领域，以推动实现东盟地区的数字互联互通。六大领域包括：促进无缝贸易、保护数据、实现无缝衔接的数字支付、拓展数字人才、培养创业精神、协调行动。东盟指定东盟电子商务协调委员会作为 DIF 的协调机构，由其他东盟机构予以支持。DIFAP 则明确了具体工作安排。

DIFAP 按照 DIF 确定的六大重点领域，确定了几十项具体倡议和行动及各自的预期成果、完成时间和实施机构。其内容丰富、聚焦数字前沿问题，既包括制定政策指南文件，也包括建成东盟区域内统一的制度安排和平台，还包括能力建设、技术援助和研讨会等务实项目。比如，"保护数据并支持数字贸易与创新"项目具体包括促进各国国内数据保护政策一致化，制定《东盟数据分类框架》《东盟跨境数据流动机制》，举办东盟数字创新论坛、东盟数据保护和隐私论坛(待完成)，制定《东盟数字数据治理框架》(已完成)，识别个人数据保护的最佳实践(已完成)，建立东盟各国网络安全主管机构之间的协调机制和信息分享平台(待完成)等。

然而，东盟成员国之间存在发展差距和数字鸿沟。一些成员国，如柬、老、缅、越，在获取资源和技术支持方面存在困难，也十分需要借鉴外部国家的先进经验。因此，DIFAP 的实施需要实质性的、多样化的资源。东盟利用外部合作伙伴国、利益相关者和私营部门提供的这些资源开展项目合作，很多倡议和行动都已得到中、美、日、澳、欧等外部发展伙伴国及私营部门的资金、技术和智力支持。

(四)APEC《跨境隐私规则》(CBPR)

APEC 于 1989 年成立，旨在促进亚太地区经济的发展和繁荣。2007 年，APEC 建立了数据隐私探路者，目标是促进亚太地区的数据跨境流动。2011 年，在数据隐私探路者的努力下，《跨境隐私规则》(CBPR)体系建立。此外，还建立跨境隐私执法安排(CPEA)，以支持建立整体的数据跨境机制。

APEC 的数据跨境规则方案主要体现在隐私框架的第五部分关于"国际实施"的内容中，方案包括五个方面：经济体之间对数据跨境相关信息的共享；数据跨境调查和执法活动的国际合作；建立数据跨境隐私机制；对限制数据跨境传输的规定；不同隐私保护框架的兼容性倡议。此方案在促进 APEC 经济体之间的数据跨境合作的同时，将制度设计重点集中于对数据传输主体(如数据控制者)隐私保护情况的认证，而非对相关经济体数据保护能力和机制的宏观评价。这将方便有数据跨境需求的企业更容易满足合规需求，在保障安全的情况下促进数据跨境自由流动。根据该方案，APEC 隐私框架鼓励成员经济体之间互相共享信息，鼓励加强成员经济体之间的隐私安排和国际隐私安排的互操作性，因此可以在个人隐私得到充分保障并减少个人信息处理者和控制者合规义务的背景下，促进个人信息的跨境流动。隐私框架应当在现有国际和国内制度的基础上，扩大双边和多边的隐私保护和数据流动合作，注重数据跨境制度在调查和执法层面的合作。

此外，APEC 在隐私框架下希望建立保持个人信息跨境流动和隐私安全平衡的机制，CBPR 是这一目标下的重要制度。在 CBPR 体系下，APEC 于 2015 年建立了数据处理者隐私识别(PRP)体系，帮助个人信息处理者证明他们有能力有效履行个人信息控制人在处理个人信息方面的义务。隐私框架还要求成员经济体在其他数据跨境目标经济体已通过立法或监管工具落实隐私框架并具备充分的隐私保障措施时，减少对数据跨境的限制性规定。

(五)《区域全面经济伙伴关系协定》(RCEP)

《区域全面经济伙伴关系协定》(RCEP)是由中国、日本、韩国、澳大利亚、新西兰和东盟十国共 15 方成员制定的协定。RCEP 为全球数字规则的构建贡献了亚太智慧，体现了较高标准、多边化、包容性的贸易理念。RCEP 的电子商务章节纳入计算设施的位置、通过电子手段跨境传输信息、网络安全这些议题，同时鼓励缔约方就数字产品待遇、源代码、金融服务中的跨境数据流动和计算设施的位置等当前逐步显现的问题展开对话，议题覆盖广度和探索深度均有大幅拓展，体现了较高标准的数字规则理念。在国内监管规则方面，RCEP 要求缔约方在考虑《联合国国际贸易法委员会电子商务示范法》《联合国国际合同使用电子通信公约》，或其他适用于电子商务的国际公约和示范法的基础上，采取或维持监管电子交易的法律框架。在无纸化贸易方面，RCEP 要求缔约方考虑包括世界海关组织在内的国际组织商定的方法，实施无纸化贸易，为 RCEP 电子商务规则和多边数字规则的对接奠定基础。在能力建设援助和支持方面，RCEP 给予柬埔寨、老挝、缅甸、越南、文莱等国 3~8 年的过渡期，同时要求缔约方针对性展开合作，通过能力建设援助和技术培训完善缔约方电子商务法律框架，分享信息、经验和最佳实践，帮助中小企业克服使用电子商务的潜在障碍，这是亚太数字规则包容性的重要体现。

总体来说，RCEP 为发展中国家提供了数据跨境流动合作更广阔的前景，是亚洲多双边合作的进一步拓展和深化，有利于打破由美欧主导的数据跨境流动局势，是向构建数据跨境流动体系迈出的重要一步。

三、区域性数字规则趋势

数字经济本身经历了迅猛生长、汇流成海的发展历程，数字经济的国际治理也呈现出多方探索、百舸争流的整体态势。基于对目前数字经济国际治理方式的梳理和研究，总结出区域性数字规则演进具有以下主要特点。

(一)数量与内容不断丰富

2001 年，美国和约旦签署的第一个包含数字贸易规则的区域贸易协定，正式拉开了在 RTA 中对数字贸易进行规制的序幕。从 2001 年首次包含电子商务条款的 RTA(美国—约旦)，到 2003 年首次出现电子商务章节的 RTA(新加坡—澳大利亚)，再到 2007 年首次出现包含跨境数据流动条款的 RTA(美国—韩国)，在 RTA 中进行的数字贸易规制在不断进步和完善。由于纷繁复杂的国际形势，世界经济也在不断受到冲击，各国都开始重视数字贸易条款的研究。各国在区域贸易协定中加入电子商务条款或者章节的次数增加，从电子商务方面对数字贸易进行规制的速度加快。未来数字贸易协定数量将持续增长，涉及的议题范围和深度不断拓展，对成员提出更高的制度性开放要求。

此外，从区域贸易协定的统计数据来看，数字贸易规则保持逐年上升，规则的广度和深度均呈快速增长态势。截至 2021 年 4 月，全球包含电子商务章节的区域或双边自贸协定有 109 个，涉及世贸组织 2/3 的成员。近年来，区域及双边数字贸易协定谈判除包含无纸贸易、电子认证、电子签名、取消关税、消费者保护等普通条款外，跨境数据流动、本地化和源代码等数据相关议题也逐渐增多，且越来越多地向边境后措施延伸，如个人信息保护、国内监管框架、政务数据公开等。在市场开放上也力争突破成员国在 GATS 中做出的承诺，如电子传输永久免关税等。总体上，全球数字贸易协定致力于减少数字贸易壁垒，创造有利于数字贸易的便利环境，带动全球数字经济增长与发展。

（二）持续构建多极化数字贸易秩序

国家间的数据流动成为推动贸易与经济发展的重要动力，跨境数据流动治理也成为全球数据管理的重要议题。囿于各国数字化发展水平、利益立场等存在较大差异，短期内联合国或 WTO 多边机制很难形成各方接受的单一数据流动规则。

首先，美国在数字贸易协定谈判中，始终强调数据跨境流动自由，意图维护其全球数字贸易的领先地位，主导未来的数字贸易规则，逐步将数字贸易"美式模板"推向多边化。2018 年，日本等 11 国签署了《全面与进步跨太平洋伙伴关系协定》（CPTPP）。美国另起炉灶通过促成区域数字贸易谈判，增加其在多边谈判中的筹码。2019 年，美国与墨西哥、加拿大就更新北美自贸协定达成共识，签署了《美墨加三国协议》，延续并超越了 TPP 数字贸易规则，深化了区域经济一体化水平。同年，美国与日本签署了专门的数字贸易协定《美日数字贸易协定》（UJDTA），将"美式模板"推向更高水平。美国、日本和加拿大等发达国家之间对数字贸易规则的共识，后续可能对 WTO 多边数字贸易规则谈判产生重要影响。

其次，新加坡、智利等中小国家在基本承袭"美式模板"基础上，延伸了规则范围和内容深度，这是中小国家在全球数字贸易规则领域的新实践，对大国主导的数字贸易格局发起了挑战。2020 年 6 月，由新加坡、智利和新西兰发起的《数字经济伙伴关系协定》（DEPA）正式签署，DEPA 涵盖电子商务、数字传输、数字产品等十余个板块，同时包含人工智能伦理和金融科技等新兴领域，在借鉴 CPTPP 协议的同时对相关内容进行了进一步细化升级。同年 8 月，新加坡和澳大利亚签署了双边《数字经济协定》（SADEA），此协定是基于 CPTPP 及新澳自由贸易协定的更新。

再次，发展中国家在数字贸易规则制定上赋予了成员国更多自主权和豁免条件，开放程度不及"美式模板"，意图保护国家数字主权，缩小与发达国家的数字鸿沟。2020年，东盟十国、中、日、韩等国家签署《区域全面经济伙伴关系协定》，在CPTPP基础上增加了一些条款的条件限定，加强了对国家数字主权的保护，削减了部分条款内容和效度。例如，电子商务章节包含了诸如"合法公共政策目标"和"基本安全利益"等义务豁免条件，在不影响规则本身通过的情况下为各国保留了决策空间。

最后，欧盟陆续在双边协定中增加数字贸易相关条款，但对区域外国家坚持严格的数据流动隐私保护原则，相关协定的框架和内容与国际主流数字贸易协定仍存在一定差距，影响力仅限于其协定签署国。欧盟早在2016年就出台了《通用数据保护条例》，强调严格的数据监管和隐私保护。2018年，陆续与新加坡、墨西哥、日本等国签订自由贸易协定，包含免征数字关税、数字贸易便利化、信息保护相关条款。从总体来看，欧盟数字贸易规则整体呈现"对区域内国家协同开放，对区域外国家监管严格"的特点，在全球数字贸易多边谈判中发声较少。总之，世界各方都在积极参与区域性数字规则制定与实施，在短期内将促进国际数字贸易秩序进一步向多极化发展。

（三）全球数字贸易联盟化趋势加速

虽然目前从短期来看，各国核心利益诉求难以达成一致，小范围诸边协定将发挥重要作用，但从长期来看，全球数字贸易联盟化趋势正在加速。WTO为数字贸易发展确立了基本的规则框架，全球目前有86个成员国参加了WTO提出的电子商务联合声明倡议，但受地缘政治、国家安全、隐私保护、产业发展水平等复杂因素的影响，各国在网络中立、数字税、隐私权等问题上的矛盾难以调和，只能在消费者保护、垃圾邮件、电子签名、电子认证、无纸化交易等非核心议题上寻找契合点。在此背景下，以美、欧、东盟等主要经济体为代表的国家发起的诸边贸易协定对推动区域经贸发展具有重要作用。美欧借助高水平贸易协定，逐渐建立起以自身为"枢纽"的庞大的数字贸易协定网络，加速了全球贸易联盟化的趋势，使中小国家在发展空间和规则融入上处于不得不依附的被动局面。因为美欧及其协定成员的数字服务贸易出口占全球份额将近80%，若不融入其贸易协定网络，有可能会失去参与新一轮经济全球化竞争的战略先机。

第三节　全球数字规则状况

一、全球数字规则的协调

各国主要通过两个方面实现对数字经济竞争和合作的治理与协调：一是数据的安全，二是数字贸易的开展。前者关乎国家安全和经济安全，后者关乎国际贸易和经济增长，各国参与数字经济国际规则制定要重点从这两个方面实现突破。

（一）协调治理数据安全

数字技术的快速发展使得数据治理领域正在不断拓宽，而相应的数据安全问题也在多个方面不断显现，全球数据安全的治理是一个极为复杂难解的课题。按照数据主体及议题领域的属性划分，大致可以将当前的全球数据安全治理领域归纳为四类。一是对个人数据隐私的治理，二是对数据开放与共享问题的治理，三是对数字平台数据垄断与数据权属问题的治理，四是对主权国家数据主权与数据跨境流动问题的治理。四个方面应做到统筹兼顾。然而，无论是国际组织层面还是主权国家层面，对数据安全问题的治理皆尚未形成全球性的规制体系。数据安全治理规则存在一定程度的不兼容性，也难以在全球层面有效对接，进而造成全球数据安全治理出现"分而治之"的现状。

在主权国家层面，各国在全球数据安全治理方面日益呈现出"新数字孤立主义"的倾向，在不同程度上阻滞了全球数据安全治理的发展。按照主权国家对数据安全保护的程度，数据安全保护可分为三种：以维护数字竞争优势为核心的"宽松保护"型，以强调个人数据隐私为核心的"严格保护"型，以利益均衡为核心的"折中保护"型。"宽松保护"模式以美国为典型，是以"事后问责"的方式来规范数据跨境流动行为，使数据的高效流动汇聚于美国。"严格保护"模式以欧盟为典型，其出台的 GDPR 被称为"世界上最严苛的隐私安全法"，该机制对任何涉及欧盟公民数据的地区或国家皆施加了数据权利和义务，建立了"白名单"制度等。"折中保护"模式则是一条介于以上两者之间的数据安全治理思路，其所对应的治理目标也介于上述两者治理战略之间。该战略理念在尊重和保障数据主体主权的前提下，试图寻找介于"数据自由流动"与"数据安全"之间的平衡路径。然而，从当前跨境数据流动治理的实践来看，受数据类型的多样化、数据治理多元的利益诉求及地缘政治规制角力等复杂因素影响，"数据自由流动"与"数据安全"之间的二元平衡在短期内难以实现，因此该战略是在一个理想化的设定下，各国亟待达成的全球数据安全治理规则的新秩序、新规则。

我国在开放政府数据、开放源代码等方面需要综合考虑安全与长远发展需要。在个人信息保护方面，我国应在研究他国或区域性的信息保护标准基础上，形成自己的保护标准和在数字贸易议题谈判中更倾向的标准特征。目前，我国相关监管部门已经在个人信息保护方面做出了努力。个人信息保护的标准化将有利于我国完善监管和参与数字贸易国际治理。

(二)协调治理数字贸易

各国与国际组织应注重数字贸易治理规则的国际协同。数字贸易内容包括通信基础设施、互联网资源、应用基础设施、互联网融合服务和有关数字产品等。从现行国际规则来看，有的数字贸易内容已具有成熟治理规则，对于已有的、成熟的国际规则，发展中国家尤其要积极适应，不断修订和完善自身治理规则，努力实现国内规则与国际规则的协同。对于数字贸易内容治理规则尚不健全的领域，如应用基础设施、互联网融合服务等，发展中国家尤其需要早谋划，在借鉴已有经验的基础上提出自己的方案与规则。目前，数字贸易国际治理中的常见议题，在电子签名认证、无纸化贸易、消费者保护等领域已基本达成国际共识。在数字贸易关税方面，多数国家倾向于不课征关税，考虑到数字贸易对各国发展和推动全球化的不可替代的作用，各国仍需在数字贸易治理方面加强沟通，争取达成一致。

二、全球数字规则的制定

数字规则最早起源于电子商务规则，随着数字技术广泛应用到国际贸易的各个领域，电子商务概念无论在内涵还是外延上都难以适应贸易的广度和深度变化，数字贸易规则或者数字经济规则替代电子商务规则成为必然趋势。

(一)全球数字规则的演进

截至目前，全球贸易模式大致经历了三个时期：传统贸易时期，价值链贸易时期,数字贸易时期(见图 9-1)。①传统贸易时期的贸易规则主要解决的是货物贸易壁垒和关税减让问题;在价值链贸易时期,针对服务业市场准入、投资便利化、知识产权保护的贸易规则逐步诞生;在数字贸易时期,随着互联网和信息通信技术的应用和普及,数字治理赤字逐步凸显。

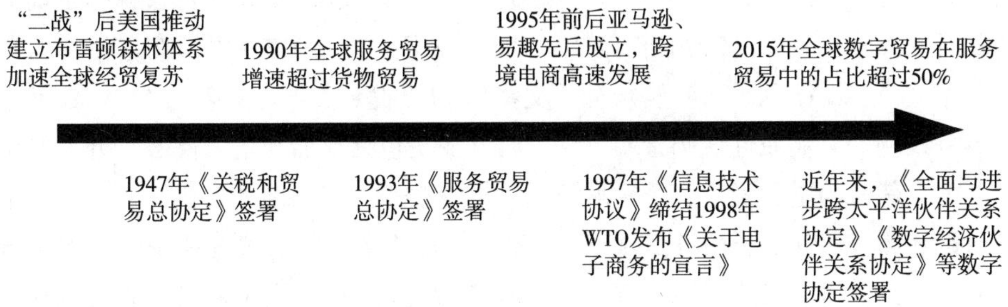

图 9-1 全球贸易模式演进

资料来源:中国信息通信研究院。

从内容来看,贸易方式和对象的数字化导致新的规则诉求。一方面,部分货物、服务贸易模式面临数字化转型,传统规则随之演变为数字贸易规则。另一方面,数字贸易以信息技术、数据流动、信息网络和数字平台为驱动和要素,催生出了一系列内生性的新兴贸易规则。数字贸易依靠信息通信技术赋能,衍生出高新技术的互认、使用和创新规则;以数据流动为关键牵引,衍生出数据的跨境、共享和隐私保护规则;以信息网络为重要载体,衍生出通信设施的普遍服务和稳定接入、网络和信息安全规则;以数字平台为有力支撑,衍生出平台责任、竞争等规则。近年来,在全球经济波动背景下,各国对数字贸易和数字经济协同发展的诉求更加强烈,因此规则逐步延伸至数字贸易和数字经济相关的各个领域。

从机制来看,数字技术、数字应用对原有贸易规则框架体系和规则生成机制提出挑战。一方面,数字贸易模式、形态伴随技术创新而演进,新业务、新主体不断涌现,而产业数字化使得不同业务相互交融,具体业务边界更加难以界定。因此,原有服务贸易规则体系整体采用分行业的正面清单模式,逐渐难以覆盖不断出现的新模式和新问题。另一方面,数字经贸规则的选择不仅涉及一国经济利益,还需考虑诸多公共安全和地缘政治因素,由于各国数字产业发展、制度完备水平及政策价值取向存在较大差异,相关数字经贸规则在 WTO 等多边框架下进

---

① 全球数字经贸规则年度观察报告(2022 年)[R]. 中国信息通信研究院,2022-07.

展相对缓慢，呈现出高度碎片化趋势。以负面清单为主的、更加独立灵活的数字经贸规则体系正在加速构建。

（二）主要经济体 WTO 电子商务提案

在世界贸易组织第 11 届部长级会议上，71 个 WTO 成员方同意就电子商务合作开展探索性工作，2020 年 12 月，WTO 秘书处发布 WTO 电子商务诸边谈判合并案文。《WTO 电子商务谈判合并文案》（以下简称"合并文案"）为 WTO 就电子商务议题展开实质性谈判指明方向。合并文案包括赋能与电子商务、开放与电子商务、信任与电子商务、跨领域议题、电信服务、市场准入、机制设置议题七大议题。与"WTO 电子商务工作项目"相比，合并文案中的议题范围超越了传统"电子商务"概念，更具有广泛意义上的数字经济特征。具体来看，成员方在在线消费者保护、未经请求的商业电子讯息、电子签名和认证、无纸化贸易等一体化程度较低的议题上分歧较小，在多边框架内就相关议题达成多份"清洁文本"，这为达成电子商务议题的"早期收获"创造了良好前提。

从主要经济体提出的提案来看，其中存在着明显差异性。美国提案其实是美式区域贸易协定数字贸易规则的翻版，美国试图将区域贸易协定中的数字贸易规则推广到多边领域，以反映其在数字服务领域全球领先的优势地位。欧盟缺乏具有全球竞争力的终端数字平台，强调个人数据权利，而在非数据流动领域，基于欧盟跨国公司的竞争实力，强调数据跨境自由流动。我国在货物贸易数字化上具有竞争优势，因而其提案重点围绕跨境电子商务生态链展开。这些提案实际是不同经济体在数字技术和贸易利益来源差异性上的体现。

（三）区域贸易协定中的数字规则

从区域贸易协定来看，2001 年以来，含有电子商务或数字贸易/数字经济规则的协定有 202 个，2020 年至今签署了 13 个协定，其中包括全球第一个数字经济协定，即新加坡、新西兰和智利签署的《数字经济伙伴关系协议》。除 RCEP 继续沿用电子商务规则外，越来越多的经济体采用数字贸易规则或者数字经济规则，其背后存在着不同的国际贸易利益。美国主导的数字规则之所以使用数字贸易规则，主要是因为其在数字服务和服务贸易数字化方面具有领先优势，但美国不具备完整的实体产业体系，因而美式数字规则是去实体化的数字贸易规则。但是对许多经济体而言，数字技术需要广泛应用到具体产业中，这会涉及商贸便利化和数字技术在产业中的应用规则等。

以（DEPA）为代表的"新式"数字经济规则正式在贸易协定中引入"数字经济"概念，具有技术新型化、产业覆盖全、议题覆盖广的特点。其主要亮点体现在以下方面：一是剔除了"通过电子手段跨境转移信息"和"计算设施的位置"条款中的安全例外条款，同时将合法公共政策的例外条款限制在最低限度内，其严苛程度可对标 CPTPP 协定中相关条款的最高标准；二是在传统内容的基础上，创造性地将数字身份、金融科技、人工智能、数据创新等与创新和新兴技术相关的议题纳入协定，在鼓励数字技术及其监管制度创新的同时，鼓励缔约方在上述议题上的合作和互操作性；三是在数字产品、跨境数据流动、以电子方式提供的服务等议题上，数字经济协定基本沿用了美式数字贸易规则模板，为美式数字贸易规则的对外输出创造有利条件；四是鼓励召开数字中小企业对话会，为中小企业搭建信息共享平台，就数字工具和数字技术的使用进行最佳实践交流和信息共享，同时 DEPA 对与商贸便利化相关的无纸化贸易、国内电子交易框架、物流、电子发票、电子支付、快递等议题均进行了详细规定，兼顾了广大发展中经济体和中小企业对货物贸易数字化趋势议题的谈判诉求。

英国和新加坡签订的《英国—新加坡数字经济协定》是亚洲国家和欧洲国家之间的第一个数字经济协定，也是英国签订的最具创新性的贸易协定。在非约束平台上，推动数字贸易成为英国 2021 年 10 月 G7 国家贸易峰会的重要议题，促成了成员国之间达成关于跨境数据使用和数字贸易管理原则的协议，就市场开放、促进自由且受到信任的数据流动、消费者和商户的安全保障体系达成一致性规则和标准。与欧盟成员方相比，英国对跨境数据流动等数字经济相关条款持有开放态度，为促进英国和亚太地区经济体之间数字经济规则的兼容奠定基础。

（四）欧美《跨大西洋数据隐私框架》

欧盟与美国互为最重要的数字贸易伙伴国，但欧盟和美国在个人数据及隐私保护、云基础设施和人工智能等方面均持不同立场。欧美两国的隐私保护协定起源于 2000 年的"安全港"协议，2013 年"安全港"协议没有获得欧盟法律规定下应有的充分保护（Schrems Ⅰ），因而 2016 年 7 月美国和欧盟重新签署了个人数据及隐私保护协议（隐私盾协议）。2020 年 7 月 16 日，欧盟法院对充分保护案（Schrems Ⅱ）作出裁决，认定欧美"隐私盾协议"无效，而欧盟针对标准合同条款的第 2010/87 号决议有效。2022 年 3 月，欧盟与美国宣布达成新的跨大西洋数据隐私框架，即达成原则性协议《跨大西洋数据隐私框架》，新框架标志着美国做出了前所未有的承诺，但最终版本预计要到未来几个月才能出台，因此短期内不太可能生效。欧美在个人数据及隐私保护规则方面的争夺将进一步延续。

同时，美国试图主导"全球跨境隐私规则"体系。2022年4月，美国与加拿大、日本、韩国、菲律宾、新加坡和中国台湾地区等宣布建立全球跨境隐私规则体系(CBPRs)，其实质是将APEC框架下的CBPRs体系转变成一个全球所有经济体都可以加入的体系。

三、全球数字规则的挑战

(一)全球单一数据流动规则难以形成

虽然整体而言，全球数字经济与数字规则有了明显的发展，但各国在数字经济领域起步时间不同、市场规模不同、比较优势不同，在数字经济发展中也就形成了不同的产业基础，各国数字治理模式的选择都建立在自身产业优势之上。数字领域的先进国家立足已经形成的先发优势、技术优势和规模优势，倾向于选择开放的、灵活的"自由主义"数字治理模式，强调数字自由流动和放松监管，并努力使之成为全球数字治理的范本，力图在维护既有优势的同时占有更大的国际市场份额。数字领域相对落后的国家则倾向于选择封闭、保守的"民族主义"数字治理模式，强调数据本地化、跨境流动限制和市场准入限制，保护本国数字市场，希望通过这些产业政策增强本国数字企业较先进国家数字企业的竞争能力，避免数字市场一开放就被发达国家所掌控。因此，在现有产业基础的条件下，维护既有经济利益、争取更大经济利益是各国选择数字治理模式、制定数字治理规则的基本出发点。

(二)数字安全与经济效益难以平衡

数据既是一种经济要素，又是国家安全的重要影响因素。随着信息经济、数字经济的发展，国家安全范围已从传统的陆、海、空等实体空间领域向网络、数字的虚拟空间领域延伸，网络与数字已经成为关系到国家主权安全的重要领域。美国在全球数字安全领域扮演着进攻方的角色，利用数字技术、根服务器、金融结算等方面的优势，截取世界各国数据情报，对包括欧洲盟友在内的国家实施监听，利用《爱国者法案》《云法案》等实施数字长臂管辖，"棱镜门""窃听门"等丑闻接连不断，开展有组织、系统性的黑客攻击，将叙利亚、克里米亚地区等从全球互联网中切断，主导形成了"五眼联盟"等基于安全的数字同盟体系，出台《国家网络战略》《网络安全战略》，并将中俄列为战略对手，拉拢"五眼联盟"国家共同对以华为、TikTok 为代表的 5G 产业及数字内容产业进行打压，等等。这些动作引发各国对数字安全的担忧和关切，数字治理逐渐超出"经济层面"，日益向"安全层面"延伸。各国基于安全考虑被迫采取自主性、孤立化的数字治理方式。

（三）各国数字治理理念难以统一

数据是一种关键的生产要素，同时又具有重要的财产属性。作为财产，首要问题是对数据的所有权、使用权等进行确权。不同于其他有形财产，数据具有内部性和外部性双重特点。由于价值理念不同，各国在数字治理中强调的侧重点也会有所差别。欧盟数字治理较为强调"个人财产"属性，即强调数据的个人所有权，并将其上升为人权重要组成部分的高度，伴随而来的是强调个人数据的隐私保护权，个人在数据使用、流动等方面拥有较大的知情权和监督权。美国数字治理较为强调"企业财产"属性，以企业资质管理和行业自律为主，数字企业依法保护个人隐私，并依法向执法机构提供有关数据，这种治理方式企业自由度和灵活度较大，市场活力和创新积极性较高。中、俄等国较为强调"公共财产"属性，即强调数据的公共品性质，这就意味着政府要在数据治理中发挥重要作用，需要对重要数据的形成、存储、流动、使用等进行监督，政府要在统筹考虑数字主权、数字安全、个人隐私、社会管理、产业发展的基础上，制定系统性的数字发展战略并予以主导推进。

（四）各国数字执法原则存在分歧

依据对数字主权和管辖权的理解，各国在数字执法方面主要体现出两种态度和行为：一种是基于"属人原则"，该原则往往根据人的流动将管辖权延伸到他国，强调本国公民即便在海外产生的数据也属于本国数据主权，如美国的"长臂管辖"，认为只要与美国公民相关的数据均属于美国的主权和管辖范围，通过《云法案》等一系列"长臂管辖"法案，建立了一个可以绕过数据所在国监管机构的数据调取机制，体现出鲜明的美式"数字霸权"；另一种是基于"属地原则"，该原则在法理上与领土主权相承，强调数据治理的空间范围，认为数字资源是本国重要的经济资源和战略资源，对国家经济安全、信息安全、个人隐私等影响重大，反对"长臂管辖"，为保证对本国数据的有效管辖，这些国家一般也会要求数据存储本地化，基于数据控制权来强化对本国数据的主权和管辖权。

本章小结

全球数字化转型加快带来了数字贸易的发展，但数字鸿沟的存在将进一步扩大经济体间的数字贸易不平衡，主要经济体也将继续围绕数字技术、数字贸易标准和数字贸易规则展开竞争。目前，全球排名居前的经济体仍然以北美、欧洲和东亚发达国家为主。各国对区域性数字服务贸易规则的积极探索总体上有利于数字服务贸易的发展，以及传统服务业和相关货物贸易的发展。同时，区域性数字服务贸易规则的制定与实施为全球数字规则的制定与实施不断提供经验。全球数字规则依然面临着诸多挑战，我国作为数字贸易大国，应主动对接高标准的数字贸易规则，提升参与全球数字贸易规则制定的深度，完善国内数字贸易治理体系和数据安全治理机制，从而不断提升中国在国际数字贸易规则谈判及制定中的影响力。

概念和术语

《区域全面经济伙伴关系协定》；《美墨加三国协议》；《全面与进步跨太平洋伙伴关系协定》

复习思考题

1. 列举三个重要的区域性数字规则，并简述其内容。
2. 简述区域性数字规则的影响。
3. 简述全球数字规则面临的挑战。
4. 查阅最新数据资料，讨论中国如何在新的数字贸易国际秩序中抓住机遇，应对挑战。

全球数治：金砖国家塑造全球数字经济新格局的术与路

第十章

数字服务经济政策

1. 了解数字服务经济政策演变的动因。

2. 掌握数字服务经济政策壁垒的内容。

3. 了解发达国家和地区数字服务经济政策状况。

4. 理解发达国家与发展中国家和地区数字服务经济政策的不同。

5. 了解中国数字服务经济政策发展状况。

1. 通过对国际服务贸易政策概念、类型及演变影响因素和历程的学习，引导学习者运用历史的观点分析问题。

2. 通过对自由和保护服务贸易政策的学习，厘清国际服务贸易政策自由与保护的两条线索，引导学习者进行科学合理的政策分析和选择，坚定政策制定实施的国家立场和人民情怀。

案例引导

加大数字经济政策创新力度

第一节 数字服务经济政策演变

一、数字服务经济政策演变的动因

(一)数字服务经济发展迅速

新一轮科技革命和产业革命的孕育兴起推动了全球数字服务经济的发展。联合国贸易与发展会议统计，全球数字贸易出口额快速增长，占服务贸易总额的比重不断提升。比起其他贸易形式，数字贸易具有更强的稳定性，更能抵抗诸如2008年的金融危机，以及2019年的新冠疫情冲击。以互联网、大数据、云计算、人工智能等为代表的新一代信息技术创新加速迭代，推动着传统产业加速向数字化、网络化和智能化转型升级。因此，在后疫情时代，数字服务经济已成为各国经济发展中不可或缺的新兴力量。

《"十四五"数字经济发展规划》指出，数字化服务也是满足人民美好生活需要的重要途径。数字技术与各行业加速融合，电子商务蓬勃发展，移动支付广泛普及，在线学习、远程会议、网络购物、视频直播等生产生活新方式被加速推广，互联网平台正日益壮大。全球农业、服务业数字化水平显著提高，工业数字化转型加速，更多企业迈上"云端"。数字化正有效打破时空阻隔，提高有限资源的普惠化水平，极大地方便群众生活，满足多样化、个性化需要。数字服务经济的发展正在让世界人民享受到看得见、摸得着的实惠。

(二)数字服务经济成为国际竞争关键点

从20世纪90年代到现在，世界经历了以网络信息化和通信产业为代表的第三次工业革命，并正在经历着以大数据、人工智能、量子通信等为代表的第四次工业革命。这两次工业革命带来了数字经济的蓬勃发展，使数据成为当下最具时代特征的生产要素，由此推动世界各国数字经济政策不断完善。随着数字经济国际合作的不断深化，发展数字经济已成为各国把握新一轮科技革命和产业变革新机遇的战略选择。数字经济是数字时代国家综合实力的重要体现，是构建现代化经济体系的重要引擎。世界主要国家均高度重视发展数字经济，纷纷出台战略规划，采取各种举措打造竞争新优势，重塑数字时代的国际新格局。一方面，综合实力最强的美国需要投入大量资源进行技术创新，采取防范措施防止其他国家赶超，力求在新一轮科技革命中保持领头羊的地位；另一方面，欧洲国家、广大发展中国家的数字产业也迎来了迅速的发展，希望将数字产业培养成新的经济增长点，并通过数字技术优化升级国内其他各个产业，来抗衡美国单方面的力量压制。

总之，数据对提高生产效率的乘数作用正在不断凸显，数据的爆发增长、海量集聚蕴藏了巨大的价值，为智能化发展带来了新的机遇。协同推进技术、模式、业态和制度创新，切实用好数据要素，将为各国经济社会数字化发展带来强劲动力。

（三）数字服务经济发展面临挑战

数字经济在发展的同时也面临着一些问题和挑战。第一，对广大发展中经济体来说，其数字服务经济的关键领域创新能力不足，产业链、供应链受制于人的局面尚未根本改变。这要求发展中经济体必须在完善信息基础设施的基础上提高自主创新能力。第二，不同行业、不同区域、不同群体间数字鸿沟未有效弥合，甚至有进一步扩大趋势。这要求政府加强统筹协调和组织实施，推动数字经济更好服务和融入新发展格局。第三，数据资源规模庞大，但其价值潜力还没有充分释放；数字经济治理体系需进一步完善。以我国为例，规范、健康、可持续是我国数字经济高质量发展的迫切要求。我国的数字经济规模快速扩张，但发展不平衡、不充分、不规范的问题较为突出，迫切需要转变传统发展方式，加快补齐短板弱项，提高我国数字经济治理水平，走出一条高质量发展道路。

二、数字服务经济政策演变的特点

（一）政策地位不断上升

全球新一轮科技革命和产业革命孕育兴起，以新一代信息技术为代表的数字产业正在成为实现创新驱动和财富驱动发展的重要力量，更是实现全球经济社会发展的主要变革力量。尤其是在新冠疫情后，互联网、大数据、云计算、人工智能等数字产业不断推动传统产业加速向数字化、网络化和智能化转型升级。同时，随着量子技术等数字技术的持续深入发展，若干领域将实现重大突破，推动社会生产力发生新的质的飞跃，在更广范围、更高层次、更深程度上提升人类认识世界、改造世界的能力，进一步推动经济社会向更高质量发展方向迈进。

近年来，以欧美为代表的发达国家和以中国为代表的新兴经济体，对数字服务产业战略规划和部署的重视程度不断加大。各国及地区围绕目标计划纷纷加大了对数字服务产业的战略部署力度。例如，美国加大人工智能、量子、半导体等部署力度，确保全球领导地位和技术领先；欧盟发布《2030数字罗盘：欧洲数字十年之路》等系列战略文件，坚定实现"数字主权"及监管创新；德国提出高科技战略，强化突破性创新和核心工业竞争力；日本聚焦"社会5.0"推进科技创新等。

以英国为例，英国作为最早出台数字经济政策的国家，于2009年发布《数字英国》计划，首次使数字化以国家顶层设计的形式出现在人们面前。该计划从国家战略的高度为英国社会、经济、文化等方面的数字化进程设立了明确目标，旨在将英国打造成为世界数字之都。此后，英国相继发布《英国信息经济战略2013》《英国数字经济战略2015—2018》，并于脱欧后发布《英国数字战略》，对数字经济发展规划进行部署，强调通过数字化创新驱动经济社会发展，旨在将英国建设成为未来的数字强国。

我国也随着数字经济建设，对数字服务经济的支持政策越发重视。在2018年亚太经合组织第二十六次领导人非正式会议上，国家主席习近平强调，数字经济是亚太乃至全球未来的发展方向，我们应该牢牢把握创新发展时代潮流，释放数字经济增长潜能，不断加强数字基础设施和能力建设，增强数字经济可及性，消弭数字鸿沟，让处于不同发展阶段的成员共享数字经济发展成果，让亚太地区人民搭上数字经济发展快车。因此，数字经济政策不仅被赋予了促进单个国家发展的战略意义，还被赋予了加强世界各国沟通合作的重要意义。

（二）政策内容不断深化

随着信息化建设水平的提高，各国的数字服务经济政策不约而同地表现出内容不断深化的特点。以美国为例，美国在20世纪90年代最先提出"信息高速公路"和"数字地球"概念，高度重视并大力推进信息基础设施建设和数字技术发展。进入21世纪，美国商务部牵头启动"数字专员"项目，向美国企业提供支持和援助，确保美国企业顺利打开全球的数字经济市场。近些年，美国政府则开始注重对人工智能等前沿科技领域的投资，并极力推行数字产品与服务的自由贸易主义。从加强信息基础设施建设，到进一步打开世界数字市场，再到致力于发展前沿数字科技，以及推行美式数字自由贸易，这些体现出了美国数字经济政策内容不断深化的显著特点。

再以我国为例，我国的数字经济政策发展大致经历了三个阶段的演变历程：信息化建设起步阶段，电子商务与信息化建设深入阶段，新发展阶段。在信息化建设起步时，互联网刚刚被引入我国，我国相关的政策主要集中于信息化建设方面，包括移动通信网络、空间信息基础设施、软件产业等信息化基础设施、服务和行业的构建和扶持等。后来，随着互联网产业的蓬勃发展，我国数字经济政策发展进入第二阶段，即电子商务发展与信息化建设深入阶段。在该阶段，我国在深入完善信息基础设施的基础上，在信息资源共享和政府信息公开方面均做出了重要规划。在数字经济新发展阶段，随着数字经济上升为国家战略高度，我国数字经济政策以产业规划和指导意见为主，形成了较为明确的产业发展方向和发展目标，同时将"数字化转型"首次写入五年规划。未来，我国的数字服务经济政策还会不断深化。

（三）政策重点转向创新驱动

在逐渐完善信息基础设施建设后，数字经济发展的重点，同时也是数字服务业的核心竞争优势，开始体现在科技创新方面。发达经济体和发展中经济体都先后强调了数字技术创新的重要性。以日本为例，日本政府为促进国内数字经济发展，不断推出促进智能制造的政策，强调科学技术创新，重视发展高端制造业。自 2013 年起，日本每年制定《科学技术创新综合战略》，提出从"智能化、系统化、全球化"的角度推动科技创新，并注重人力资本建设，积极培育数字化人才。早在 2001 年，日本在"e-Japan 战略"中就提出要加强信息化知识的普及教育，多渠道培养高级专业人才，如尽快实现"教育信息化"的新世纪计划；加强学校的信息技术专业教育，增加 IT 领域的硕士、博士学位人数，大力培养高学历的信息技术人才；改革国外技术人才的入境许可制度，完善吸引国外专业人才机制等。

我国也越发重视起创新驱动的数字经济发展战略。2017 年 12 月中央政治局第二次集体学习时，习近平总书记强调要发挥数据的基础资源作用和创新引擎作用，加快形成以创新为主要引领和支撑的数字经济。《"十四五"数字经济发展规划》和《中国数字经济发展报告 2022》都提到，要坚持创新引领、融合发展。坚持把创新作为引领发展的第一动力，突出科技自立自强的战略支撑作用，推进数字技术、应用场景和商业模式融合创新，推进科研院所、高校、企业科研力量优化配置和资源共享，形成以技术发展促进全要素生产率提升、以领域应用带动技术进步的发展格局。

（四）政策目标加强平衡发展理念

数字经济的发展是不平衡的，不同行业、不同地区的数字经济渗透均有不同。例如，美国的三大产业数字经济渗透率均领先于其他国家，数字经济发展水平最高且行业发展平衡。韩国与墨西哥的数字经济在工业中的渗透率排名显著高于农业与服务业，属于工业数字经济优先发展国家。中国、日本、法国的数字经济在服务业的发展水平快于农业与工业，属于服务业数字经济优先发展的国家。俄罗斯、澳大利亚、南非等国家的数字经济在农业中的渗透率排名高于工业与服务业，属于农业数字经济发展较快的国家。

为了促进数字经济全面、持续、健康发展，各国的数字经济发展目标开始更加注重全面与平衡。以我国为例，我国政府不仅强调数字技术在服务业中的渗透，也强调数字技术与制造业、农业发展的结合。在《G20国家数字经济发展研究报告（2018）》中，我国提到要依靠数字技术引发服务领域的全面变革，带动传媒、娱乐、教育、医疗、零售、批发、物流、金融等领域的潜力爆发和释放，大幅提升全要素生产率，从根本上改变传统服务业效率较低的问题。此外，要加快在生产制造环节的应用突破，让工业互联网成为发展新热点，并向农业领域持续渗透，催生订单农业、精准农业、农副产品可追溯等新模式、新业态，电商平台加快向农业下沉，逐渐形成农村一二三产业融合发展新格局。

三、数字服务经济政策演变的趋势

（一）各国持续提高政策战略性地位

数字服务经济凭借着创新性、规模性等特点在引领经济增长上日益凸显出重要作用。数字服务经济政策的战略性地位将在各国持续上升。事实上，近年来，全球主要经济体纷纷加速布局全球数字产业。尤其是在新冠疫情之后，各国更加聚焦新一代人工智能、量子计算等前沿数字技术领域，在战略政策、投资规划、人才建设及国际合作等层面进行周密战略部署。例如，美国自2011年以来陆续发布《美国创新战略》系列、《关键与新兴技术国家战略》等战略；欧盟自1984年开始每四年制定一次研发框架计划，近年来通过了《未来新兴技术旗舰计划与大型研究计划》报告和欧洲数字计划；中国主要发布《中华人民共和国国民经济和社会发展第十四个五年规划和 2035 年远景目标纲要》；德国近年来主要发布了《高科技战略 2025》和《国家工业战略 2030》；日本发布《科技创新"六五计划"》；韩国发布《国家必备战略技术选定与培育保护战略》，并将 AI、5G、先进生物、半导体、量子等十个关键领域的技术确定为"国家关键战略技术"等。

总之，世界各国关于数字服务经济政策出台的频率、密度和力度都在不断增强。美国、英国、德国、中国、日本，以及印度、俄罗斯等都越发将数字服务经济发展视作国家重要的战略发展领域。

（二）各国不断加强数字服务研发支持

在当今国际竞争中，掌握核心科技已成为一国经济发展的关键优势。创新科技在数字服务经济发展中显得更加重要。目前，各国政府正通过扩大科研投入规模与加强数字人才培养来驱动自身数字服务产业创新发展。

各国不断加大在数字服务产业领域的研发投入。OECD 数据显示，美国是数字研发投入最多的国家。2018 年，美国研发投入总额在全球总投入中的比重将近 30%，奠定了美国科技发展全球领先的地位。其次是中国，研发投入总额的占比超过 20%。日本、德国的研发投入紧随其后，全球占比近 10%。同时，全球数字研发投入与 GDP 比例总体上也在提高，OECD 数据显示，在 2019 年全球主要国家和地区数字研发投入占 GDP 比重的排名中，韩国、日本等排在前列。虽然美国研发投入总额全球第一，但其研发强度和创新程度也在不断提升。中国研发强度在逐年提高，增速明显。

另外，数字服务产业的发展离不开科技人才。因此，各国对高端人才培养和未来科学教育体系发展提出了新方向与新理念，在战略部署中不断加强基础教育、人才引进及技能培训。美国将人才教育纳入战略优先事项，侧重于通过强化 STEM 教育、移民政策和激励机制吸引人才；德国倾向于通过管理政策和产学研合作方式培养人才，强调国家干预，打通人才在大学、科研机构及企业间的流动，促进产学研深度交流，加强高科技人才的国外进出；欧盟以提高全民数字技能为中心，通过制定数字教育行动计划和国家数字技能战略，强化数字技能培训，推动教育近代化和一体化数字素养项目，健全数字能力标准，完善人才评价体系等；中国注重政产学研合作培养人才，加大人才数据库及全国人才中心建设，构建一流创新生态，加强人才智力支撑。

（三）各国不断加强数字服务可持续发展战略部署

数字服务经济发展过程中存在的许多问题势必要求各国政府加强对数字服务经济可持续发展的战略部署，其中"绿色"是重要导向，这主要体现在全球气候治理和"双碳"减排目标推动绿色技术应用创新的必然布局中。《巴黎协定》释放出全球绿色低碳转型积极信号，依靠技术创新与合作应对气候变化及绿色科技治理等成为国际共识和主要行动。例如，我国党的十九届五中全会提出全面绿色转型的经济社会发展目标，将推动绿色新兴产业和绿色科技创新作为国内大循环的关键；美国的《通往2050年的科技之路：我们的气候和能源创新议程》将实现零排放作为未来科技发展重要目标；欧盟的《新工业战略》塑造有竞争力的绿色转型和数字欧洲等。实现绿色技术应用创新和绿色化转型将成为未来各国数字服务产业战略部署的重要因素。

总之，将联合国可持续发展目标纳入全球各国战略部署，实现紧密结合，是畅通未来数字服务产业战略布局的重要趋势。例如，欧盟坚持推进《2030数字罗盘：欧洲数字十年之路》计划，构筑以人为本的可持续繁荣的数字未来。日本明确将"确保国民安全与安心的可持续发展的强韧社会"和"实现人人多元幸福的社会"作为"社会5.0"的未来社会发展新远景。在此基础上，进一步推进全球共同发展和增进人类福祉。

（四）各国不断加强数字服务经贸合作

数字技术助力了经济全球化发展，促进了国际经贸活力和开放共享，为世界经济发展提供了强劲动力。网络全球化推动开放型世界经济得以实现，推动经济全球化朝着更加开放、包容、普惠、平衡、共赢的方向发展。各国应顺应时代大潮，在开放中扩大共同利益，在合作中实现机遇共享，进一步打破贸易壁垒，拓展企业等主体的合作范围，激发新的合作与商机。

世界正在加强以下两个方面的数字服务经贸合作：第一，技术研发合作层面，当下国际合作日益增强，合作领域重点聚焦在5G、人工智能、量子计算、半导体等领域。数字产业领域的合作仍以美国等发达经济体为主。第二，学术研究层面，全球科技论文的国际合作不断增强。统计数据显示，2008~2018年，在全球前15的科技论文产出国中，英国、澳大利亚、法国、加拿大、德国、西班牙、意大利等国际合作比例均超出50%。中国和美国虽然是全球科技论文产出第一和第二大国，但国际合作比例相对较低。前沿科技领域的国际研究合作日益广泛，其国际合作程度和国家数量都有大幅提升。

我国致力于有效拓展数字经济国际合作，主要通过三个方面：第一，加快贸易数字化发展，以数字化驱动贸易主体转型和贸易方式变革，营造贸易数字化良好环境。第二，推动"数字丝绸之路"深入发展，高质量推动中国—东盟智慧城市合作、中国—中东欧数字经济合作，推动数据存储、智能计算等新兴服务能力全球化发展。加大金融、物流、电子商务等领域的合作模式创新，支持我国数字经济企业"走出去"，积极参与国际合作。第三，积极构建良好的国际合作环境，倡导构建和平、安全、开放、合作、有序的网络空间命运共同体，积极维护网络空间主权，加强网络空间的国际合作。

各国政策更加重视数字服务国际经贸合作，是世界数字服务业发展的客观需求。这要求世界各国应在相互尊重、相互信任的基础上坚持开放融通，拓展互利合作空间，加强对数字化贸易的共同理解和完善度量，坚持包容普惠，加强对话合作，共同构建和平、安全、开放、合作的网络空间，携手构建网络空间命运共同体。

第二节　数字服务经济政策发展

一、数字服务经济政策壁垒

目前，国际社会对数字贸易壁垒的认识并不统一。按照不同标准，数字贸易壁垒有两种分类方式。其中，按照政策工具的类别，可分为关税措施和非关税措施。按照政策措施的特定性，可分为专门针对数字贸易的政策措施及能够影响数字贸易的传统市场准入和投资限制措施。为了更好地突出数字贸易壁垒作为新型贸易壁垒的特征，本书选择第二种分类方法，梳理不同组织、机构、经济体对数字贸易壁垒形式的界定。

(一)数字贸易启动环境壁垒

数字贸易启动环境是确保数字贸易能够实现和运作的前提及保障，贯穿制度、技术、税收、基础设施等多个层面。具体而言，这方面的壁垒主要包括对数字贸易的歧视性待遇、获取数字产品或服务的障碍，以及数字贸易的营商环境。

数字贸易的歧视性待遇是指对以数字方式进行的交易的限制和歧视规则，如完全禁止外国电商平台的运营，线下销售的产品不能通过线上销售等。获取数字产品或服务的障碍是数字贸易启动环境中最为致命的壁垒。因为它从根本上使外国数字产品或服务提供商丧失了为本国居民提供产品或服务的机会，或者是提升了外国数字产品或服务提供商为本国居民提供产品或服务的成本，从而降低了外国企业的竞争力。典型措施包括网络过滤和封锁、网络中立、网络内容信息的审查机制、阻止在线服务的获取、限制网上广告、云计算限制及信息聚集费等。数字贸易的营商环境主要涉及法律、税收及基础设施三个领域。其中，对外国企业征收歧视性税费是主要的壁垒措施。此外，各国数字基础设施互操作性的缺失、发达国家和发展中国家信息技术发展水平和普及程度的差异（数字鸿沟）等都会成为数字贸易的障碍。

（二）技术壁垒

数字服务贸易技术壁垒包含四个方面。第一，支付体系。交易的达成及与交易相关的资金流动以数字方式完成是数字贸易的典型特征。限制线上销售使用特定种类的借记卡或贷记卡，阻止那些无法接入特定支付体系的经营者从事电子商务都可能成为阻碍数字贸易的措施。在线支付许可也可作为对外国企业进行歧视的工具。第二，数据隐私保护。由于社会和文化差异，各国数据隐私原则存在巨大差异和分歧，给数字贸易造成了显著障碍。同时，数据隐私保护过程中所采取的监管措施也会给数字贸易参与主体带来沉重负担。第三，源代码等核心技术的使用与转让。由于源代码、算法及加密数据等涉及互联网企业的核心商业机密和技术，披露上述信息会带来泄露知识产权的风险，因此抑制外国企业进入该国市场。第四，标准和合规评估。当一国出于国家安全或公共政策目标考虑，制定与国际标准不一致的本国技术要求并设定烦琐的评估程序时，会给外国企业进入该国市场造成障碍。

（三）数据本地化壁垒

数据本地化壁垒是指强制企业在一国境内从事与数字贸易相关行业的措施。按照限制对象不同，分为数据存储和处理设施本地化及数据跨境流动限制。例如，特定司法权中的不必要数据存储要求，或计算机设备本地化要求，对跨境数据流动的彻底禁止等。这些措施往往以保护国家安全或隐私为理由，但其真实目的是以牺牲外国相关方的利益为代价来保护和促进国内数字产业、产品、服务或知识产权。此类措施在一定程度上阻碍了企业做出最优的市场决策，会显著提高互联网企业的运营成本，从而提高相关产品或服务的消费价格，降低外国数字产品或服务的竞争力，甚至会使以数据流动为前提的服务跨境提供变得无法实现。[①]

(四) 知识产权壁垒

知识产权保护对数字贸易的影响是一把双刃剑。一方面，数字技术的创新使侵犯知识产权变得更加容易，缺乏完备且充分的知识产权体系和保障力度是数字贸易领域知识产权侵权的主要原因；另一方面，知识产权的滥用也会对数字贸易造成障碍，尤其是网络中间商知识产权保护责任的不明晰会给数字贸易带来不利影响。比如，一些国家会通过要求网络中间商承担保护知识产权的法律义务或颁布从属性版权法律，提高与数字内容相关的数字贸易壁垒。

二、数字服务经济保护程度衡量

(一) 数字服务贸易壁垒测度指标

经济合作与发展组织于 2019 年开发出数字服务贸易限制指数 (DSTRI)，旨在界定、分类和量化影响数字驱动服务贸易的监管壁垒。该指数具有两个重要特点：一是将研究分析对象聚焦数字化的服务贸易而非货物贸易；二是将研究重心定位于监管政策层面而非数字服务贸易的发展环境。它汇集了来自 50 个经济体的可比信息，从基础设施和连通性、电子交易、支付体系、知识产权及其他领域五个方面建立评估框架。

需要注意，数字服务贸易限制指数取值区间为 0~1，取值为 0 表明数字服务贸易和投资完全开放，取值为 1 表明完全不开放，取值越高表明限制越严。

除了数字服务贸易限制指数，还有数字贸易壁垒保护程度测度指标、数字贸易限制指数 (DTRI) 和全球数字贸易促进指数。DTRI 界定的数字贸易限制措施须满足以下条件：第一，对数字商品或服务的国外提供者存在歧视；第二，对数字提供方式存在歧视，即对线上交易制定比线下交易更严格的限制措施；第三，过度冗繁的政策措施，指那些以非经济目标为目的且会带来巨大扭曲的政策措施。DTRI 涵盖的政策措施共涉及四个主要领域：财政限制、建立限制、数据限制及交易限制。全球数字贸易促进指数旨在以如何创造一个有利于数字贸易发展的综

---

① 王岚. 数字贸易壁垒的内涵、测度与国际治理[J]. 国际经贸探索，2021(11)：85-100.

合环境为视角，从市场准入、基础设施、法律政策环境和商业环境四个层面对数字贸易发展环境的质量进行综合评价。

（二）数字服务贸易限制指数特点

比较来说，DSTRI 与全球数字交易促进指数的评估理念不同，主要从监管政策层面考察数字贸易限制程度，而全球数字贸易促进指数更多地从数字贸易发展环境层面分析基础设施、制度政策及技术能力等因素对数字贸易的影响。在评估重点上，DSTRI 作为服务贸易限制指数（STRI）的衍生物，更加注重对数字服务贸易有影响的限制措施。DTRI 不仅涵盖数字服务贸易的监管措施，还涉及与数字贸易有关的货物贸易监管措施（如信息通信技术产品的关税和贸易救济措施等）。DTRI 的不足在于未考虑基础设施和支付体系可能对数字贸易造成的障碍。全球数字贸易促进指数则更加关注包括基础设施在内的数字贸易启动环境，并未涉及监管领域。再者，DSTRI 的时间跨度较长，目前 DSTRI 能够获取的时间跨度为2014 年至 2020 年，而 DTRI 和全球数字交易促进指数目前仅能获得一年的公开数据，这在很大程度上限制了这两个指数的适用性。

（三）制度壁垒对数字服务出口的抑制效果

国内已有学者从双边数字服务贸易角度出发，对数字贸易壁垒保护效果进行了研究。研究发现，双边数字贸易壁垒对数字服务出口具有多重出口抑制效应。[①]进出口国的双边数字贸易壁垒均显著抑制数字服务出口，而且出口国数字贸易壁垒抑制效应更强。

从数字服务部门来看，国内有研究将数字服务贸易细分为保险、金融、知识产权、ICT、其他商业服务、个人文娱服务六个部门，发现双边数字贸易壁垒对所有部门的数字服务出口均产生了明显的抑制效应，其中出口国数字贸易壁垒对金融部门数字服务出口的抑制效应最强，对知识产权、其他商业服务、个人文娱服务、保险部门的抑制效应依次减弱，对信息部门的抑制效应最弱；进口国数字贸易壁垒对金融部门数字服务出口的抑制效应最强，对其他商业服务、个人娱乐服务、知识产权、信息部门的抑制效应依次减弱，对保险部门的抑制效应最弱。这可能是因为各国对金融部门的开放普遍持有谨慎态度，甚至有部分国家对金融部门采取了极为严格的数字服务出口限制措施，而信息部门国际化程度

---

① 江涛，王号杰，覃琼霞. 双边数字贸易壁垒的出口抑制效应——基于 49 个经济体的经验证据［J］. 中国流通经济，2022（7）：62-72.

相对较高，与之相关的数字服务出口限制措施相对较弱。因此，双边数字贸易壁垒出口抑制效应具有明显的部门异质性，其中金融部门遭遇的双边数字贸易壁垒最严重。

此外，双边数字贸易壁垒的边际效应存在反向变化趋势。随着数字服务出口规模的不断扩大，进口国数字贸易壁垒对出口的抑制效应会逐渐增强，出口国数字贸易壁垒对出口的抑制效应逐渐减弱。其原因可能在于，数字服务进口规模较小的经济体大多是发展中国家，其数字技术水平相对于发达国家缺乏竞争优势，往往会设置较高的进口门槛，从而会抑制其他国家向这些国家出口。双边数字贸易壁垒的异质性也是影响数字服务出口的重要因素，异质性程度越高，出口抑制效应越强。

(四)世界数字服务经济保护程度概况

《全球数字贸易限制指数报告》对全球 64 个国家的数字贸易限制进行了测度。该数字贸易限制指数包括一个总指数和四个分指数。四个分指数分别为：第一，财政限制和市场准入，包括关税和贸易保护、税收、补贴和政府采购；第二，企业设立限制，包括外国投资限制、知识产权、竞争政策和企业移动性；第三，数据限制，包括数据政策、中介责任、内容准入等；第四，贸易限制，包括数量贸易限额、技术标准及在线销售与交易。

根据指数结果，全球数字贸易限制较严的国家有中国内地、俄罗斯、印度、印度尼西亚、越南。相较而言，新兴经济体比发达国家对数字贸易限制更大。数字贸易最为开放的国家和地区有新西兰、冰岛、挪威、爱尔兰、中国香港。欧洲数字贸易限制程度最高的国家是法国和德国。

报告认为数字贸易保护措施抬高了数字商品和服务的交易成本，并将一些行业排除在数字贸易之外，认为数字贸易不仅可以提高企业的生产力，提升消费者福利，还有利于新技术扩散，拓展数字服务贸易范围等。因此新兴国家和发展中国家应该扩大数字贸易开放，抓住提高技术和生产力、帮助经济可持续增长的机会。

三、数字服务经济政策效应

世界各国制定的数字服务经济政策都在不同程度地促进和保护着自身数字服务经济的发展。由于我国数字服务经济发展变化明显，政策资料翔实，此处主要以我国为例探讨数字服务经济的政策效应。

（一）促进数字经济规模增长与结构升级

2021年，我国在党中央的坚强领导与全社会的共同努力下，数字经济发展取得新突破，数字经济规模较"十三五"初期扩展了一倍多，占GDP比重达到39.8%，较"十三五"初期提升了9.6个百分点。我国数字经济规模稳步增长，在新冠疫情时期表现突出，越来越成为宏观经济的"加速器"和"稳定器"（见图10-1）。

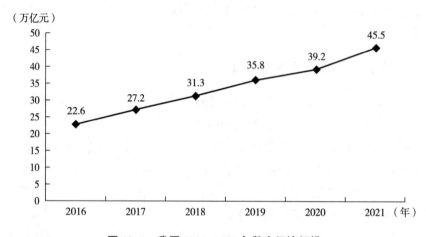

图10-1　我国2016~2021年数字经济规模

资料来源：中国信息通信研究院。

我国产业数字化主导地位持续巩固。随着数字技术的创新演进，互联网、大数据、人工智能和实体经济深度融合，产业数字化对数字经济增长的引擎作用更加凸显。2021年，我国数字产业化占数字经济比重为18.3%，占GDP比重为7.3%，数字产业化发展正经历由量的扩展向质的提升的转变。2021年，产业数字化占数字经济比重为81.7%，占GDP比重为32.5%，产业数字化转型持续向纵深发展（见图10-2）。

同时，我国各地数字经济发展取得了长足进步。随着"十四五"规划的逐步实施，2021年我国有16个省份数字经济规模突破一万亿元，较上年新增3个。从发展速度来看，除了北上广深等发达城市，贵州、重庆、江西、四川、浙江、陕西、湖北、甘肃、广西、安徽、山西、内蒙古、新疆、天津、湖南等省区市的数字经济持续发展，增速超过全国平均水平。

（万亿元）

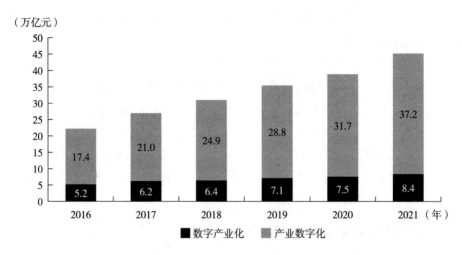

图 10-2　我国 2016～2021 年数字经济内部结构数据

资料来源：中国信息通信研究院。

（二）推动数字产业化稳步发展

随着国家对信息化基础设施与服务建设的完善，2021 年我国数字产业化夯实基础，内部结构持续软化。从规模来看，我国数字产业化逐年增长，占 GDP 比重不断增加。从结构来看，数字产业结构维持软化态势，ICT 服务在数字产业化增加值中占主要地位，软件行业和互联网行业在其中的占比持续小幅提升，电信业、电子信息制造业占比小幅回落。

从数字产业化内部细分行业来看，电信业保持稳中向好运行态势，收入稳步提升。电子信息制造业经历波谷后迎来快速增长。软件和信息技术服务业保持较快增长。互联网和相关服务业持续健康发展。

（三）推动产业数字化持续成长

在多项政策支持下，我国服务业数字化转型领先发展。从零售、餐饮、旅游到办公、教育、医疗等各类传统服务市场因数字化赋能实现了线上线下融合，进一步带动了服务业的繁荣发展。在电子商务领域，我国电子商务逐步迈向高质量发展新阶段。网络零售持续快速发展，2021 年全国网上零售额达 10.8 万亿元，同比增长 12.0%，占社会消费品零售总额的比重为 24.5%。社交电商形成普遍高效应用，商务大数据监测显示，2021 年重点监测电商平台累计直播场次超过 2400 万场，累计观看超 1200 亿人次，直播商品数量超 5000 万个，活跃主播数量超55万人。在网络支付领域，我国支付体系的完善促进了消费扩容升级。2021年，我国完成移动支付业务1512.2亿笔，共526.98万亿元，同比分别增长22.73%和21.94%。网络支付工具加速互联互通，央行明确提出要加快制定条码支付互联互通标准，统一编码规则，打通支付服务壁垒，推动实现不同App和条码互认互扫。同时，数字人民币推进提速，截至2021年底，数字人民币试点场景超过808.5万个，累计开立个人钱包2.6亿个，交易金额875.7亿元，覆盖生活缴费、餐饮服务、交通出行、购物消费等领域。此外，网上外卖、在线办公、在线医疗、网络视频等数字服务蓬勃发展，截至2021年底，用户规模分别达到5.44亿人、4.69亿人和9.75亿人。

(四)助力中小企业数字化转型

在我国政府财政和其他支持帮助下，我国中小企业数字化转型成效明显。一方面，数字技术成果的应用通过按需付费等形式帮助中小企业减少了软硬件投入的资金成本，降低了安排部署、业务协同和组建转型团队的时间成本。另一方面，数字技术通过提供个性化、柔性化定制解决方案，搭建供应链、产融对接等数字化平台，帮助中小企业打通供应链，对接融资资源，实现精益生产、敏捷制造、精细管理和智能决策。比如，山东济南在全国率先出台《济南市工业互联网创新发展行动计划》，市政财每年拿出2000万元激励企业上云、全市上云企业数量突破5万家，推动中小企业数字化转型规模与质量的双提升。

第三节 发达国家与发展中国家和地区数字服务经济政策

一、发达国家和地区数字服务经济政策状况

(一)美国数字服务经济状况

自2008年国际金融危机爆发以来，美国先后发布《美国国家创新战略》《美国将主导未来产业》《关键与新兴技术国家战略》《2021年美国创新与竞争法案》等，不断加大对新兴和关键技术、未来产业等的重视力度。

首先，美国为确保自身在数字服务经济方面的技术领先和领导地位，通过立

法对美国科技领导地位进行了战略性强化。2020 年，特朗普政府在《美国将主导未来产业》中明确将发展未来产业提升至国家战略高度，首次提出要提升美国在前沿数字科技领域的全球领导地位，并制定《关键与新兴技术国家战略》，明确技术战略和国家战略的统一。2021 年以来，拜登政府先后发布《国家安全战略临时指南》《美国就业计划》《2021 年美国创新与竞争法案》等，旨在提高美国科技研发和基础设施创新能力，强化半导体、人工智能等核心技术及产业的竞争力。为配合领先全球数字服务经济这一目标，美国同时注重研发投入和技术合作力度。例如，《2021 年美国创新与竞争法案》计划授权拨款 1900 亿美元用于加强美国科研能力，其中单独批准 500 亿美元用于强化美国半导体和电信设备的生产研发，白宫、国家科学基金会和能源部宣布将提供超过 10 亿美元资金在全国范围内设立人工智能和量子信息科研机构，将量子技术渗透到国家、外交、经济、信息、社会等各领域。

其次，美国通过打造"技术联盟"强化关键技术领域的研发合作。一是下一代通信领域的"技术联盟"基本成形。近年来，美国加大了与澳大利亚、加拿大、英国、韩国、印度等盟国的合作力度，以"网络安全"为目标推动国际合作。例如，美国电信行业解决方案联盟于 2020 年 10 月宣布成立行业组织 NextG 联盟，包括从芯片厂商到设备厂商再到终端厂商、软件应用在内的多个国家成员。二是搭建"跨大西洋智能联盟"和量子技术联盟。美国、法国、加拿大推动成立首个"全球人工智能合作伙伴关系"组织，强化对 AI 治理、规则制定及应用的落地。此外，美国还有意组建半导体联盟，强化与韩国、日本等国家的合作，提升半导体全球领导地位。

最后，美国积极培育适应科技创新需求的高素质创新人才。一是大力投资 STEM（Science，Technology，Engineering，Mathematics）教育。2014 年，奥巴马政府确立实施"学徒计划"，旨在推广社区培育先进高技能人才模式。《2021 财年联邦政府预算》报告中明确提出，计划大幅增加人工智能和量子技术等未来产业的人才教育和职业培训投资。二是挑战高端人才移民政策。拜登政府提出将免除对 STEM 领域博士毕业生签证数量的上限，增加高技能签证数量并取消国别限制。三是利用教育体系及激励机制强化全球高科技人才吸引力度。例如，美国国家科学基金会已设立量子计算和信息科学人才计划与行业—学术界联合培养研究计划，并计划开放适合中小学生阶段的量子信息科学与工程教育资源，为多元化量子信息科学人才需求奠定基础。美国国家标准与技术研究院和能源部还通过项目和奖学金支持参与研究的学生和博士后。综上，美国吸引了全球绝大多数数字科技人才。

(二)欧盟数字服务经济状况

为了促进数字服务经济发展，全面提升数字经济领域的竞争力，欧盟近年来多管齐下助力数字服务经济发展，尤其注重数字主权保护与监管方式创新。

欧盟通过立法和战略文件捍卫"数字主权"和以人为本的欧洲价值观。自2020年以来，欧盟发布了相关"数字主权"的文件十余份，通过发展关键数字技术、推动数字化转型、强化监管规则等，捍卫"数字主权"。一是降低对外技术依赖。欧盟于2021年3月发布了《2030数字指南针：欧洲数字十年之路》战略，其中提出了四大具体目标，包括提高前沿领域的人才数字技能、建设尖端数字基础设施、推进企业数字化转型和公共服务数字化。二是引领全球监管创新。欧盟通过发布《欧洲数据战略》《人工智能法案》等战略文件，强化数字产业监管框架，引领全球数字技术监管治理及规则制定，如《人工智能法案》已成为全球AI领域监管及治理规则的风向标，此前的《通用数据保护条例》几乎成为全球通行标准，已有约120个国家受其影响，通过类似法规保护隐私。2020发布的《数字服务法案》和《数字市场法案》草案是欧盟在数字领域的重大立法，意味着欧盟在数字经济反垄断领域又进了一步，有利于欧洲数字经济健康可持续发展。

此外，欧盟着力提升劳动者数字技能，培育数字服务经济劳动力市场。欧盟为应对在推进数字化转型中所面临的数字领域专家短缺及民众数字技能水平偏低的困境，推出一系列支持性政策，从2012年起，几乎所有欧盟成员国都开始发展数字教育，并将其列为基本国策之一。2016年的"欧洲新技能议程"着重强调数字技能对促进欧盟经济增长和竞争力提升的重要性。欧盟在2018年提出《数字教育行动计划》，旨在促进数字技术在教育领域的应用，以支持民众使用数字技术和提升数字技能。《2030数字指南针：欧洲数字十年之路》计划则列出了到2030年欧盟具备数字化技术的劳动者的数量目标。

另外，欧盟积极引导各国加大在数字服务产业的投资。欧盟多途径拓展资金来源，破解资金缺乏、投入不足这一制约数字经济发展的首要瓶颈。欧洲陆续发布《欧洲数据战略》《人工智能白皮书》等加大对数字产业领域的投资。欧盟还将连接欧洲基金计划拓展至2027年，拟向数字领域投资30亿欧元。为促进数字技术和创业技能的发展，欧洲社会基金和欧洲区域发展基金为职业教育与培训提供巨额资助，"伊拉斯谟+计划"将继续投入资金用于支持教育与数字技能发展项目。

（三）日本数字服务经济状况

2021年，日本发布了《科技创新"六五计划"》，明确了2016年提出的"社会5.0"具体图景，并明确要实现"社会5.0"，需通过强化推动前沿数字技术及人才建设等，在推动社会变革和科技创新进程中，确保国家安全和在前沿基础领域具备国际竞争力。

在"社会5.0"之前，日本不断升级创新政策，重视科学技术创新。从2013年开始，日本政府每年会制定《科学技术创新综合战略》，提出从"智能化、系统化、全球化"的角度推动科技创新。《战略2014》提出重点聚焦信息通信、纳米和环保三大跨领域技术；《战略2015》重点阐述了科研资金改革、借助物联网和大数据库培育新产业等内容。近年来，日本政府不断升级创新政策，科学技术创新进入新阶段。2016年，日本通过第五期科学技术基本计划，首次提出"超智能社会"的概念，即"能够细分掌握社会的种种需求，将必要的物品和服务在必要时以必要的程度提供给需要的人，让所有人都能享受优质服务，超越年龄、性别、地区、语言差异，快乐舒适生活的社会"。之后，日本政府又先后发布《科学技术创新综合战略》系列文件，以及各领域战略文件，如《人工智能战略2019》《自动驾驶政策方针4.0版》《后5G促进战略——下一代通信路线图》等。相关研发投入也在不断跟进。

日本尤其重视数字经济领域的人力资本建设，为此日本政府积极培育数字化人才。日本政府历来高度重视人力资本建设，早在2001年的《e-Japan战略》中就提出要加强信息化知识的普及教育，多渠道培养高级专业人才；改革国外技术人才的入境许可制度，完善吸引国外专业人才的机制。2009年，日本政府出台《i-Japan战略2015》，强调要重视教育和人力资源培育，加大对教育机构信息教育和数字技术设施的投入，加快远程教育发展，提高学生的学习欲望和专业能力，以及利用信息的能力。日本于2021年发布《科技创新"六五计划"》，将培养人才作为实现其"社会5.0"的三大支柱之一，计划拨款10万亿日元作为大学专项资金，用于青年研究人员的培养和基础设施建设。此外，日本政府助力联合校企，通过增加实习计划培养智能人才。

此外，日本积极构建国内外合作交流机制，主推技术创新。推动公司合作，加强在科技研发和前沿数字领域的技能培训等工作。例如，日本NTT、日本国家信息通信技术研究所、广岛大学等企业和科技机构联合开展了多项太赫兹通信技术研发试验。日本近些年还积极参与数字经济国际组织或多边合作伙伴关系，如加入全球人工智能合作伙伴关系(GPAI)、Next G 联盟等组织。

二、发展中国家和地区数字服务经济政策状况

(一)中国数字服务经济政策状况

自 1994 年以来,中国以互联网行业发展为开端,逐步成为世界公认的数字化大国。在短短数十年间,中国数字经济不仅在规模上实现飞跃式发展,创新模式也由模仿创新向自主创新蜕变,在部分领域开创了"领跑"局面。数字经济发展逐步上升至国家战略高度。

根据国务院发布的《"十四五"数字经济发展规划》,我国的数字服务经济发展目标包括"生产性服务业融合发展加速普及,生活性服务业多元化拓展显著加快","数字技术自主创新能力显著提升,数字化产品和服务供给质量大幅提高,产业核心竞争力明显增强,在部分领域形成全球领先优势",预计软件和信息技术服务业规模将达到 14 万亿元。

在具体措施上,《"十四五"数字经济发展规划》要求积极推进重点行业数字化转型提升工程,如大力发展数字商务,全面加快商贸、物流、金融等服务业数字化转型,优化管理体系和服务模式,提高服务业的品质与效益。创新发展"云生活"服务,深化人工智能、虚拟现实、8K 高清视频等技术的融合,拓展社交、购物、娱乐、展览等领域的应用,促进生活消费品质升级。鼓励建设智慧社区和智慧服务生活圈,推动公共服务资源整合,提升专业化、市场化服务水平。支持实体消费场所建设数字化消费新场景,推广智慧导览、智能导流、虚实交互体验、非接触式服务等应用,提升场景消费体验。培育一批新型消费示范城市和领先企业,打造数字产品服务展示交流和技能培训中心,培养全民数字消费意识和习惯。引导批发零售、住宿餐饮、租赁和商务服务等传统业态积极开展线上线下、全渠道、定制化、精准化营销创新等。

同时,《"十四五"数字经济发展规划》还要求政府不断健全完善数字经济治理体系,并着力强化数字经济安全体系。例如,探索建立与数字经济持续健康发展相适应的治理方式,制定更加灵活有效的政策措施,创新协同治理模式。明晰主管部门、监管机构职责,强化跨部门、跨层级、跨区域协同监管,明确监管范围和统一规则,加强分工合作与协调配合等。要求政府积极拓展数字经济国际合作,推动数据存储、智能计算等新兴服务能力的全球化发展。加大金融、物流、

电子商务等领域的合作模式创新，支持我国数字经济企业"走出去"。构建商事协调、法律顾问、知识产权等专业化中介服务机制和公共服务平台，防范各类涉外经贸法律风险，为出海企业保驾护航。倡导构建和平、安全、开放、合作、有序的网络空间命运共同体，积极维护网络空间主权，加强网络空间国际合作。深化政府间数字经济政策交流对话，建立多边数字经济合作伙伴关系，主动参与国际组织数字经济议题谈判，拓展前沿领域合作等。

（二）印度数字服务经济政策状况

随着智能手机和高速网络成本下降、可用性不断提高，印度已经成为全球最大、发展最快的数字消费基地之一，其数字化进程比许多成熟和新兴经济体还要快。印度国家转型委员会的负责人康特说，到 2025 年印度数字经济将创造高达 1 万亿美元的经济价值。

印度数字服务经济的发展离不开政府政策的支持。2015 年，印度总理莫迪提出的"数字印度"政策将数字经济发展提升到了国家战略高度。"数字印度"是印度政府为了向农村地区提供高速网络采取的一项措施，旨在促进国内数字服务产业、相关制造业与就业发展，具体来说，是为国内九个支柱产业提供推动力：高速宽带、信息移动设备全覆盖、公共网络项目、电子政务、电子服务交付、信息公开、电子制造、IT 职业培训、短期项目。随着项目的实施，印度电子政务相关的电子交易有所增加，建立了 274246 千的光纤网络，创建了一个数字服务中心（CSC），负责提供与电子政务、教育、卫生、远程医疗、娱乐及其他政府和私人服务有关的多媒体内容，建立了基础设施齐全的数字村镇，城市互联网普及率已达到 64%。

此外，印度政府目前在数字经济基础设施领域提供了三个方面关键支持。第一，推出"阿达尔"电子生物识别系统。2010 年 9 月，印度开始推行"阿达尔"计划，收集居民的住址、照片、指纹、虹膜等数据，为每个居民提供身份证编号，并与手机号和银行账号绑定。截至 2019 年底，约有 12.5 亿的印度人口（接近总人口的 95%）拥有了该数字身份信息。第二，统一电子金融支付端口。2016 年，印度国家支付中心推出了统一支付端口，通过数字支付接口将未被银行服务覆盖的居民人口引入正规金融系统。当数字身份与"阿达尔"支持的支付系统连接时，人们可以通过使用"阿达尔"认证的任何银行进行在线交易。第三，通过政策鼓励建立基于印度本地的供应链网络，这主要是指印度政府日前推出的总额为 2 万亿卢比的制造业促进计划，旨在吸引本国和海外资金投资印度制造业，推动制造业升级换代，从而使印度成为世界制造业供应链的重要组成部分。

整体来说，印度数字服务经济政策主要集中在支持数字基础设施建设上。地区差异、城乡差异、性别差异等为印度数字化进程提出巨大挑战，但这也意味着印度具有难以比拟的数字化潜力。

(三)俄罗斯数字服务经济政策状况

俄罗斯政府一向高度重视数字经济发展。2017年，由俄罗斯通信和大众传媒部牵头，经济发展部、外交部、财政部、工业和贸易部、科学和教育部、政府专家委员会及俄罗斯政府分析中心参与编制完成的《俄罗斯联邦数字经济规划》得到政府正式批准。《俄罗斯联邦数字经济规划》明确指出："数字经济是以电子数据为关键生产要素进行大数据加工和分析，并利用分析结果的经营方式。与传统经营方式相比，可以切实有效提高各种生产方式、技术、设备、存储、销售的效率，并提升商品服务的运送效率。"2018年，《俄罗斯联邦数字经济规划》各项计划正式启动。

《俄罗斯联邦数字经济规划》明确了俄罗斯推动数字经济发展的五大基础方向：法律法规管理、数字经济生态系统建设、数字教育与人才培养、研究能力培育与技术设施建设、信息基础设施建设和信息安全，并对数字经济发展需要达成的目标进行了量化设定。

数据安全是数字服务经济持续健康发展的前提和基础，因此俄罗斯对数字服务经济发展的相关法律法规和标准规范进行了建立与不断完善。例如，为规范加密货币等数字金融资产的发展，俄罗斯财政部发布《俄罗斯联邦数字金融资产法》草案，对数字金融中的概念作出界定，旨在规范和调节数字金融资产在创建、发行、储存和流通过程中所产生的关系，以及按智能合约行使权利和履行义务时所产生的关系。

此外，《2017~2030年俄联邦信息社会发展战略》提出，应当为数字产业大型公司的发展营造良好的环境以保障国家利益；在俄罗斯大型互联网公司、银行、通信运营商、支付体系运营商、金融市场参与者和国有公司之间建立数字经济领域的跨行业联盟；支持俄罗斯企业进入国外商品和服务市场；在数字经济领域进行经营的俄罗斯企业与外国企业均须遵守反垄断法，并实行同等的税收条件；为在俄罗斯生产信息通信商品或者使用信息通信商品的外国企业实现本地化创造条件；为俄罗斯生产或销售企业提供商品和服务设立非歧视性规则；修改俄罗斯相关法律，使数字经济发展速度与法律法规调控相匹配并消除行政性障碍；保障俄罗斯国家机关和组织在数字经济国际条约或其他文件的编制中具有参与权。①

目前，俄罗斯数字服务经济发展依然存在规模增长速度偏低、巨大数字鸿沟等问题。2022 年 2 月俄乌冲突的爆发将进一步限制俄罗斯各方面的发展。数字服务经济发展在俄罗斯任重道远。

三、发达国家与发展中国家和地区数字服务经济政策比较

（一）政策制定经验不同

发达国家与发展中国家和地区的数字服务经济政策存在许多不同之处。从时间来看，发达国家和地区整体上比发展中国家和地区更早制定数字服务经济政策。从数量来看，发达国家和地区比发展中国家和地区制定的政策更多，内容更全面，这主要是因为发达国家与发展中国家的经济基础与数字服务经济发展进度不同。发达国家和地区拥有更强的经济基础，其数字经济在第三产业的渗透率要高于发展中国家和地区。发展中国家和地区信息化程度相对较低，国内各产业尤其是服务业的数字化转型尚处于初期或进行时状态，对数字服务经济政策的制定欠缺经验。因此，发达国家和地区拥有更丰富的数字服务经济政策制定规划与实施经验，发展中国家和地区在制定数字服务经济政策时，常常会向发达国家学习借鉴。

（二）政策内容侧重不同

在政策内容上，发达国家和地区更注重推动数字技术创新、智能制造等，目的在于维护其在数字服务产业国际市场上的核心科技竞争优势，并促进国内高质量就业与产业协调发展。比如，美国、英国、德国、日本都强调在人工智能、信息技术、新材料、新能源等方面的创新应用，加强数字专业人才教育，提高全民数字文化水平，从而加快发展数字服务产业、技术密集型先进制造业等。发展中国家和地区则更侧重于数字基础设施的建设，以及加快服务产业数字化转型。例如，我国数字服务经济政策首要强调的即扩大全国数字化覆盖面，努力促进数字技术与第三产业结合，保持并加大释放经济潜能，之后也强调了创新驱动的重要性。印度作为数字服务经济新兴国家，正不断完善宽带、光纤等信息化基础设施

---

① 高际香. 俄罗斯数字经济战略选择与政策方向[J]. 欧亚经济，2018（4）：79-91，126，128.

建设，普及移动支付等基础数字服务。

（三）政策实施效果不同

无论是发达国家还是发展中国家，其数字服务经济政策的制定都是基于本国数字服务经济在国内发展的形势。由于发展阶段不同，发达国家与发展中国家的数字服务经济政策产生的效果也不一样。从宏观角度来看，发展中国家数字经济增速更快。2020 年，在新冠疫情影响下，全球经济都出现了倒退，发达国家GDP 增速为-2.29%，发展中国家 GDP 增速为-3.65%。然而，数字经济对经济的驱动作用凸显，使发达国家数字经济增速达到 2.99%，发展中国家数字经济增速达到 3.08%。这其中固然有各国防疫情况不同的原因，也因为发展中国家数字服务经济多处于发展初始阶段，在政策支持下更容易有显著的成长。例如，相对于创新数字服务应用与技术，完善数字化基础设施建设在难度上是更低的，带来的边际效益也是更大的。

此外，根据不同国家的数字服务经济促进政策，发达国家的数字经济增速或许没有发展中国家快，但其增长规模比发展中国家大很多。当发展中国家在经历产业数字化和数字产业化转型时，发达国家的智能制造水平和数字专业劳动力水平也在得到推进和提高。

（四）政策规划目的不同

从政策目的来看，美国制定数字服务经济政策的目的在于维护其数字经济发展全球第一的位置，在对外贸易的政策上，高举自由主义大旗，时常指责其他国家在数字服务贸易上对美国施行歧视政策，但自身却在他国出口过程中对外界建立贸易壁垒，以保护国内数字服务产业的生存发展。欧盟等其他发达国家和地区，则相对重视对内构建单一的数据流通市场，并与美国的数字规则进行抵抗和竞争。广大发展中国家则更注重发展速度与质量，从而跟上发达国家步伐，争取打破发达国家主导数字服务经济秩序的局面。因此，发展中国家表现出更积极的数字服务贸易合作意向，以谋求共同发展。

本章小结

随着数字化在全球的不断发展，数字服务经济已成为满足国内需求、发展本国经济、与外国进行竞争的战略性发展领域。于是，各国开始制定符合自身需求的数字服务经济政策，数字服务经济政策呈现出被不断丰富和健全的趋势。在这一过程中，数字服务的政策壁垒也开始形成，对各国内部数字经济起着保护作用。另外，对比发达国家与发展中国家和地区，发达国家和地区政策更注重前沿数字技术的开发与创新应用，也更注重数字人才的培养，在贸易方面力求掌握主导权。发展中国家和地区则更多处于基础建设和数字化转型时期，以求未来进一步发展。我国数字服务经济方兴未艾，要积极落实国家数字经济发展规划及各项具体措施，促进数字服务经济持续健康发展。

概念和术语

数字服务经济政策壁垒；DSTRI；数字服务税

复习思考题

1. 试述数字服务经济政策演变的原因。

2. 简述数字服务经济政策演变的特点。

3. 查阅资料，对比主要发达国家和地区数字服务经济政策状况。

4. 查阅最新数据资料，比较典型发达国家与发展中国家数字服务经济政策发展状况。

5. 简述中国数字服务经济政策。

6. 选取一个具体服务行业，讨论如何通过政策促进该行业与数字经济融合发展。

延伸阅读

世界经济正向数字和信息化转变

第十一章

数字服务治理

1. 掌握数字治理与数字服务治理概念，数字服务治理特征。
2. 理解数字服务平台治理。
3. 理解数字服务治理中的数据安全、产业安全及数字经济安全。
4. 了解数字服务平台治理实践。

1. 通过对数字治理与数字服务治理概念、数字服务治理特征等的学习，增强对国家治理体系和治理能力现代化的理解，学会用发展的观点研究问题。

2. 通过对数字服务治理与安全发展的学习，增强国家安全意识及忧患意识。

3. 通过对数字服务治理实践等的学习，增强理论学习、实践和创新的紧迫感，加强推动我国数字服务经济治理的自信。

案例引导

加强数字治理能力建设 打造数字治理新格局

第一节　数字服务治理概述

一、数字治理与数字服务治理的概念

(一)数字治理的概念

在数字时代背景下，数字技术广泛应用，数据要素潜能空前释放，数字化转型持续加快，数字治理跨越国家边界成为全球治理改革的大趋势。就我国而言，国家高度重视数字化转型，提出实施国家大数据战略，加快数字中国建设，在全球范围内率先探索数字化转型之路。电子商务、社会交往、移动支付、短视频等数字生活方式的快速普及，驱动政务服务、经济监管和社会治理的数字化转型，"互联网+"政务服务、数字政府、城市大脑建设成效显著，我国成为全球数字治理的引领者。

数字治理来源于信息技术发展实践，其理论内涵随着技术与社会的双向互动而不断丰富与完善，更多地体现为治理哲学、体制、机制与技术的统一复合体。治理本身是一种体制机制、决策、监督和实施的综合性概念。数字治理是现代信息技术在政府治理上的创新应用，不能仅从"数字化"的角度来看，"智能化"才是其根本。从主体方来看，要实现智能、自驱动、高效实时的功能；从对象方来看，要解决便捷、效率、连通、公平的问题。一般认为，数字治理既包括"基于数字化的治理"，即数字化被作为工具或手段应用于现有治理体系，其目的是提升治理效能；也包括"对数字化的治理"，即针对数字世界各类复杂问题的创新治理。

狭义的数字治理主要是指对内提升政府的管理效能，对外提升政府的透明度和公共服务水平，类似于数字政府的概念；广义的数字治理不仅是技术与公共管理的结合，而且要以发展的、动态的视角去审视政府、社会、企业之间的关系，体现的是服务型政府及善治政府建设的要求，是一种共商、共治、共享的治理模式。广义的数字治理不仅包括狭义数字治理中的内容，还将数字技术应用于政府、企业、社会公众等多个主体，扩大公共参与治理范围，优化公共政策的制定，提高公共服务的水平。因此，可以将数字治理定义为政府采取数字化方式，推进数据信息共享和政务数字化公开，并在此基础上，通过数字治理解决社会发展的治理命题，即利用数字化手段更加全面地考察政府行政行为产生的效果，采用有效的数据分析方法提高政府对政策和措施效果的精准评估能力，尽可能地辅助政府做出符合公共利益的价值判断。简言之，就是通过数字化、智能化手段赋能，提升社会治理的科学性、透明性、民主性、多元性和包容性，进而提升社会治理的效能。①

(二)数字服务治理的概念

数字服务治理是指以数字技术为基础，实现服务产品供给与消费高效对接，承担市场监管和公共服务职能，提升国家数字服务治理效能。当前，我国数字服务治理正处在从用数字技术治理到对数字技术治理，再到构建数字服务治理体系的深度变革中，主要体现在服务型政府数字化建设加速，新型智慧城市建设稳步推进等方面。

数字服务治理重点聚焦数字服务经济领域，是生产者服务、分配性服务、消费性服务及社会性服务在数字化过程中必须关注的重要问题，同样涉及对数据的治理、运用数字技术进行治理，以及对数字融合空间进行治理三个方面。其中对数据的治理成为制定数字经济规则的重要内容，数据要素的所有权、使用权、监管权，以及信息保护和数据安全等都需要全新的治理体系。大数据、人工智能等新一代数字技术可以改进治理技术、治理手段和治理模式，实现复杂治理问题的超大范围协同、精准滴灌、双向触达和超时空预判。未来会有越来越多的经济社会活动发生在线上，数字融合空间会以全新的方式创造经济价值，塑造社会关系，这需要适应数字融合世界的治理体系，对数字融合空间的新生事物进行有效治理。②上述三个方面在数字服务经济领域的体现更为典型和突出。

二、数字服务治理的特征

(一)数据驱动

数字治理的基本特点是数据驱动。数据作为一种新的生产要素渗透到生产生活的方方面面。数字服务治理就是要充分发挥数据驱动的作用，形成"用数据说

---

① 黄奇帆，朱岩，邵平. 数字经济：内涵与路径[M]. 北京：中信出版集团，2022：251.
② 孟天广. 数字治理全方位赋能数字化转型[N]. 浙江日报，2021-02-22(08).

话、用数据决策、用数据管理、用数据创新"的治理机制。

(二)精准对接

在数字技术的加持下，数字服务治理凸显精准对接的特征。在数据时代，消费者个性化需求被及时响应，消费者深度参与生产过程，生产与消费趋于同步，宏观经济治理在供给侧与需求侧边界变得模糊。数字服务的治理效率和智能化水平得到持续的提升。

(三)协同实施

数字服务治理需要增强协同性，强化协同实施。这是由治理对象、过程等各方面决定的。数据共享要有协同性，在充分释放数据要素潜力的基础上，加大数据应用场景投入。平台集聚、资源要素汇聚要有协同性，更好地发挥平台联通、协调、交易等功能。服务行业及相关部门要有协同性，以增强部门合力。

(四)流程再造

数字治理是数字时代的治理新范式，其核心特征是全社会的数据互通、数字化的全面协同与跨部门的流程再造。通过数字服务治理的强化，优化流程，一方面，增强集约性，提升治理效率；另一方面，在流程再造中促进业态创新、模式创新，充分发挥数字服务治理的效能。

(五)时空突破

数据实时联通、高速传输，全时全域互联互通，时空边界被打破。数字服务治理突破时空边界限制，使治理的范围大大扩展，治理的时效极大提高，治理的手段、路径等得到进一步拓展。

三、数字服务平台治理

数字服务平台作为以数字技术为支撑的新经济模式和新型经济组织，在数字服务经济发展中的地位不断提升，显现出新的特征，其治理也面临诸多新问题、新挑战。具体包括：第一，数字服务平台发展迅速、类型多样。特别是大型平台，其在社会生产生活中的影响越来越大，甚至不可或缺，如何应对风险，保持健康可持续发展，不仅是平台自身面临的问题，而且还可能成为社会问题。第二，平台汇聚大量的服务供给者和消费者，变化快，关系复杂，现有的监管和治理难以跟上平台的发展和变化，面临大量的治理新问题。第三，不同平台的发展模式不同，特别是在数字技术的加持下，数字规则、数据安全等各种问题，使平台治理愈加复杂。

我国学者指出，数字治理包括三层含义：一是用数字技术治理，二是对数字技术治理，三是数字社会治理。其中数字技术治理这三层治理的含义都很复杂和深刻，超出人们的通常理解范围，带来传统角度的治理难题。有效治理需要理解问题本质，更新监管理念，转变治理载体和手段，要将对平台内部合规管理的监管放在首位。政府要给平台提要求，说清楚平台要自我管理好哪些问题，平台要能够向政府、社会明示其内部合规管理的有效性并接受监管。政府需要按照平台特点进行分类监管，推动各方利益平衡监管，还要加强信息真实性和价值观导向的监管。①

数字服务平台治理要坚持创新与保护，既要增强创新动力，又要在可控基础上为科技创新应用创造相对宽容的法律环境与监管环境，加强各方利益，维护市场秩序。更重要的是，要保护中小用户、消费者、投资者的合法权益原则，关注公共利益。在实践中，要重视以下问题。

第一，重视运用系统思维推动数字服务平台治理能力的提升。

深入调查数字服务平台治理中新现象、新问题及相关利益各方的利益诉求，坚持系统性思考，将数字服务平台治理置于国家治理能力及水平提升的大环境，全局性谋划，整体性推进，加强国际合作，促进协同发展。

第二，重视运用战略思维促进数字服务平台治理的长期健康发展。

科学把握数字服务平台治理的趋势和方向，从战略高度谋划数字服务平台治理的发展，高瞻远瞩，统揽全局，使数字服务平台治理具有前瞻性和战略性。

第三，重视运用辩证思维破解数字服务平台治理中的难题。

准确分析数字服务平台治理中的矛盾和问题，抓住主要矛盾和主要矛盾的主要方面，找准重点，洞察数字服务平台治理规律，既要促进，也要监管，收放自如、宽严得当，为数字服务平台发展创造有利的环境。

第四，坚持创新思维促进数字服务平台治理方式的变革发展。

加强数字服务平台治理工具、手段和方式等的创新，加强数字科技的应用、数字规则的制定、数字政策的支持，善于因时制宜、知难而进、开拓创新。

第五，坚持法治思维，加强数字服务平台治理的法治化建设。

---

① 江小涓．数字平台治理的特性及难点［N］．北京日报，2022-08-15（09）．

填补法律缺位，制定相关法律法规，着力解决平台滥用市场支配地位、人工智能人格权等问题。完善政策和标准指引，保护数据隐私，合理界定数据所有权，加强数字服务平台治理的法治化建设。

第二节　数字服务治理与安全发展

一、数字服务治理与数据安全

数据要素作为数字经济时代的关键性生产要素，已经全面融入经济价值创造，成为全球经济增长的新动力、新引擎。近年来，我国也深入布局数字经济，加速培育数据要素市场。我国的数据战略布局不断演进、深化，数据要素相关的政策不断出台。

2021年6月10日第十三届全国人民代表大会常务委员会第二十九次会议通过《中华人民共和国数据安全法》（以下简称《数据安全法》）。依据该法，数据是指任何以电子或者其他方式对信息的记录。数据处理包括数据的收集、存储、使用、加工、传输、提供、公开等。数据安全是指通过采取必要措施，确保数据处于有效保护和合法利用的状态，以及具备保障持续安全状态的能力。

《数据安全法》第四条明确指出，"维护数据安全，应当坚持总体国家安全观"，并将"维护国家主权、安全和发展利益"写入本法的条款中。根据《中华人民共和国国家安全法》的规定，国家安全是指国家政权、主权、统一和领土完整、人民福祉、经济社会可持续发展和国家其他重大利益相对处于没有危险和不受内外威胁的状态，以及保障持续安全状态的能力。《中华人民共和国国家安全法》从政治安全、国土安全、军事安全、经济安全、文化安全、社会安全、科技安全、信息安全、生态安全、资源安全、核安全11个领域对国家安全任务进行了明确。数据安全无疑是国家安全的重要组成部分。

随着世界数据化进程的加快，各企业商业模式也在改变。例如，采用基于数据智能驱动的商业模式的公司在运营过程中无可避免地涉及数据使用的一系列问题。随着数据跨境流动等趋势越发常见，数据已然转换为关乎国家安全价值的利益形态，特别是当其掌握的数据足够丰富时，经过数据分析处理得出的结果极可能包含国家隐私核心数据，这些核心数据的不当使用可能引发国家安全问题，主要包括国家安全数据的审查、境外数据对国家安全的侵犯和相关数据的境外传输问题。《数据安全法》从数据全场景构建数据全监管体系，明确行业主管部门对本行业、本领域的数据安全监管职责，指出公安机关、国家安全机关等依照本法和有关法律、行政法规的规定在各自职责范围内承担数据安全监管职责，而监管细节有待进一步的规定。

《数据安全法》明确规定，数据处理服务提供者应当依法取得行政许可，为未来对数据处理服务市场准入环节实施准入资格监管提供上位法依据，对国内范围内的数据活动进行规范。其第二条规定，在中华人民共和国境外开展数据处理活动，损害中华人民共和国国家安全、公共利益或者公民、组织合法权益的，依法追究法律责任。此条款明确规定了境外数据侵犯国家安全属于我国数据规范范围。

《数据安全法》规定其他数据处理者在中华人民共和国境内运营中收集和产生的重要数据的出境安全管理办法，由国家网信部门会同国务院有关部门制定，明确了针对"数据"的出境规制，补全了以往的数据管理漏洞。不仅如此，《数据安全法》还对数据安全违法行为赋予了多项处罚说明，对违反国家核心数据管理制度，危害国家主权、安全和发展利益的，由有关主管部门处二百万元以上一千万元以下罚款，并根据情况责令暂停相关业务、停业整顿、吊销相关业务许可证或者吊销营业执照；构成犯罪的，依法追究刑事责任。

《数据安全法》建立重要数据和数据分级分类管理制度。全文有三项条款对"数据分级"作出规定，其对数据级别的界定采用两种方法，第一种方法是用概念表述，即"根据数据在经济社会发展中的重要程度，以及一旦遭到篡改、破坏、泄露或者非法获取、非法利用，对国家安全、公共利益或者个人、组织合法权益造成的危害程度，对数据实行分类分级保护"。此概念较为笼统，至于具体分类标准必须结合具体分级分类认定。二是重要数据保护目录的制定。该法要求，国家数据安全工作协调机制统筹协调有关部门制定重要数据目录，同时各地区、各部门应当按照数据分类分级保护制度，确定本地区、本部门，以及相关行业、领域的重要数据具体目录，对列入目录的数据进行重点保护。三是该法第三十条还规定了风险评估报告制度。重要数据处理者要定期报送风险评估报告，本条增加了数据处理者的数据安全保护义务，提高对其数据保护的要求。

《"十四五"数字经济发展规划》强调提升数据安全保障水平。建立健全数据安全治理体系，研究完善行业数据安全管理政策。建立数据分类分级保护制度，研究推进数据安全标准体系建设，规范数据采集、传输、存储、处理、共享、销毁全生命周期管理，推动数据使用者落实数据安全保护责任。依法依规加强政务数据安全保护，做好政务数据开放和社会化利用的安全管理。依法依规做好网络安全审查、云计算服务安全评估等，有效防范国家安全风险。健全数据跨境流动安全管理相关制度规范。推动提升重要设施设备的安全可靠水平，增强重点行业数据安全保障能力。进一步强化个人信息保护，规范身份信息、隐私信息、生物特征信息的采集、传输和使用，加强对收集、使用个人信息的安全监管能力。

针对数据安全，数字服务治理要依法而治，在坚持总体国家安全观的前提下将其融入国家治理能力和治理水平现代化的进程中。针对实践中的新问题、新现象，要深入调查研究，及时予以回应和解决，不断提升数据服务治理的能力。

二、数字服务治理与产业安全

产业安全是国家经济安全的重要组成部分。产业安全是指一国在对外开放的条件下，在国际竞争的发展进程中，具有保持民族产业持续生存和发展的能力，始终保持着本国资本对本国产业主体的控制。从开放经济条件来看，产业安全强调一个国家或地区的特定产业如何在国际竞争中保持独立的产业地位和产业竞争优势；从产业自身发展来看，强调产业在向社会提供产品和服务过程中的安全性。

产业安全的影响因素相当复杂，总体上可以分为产业外部环境因素与产业内部因素。产业外部环境是影响产业安全的重要因素，主要是指产业的生存与发展环境、政府的产业与外资政策，以及跨国公司与外国直接投资进入国内市场的资本、技术、管理等状况。从产业内部来看，影响产业安全的主要因素包括产业集中度和产业的制度结构等。然而在数字时代背景下，产业安全的内涵和影响因素等进一步发生了变化。

2020年，腾讯研究院、腾讯集团市场与公关部联合发布《2020产业安全报告：产业互联网时代的安全战略观》。该报告指出，在全球智能化浪潮背景下，智能化技术在驱动产业升级的同时，也带来了更为严峻的安全威胁和挑战，使安全问题呈现出系统性和全球性的特点，产业安全正被提升到前所未有的重要程度。报告认为，产业安全就是产业生态系统不受威胁的状态，从产业自身可持续发展的视角出发，利用新一代信息技术保障整个产业生态系统和网络空间的安全。

依据《2020产业安全报告：产业互联网时代的安全战略观》，与消费互联网相比，产业安全在产业互联时代的内涵演变主要体现在安全影响、安全价值、责任层级、重要等级、安全主体、安全导向、攻击主体、防护范围、安全策略、安全技术十大方面。伴随云计算及其他智能化技术的引入，产业安全的商品形态经历了"硬件—产品—产品+订阅—服务—云服务"的变迁过程，同时交易形态也从传统的单次交易进化为以"自由配置+高黏性+高门槛"为主要特点的交易。随着各行各业的数字化程度不断加深，产业互联网的安全威胁更加隐蔽、复杂，更具破坏性。相比消费互联网，产业互联网的安全呈现出新的特性。产业安全已成为企业的生命线，关乎企业生存。一旦企业的用户数据被黑客窃取，不仅是股价、利润会受到巨大影响，也会引发巨大的用户信任危机，给企业带来持续损害。同时，产业安全还关乎企业发展，数字化贯穿企业研发、生产、流通、服务等全过程，无不涉及安全需求，安全已经逐渐成为企业的核心竞争力之一。例如，网约车模式的创新为用户带来了更加便利、舒适的出行体验，但其背后也要考虑平台数据安全、司乘安全等诸多安全问题，安全显然已成为制约平台发展的前提条件。

在产业互联网时代，各方都是产业安全生态构建的参与者，政府、网络安全企业、第三方机构分别在战略规划、技术研发、形势研判等方面承担相应的治理责任，需合力保障产业安全的健康发展。网络安全企业携手开放共享，共建产业安全新生态，将成为产业迎来健康平稳发展的重要推动力。

随着政务服务、智慧城市、行业监管等领域的发展，针对产业安全的一体化需求持续提升，加强数字服务治理需求迫切。在此背景之下，顶层设计、整体规划、全局管理在产业安全保障过程中的作用逐步加强，安全与运维的综合能力将成为网络安全发力重点。由于企业业绩取决于完整、闭环的业务流程，安全能力将成为长期内决定每个流程和整个业务闭环效能及企业竞争差异的关键要素。要增强网络安全防护能力，提升数据安全的保障水平，切实有效防范各类风险。

三、数字服务治理与数字经济安全

数字服务治理对加强数字经济安全具有十分重要的意义。当前，我国数字经济治理体系还不完善，这成为数字服务治理能力提升的制约因素。数字服务治理包括安全治理，完善数字经济治理体系，必须坚持统筹发展与安全。依循数字经济发展规律，构建适应互联网、大数据、人工智能、云计算、区块链、数字版权、数字货币等发展的规则制度体系，加强数字经济立法，强化跨部门综合治理机制建设，强化部门间协调监管。

依据《"十四五"数字经济发展规划》，着力强化数字经济安全体系从以下几个方面入手。

第一，增强网络安全防护能力。强化落实网络安全技术措施同步规划、同步建设、同步使用的要求，确保重要系统和设施安全有序运行。加强网络安全基础设施建设，强化跨领域网络安全信息共享和工作协同，健全网络安全应急事件预警通报机制，提升网络安全态势感知、威胁发现、应急指挥、协同处置和攻击溯源能力。提升网络安全应急处置能力，加强电信、金融、能源、交通运输、水利等重要行业领域关键信息基础设施的网络安全防护能力，支持开展常态化安全风险评估，加强网络安全等级保护和密码应用安全性评估。支持网络安全保护技术和产品研发应用，推广使用安全可靠的信息产品、服务和解决方案。强化针对新技术、新应用的安全研究管理，为新产业、新业态、新模式健康发展提供保障。加快发展网络安全产业体系，促进拟态防御、数据加密等网络安全技术应用。加强网络安全宣传教育和人才培养，支持发展社会化网络安全服务。

第二，提升数据安全保障水平。建立健全数据安全治理体系，研究完善行业数据安全管理政策。建立数据分类分级保护制度，研究推进数据安全标准体系建设，规范数据采集、传输、存储、处理、共享、销毁全生命周期管理，推动数据使用者落实数据安全保护责任。依法依规加强政务数据安全保护，做好政务数据开放和社会化利用的安全管理。依法依规做好网络安全审查、云计算服务安全评估等，有效防范国家安全风险。健全数据跨境流动安全管理相关制度规范。推动提升重要设施设备的安全可靠水平，增强重点行业数据安全保障能力。进一步强化个人信息保护，规范身份信息、隐私信息、生物特征信息的采集、传输和使用，加强对收集使用个人信息的安全监管能力。

第三，切实有效防范各类风险。强化数字经济安全风险综合研判，防范各类风险叠加可能引发的经济风险、技术风险和社会稳定问题。引导社会资本投向原创性、引领性创新领域，避免低水平重复、同质化竞争、盲目跟风炒作等，支持可持续发展的业态和模式创新。坚持金融活动全部纳入金融监管，加强动态监测，规范数字金融有序创新，严防衍生业务风险。推动关键产品多元化供给，着力提高产业链、供应链韧性，增强产业体系抗冲击能力。引导企业在法律合规、数据管理、新技术应用等领域完善自律机制，防范数字技术应用风险。健全失业保险、社会救助制度，完善灵活就业的工伤保险制度。健全灵活就业人员参加社会保险制度和劳动者权益保障制度，推进灵活就业人员参加住房公积金制度试点。探索建立新业态企业劳动保障信用评价、守信激励和失信惩戒等制度。着力推动数字经济普惠共享发展，健全针对未成年人、老年人等各类特殊群体的网络保护机制。

第三节　数字服务治理实践

一、数字服务治理政策

(一)政策的实践基础各异

从全球各国数字服务治理相关政策的实践基础来看，数字经济的发展水平直接影响各国数字服务治理的迫切性，以及治理能力和水平提升的环境与条件。美国数字经济发展水平全球领先，更有动力和实力致力于数字服务治理相关政策和实践。欧盟数字经济总体发展水平处于全球第一梯队，但发展不均衡是欧盟数字经济的显著特征。近年来，欧盟数字经济平稳增长，但表现并不突出。因此，欧盟在数字服务治理相关政策的制定、实施等方面面临着诸多挑战。尽管日本数字经济发展也较为领先，但在数字治理方面并不具备主导全球数字规则制定的能力，也难以向全球推广日式数字治理体系。其他国家和地区因数字经济发展水平不一，在数字服务治理政策制定和实施方面各不相同。

(二)政策目标思路不一

不同国家和地区在数字服务治理相关政策制定方面目标和思路存在差异。美国希望主导构建一套"自由主义"的全球数字治理规则，推动全球数字市场自由开放，在维护其数字经济先发优势的同时，推动美国数字企业更多占领别国市场，掌控国际市场的更多份额。欧盟在数字治理方面较为强调统一市场建设，形成抗衡美国数字进攻的制度壁垒，并意图通过建立单一市场做大欧盟数字市场规模，提升欧盟数字经济发展水平。因此，欧盟制定了《通用数据保护条例》《非个人数据自由流动条例框架》《开放数据指令》《欧洲数据战略》等，建立了相对完整的数据安全管理体系。日本在数字治理领域的战略取向是力图推动与美欧数字治理模式的对接，形成兼容型的数字治理模式，推动"基于信任的跨境数据流动

（DFFT）"，力图打造美欧日"数字流通圈"。

（三）政策工具、手段各有侧重

各国基于实践基础、目标思路所采取的数字服务治理相关政策工具、手段各有侧重。美国不遗余力地综合运用各类国际机制，甚至使用政治、法律等各种长臂管辖手段，推行 CBPR、USMCA 数字条款等美式规则，推动这些美式规则标准上升为全球公认的规则标准，以维护美国企业在全球的经济利益。欧盟通过个人数据隐私保护、征收数字税等方式，意图实现其自身政策目标。

（四）政策国际合作愈加重要

在各国利益彼此交织、命运愈加相连的当下，伴随全球数字经济的蓬勃发展，数字服务治理政策的国际合作愈加重要。日本利用 WTO、G20、达沃斯、APEC 等各种多边机制和多边组织，不断呼吁美欧日三方携手推动治理规则对接，促进跨境数据的自由流通，这可以从某方面反映出数字治理国际合作的态势。从全球范围来看，推动数字服务治理领域的国际合作是大势所趋，这样才能更好应对人类在数字经济时代面临的机遇和挑战。

二、数字服务治理发展

依据《"十四五"数字经济发展规划》，健全数字经济治理体系成为数字服务治理发展的重要体现。其主要内容涉及以下方面。

第一，强化协同治理和监管机制。规范数字经济发展，坚持发展和监管两手抓。探索建立与数字经济持续健康发展相适应的治理方式，制定更加灵活有效的政策措施，创新协同治理模式。明晰主管部门、监管机构职责，强化跨部门、跨层级、跨区域协同监管，明确监管范围和统一规则，加强分工合作与协调配合。深化"放管服"改革，优化营商环境，分类清理、规范不适应数字经济发展需要的行政许可、资质资格等事项，进一步释放市场主体创新活力和内生动力。鼓励和督促企业诚信经营，强化以信用为基础的数字经济市场监管，建立完善信用档案，推进政企联动、行业联动的信用共享、共治。加强征信建设，提升征信服务供给能力。加快建立全方位、多层次、立体化监管体系，实现事前、事中、事后的全链条、全领域监管，完善协同会商机制，有效打击数字经济领域的违法犯罪行为。加强跨部门、跨区域分工协作，推动监管数据采集和共享利用，提升监管的开放、透明、法治水平。探索开展跨场景、跨业务、跨部门联合监管试点，创新基于新技术手段的监管模式，建立健全触发式监管机制。加强税收监管和税务稽查。

第二，增强政府数字化治理能力。加大政务信息化建设统筹力度，强化政府数字化治理和服务能力建设，有效发挥政府对规范市场、鼓励创新、保护消费者权益的支撑作用。建立基于大数据、人工智能、区块链等新技术的统计监测和决策分析体系，提升数字经济治理的精准性、协调性和有效性。推进完善风险应急响应处置流程和机制，强化重大问题研判和风险预警，提升系统性风险防范水平。探索建立适应平台经济特点的监管机制，推动线上线下监管有效衔接，强化对平台经营者及其行为的监管。

第三，完善多元共治新格局。建立政府、平台、企业、行业组织和社会公众多元参与、有效协同的数字经济治理新格局，形成治理合力，鼓励良性竞争，维护公平有效的市场。加快健全市场准入制度、公平竞争审查机制，完善数字经济公平竞争监管制度，预防和制止滥用行政权力排除限制竞争。进一步明确平台企业主体责任和义务，推进行业服务标准建设和行业自律，保护平台从业人员和消费者的合法权益。开展社会监督、媒体监督、公众监督，培育多元治理、协调发展新生态。鼓励建立争议在线解决机制和渠道，制定并公示争议解决规则。引导社会各界积极参与推动数字经济治理，加强和改进反垄断执法，畅通多元主体诉求表达、权益保障渠道，及时化解矛盾纠纷，维护公众利益和社会稳定。

此外，在其他政策文件中也对数字服务治理提出了要求。2021年12月，中国人民银行印发《金融科技发展规划（2022—2025年）》，提出健全金融数字治理体系，要完善现代化治理结构，全面塑造数字化能力，加强金融科技伦理建设，打造数字绿色的服务体系，强化金融无障碍服务水平。2020年11月文化和旅游部等10部门《关于深化"互联网+旅游"推动旅游业高质量发展的意见》印发，提出健全旅游业数字服务治理体系，加快建设智慧旅游景区，创新旅游公共服务模式，加强旅游监管服务，提升旅游治理能力，保障旅游数据安全。这些相关政策文件的出台对于更好促进金融、旅游等领域的数字治理具有重要意义。

三、数字服务治理创新

数字服务治理创新不断加强。现以北京、上海和海南为例，简要介绍相关数字服务治理创新的具体实践。从中不难看出我国数字服务治理创新的整体态势。

（一）北京市打造数字贸易试验区

2020 年 8 月国务院印发《中国（北京）自由贸易试验区总体方案》，提出加强跨境数据保护规制合作，促进数字证书和电子签名的国际互认。探索制定信息技术安全、数据隐私保护、跨境数据流动等重点领域规则；支持人民银行数字货币研究所设立金融科技中心，建设法定数字货币试验区和数字金融体系，依托人民银行贸易金融区块链平台，形成贸易金融区块链标准体系，加强监管创新。

2020 年 9 月，北京市发布《北京市促进数字经济创新发展行动纲要（2020—2022 年）》《北京市关于打造数字贸易试验区的实施方案》《北京国际大数据交易所设立工作实施方案》及北京市数据跨境流动安全管理试点等数字经济相关工作安排。其中《北京市促进数字经济创新发展行动纲要（2020—2022 年）》提出打造"数据跨境流动安全管理试点工程"；《北京市关于打造数字贸易试验区的实施方案》将"探索试验区内跨境数据安全有序流动的发展路径"列为方案中五大重点任务之一。《北京国际大数据交易所设立工作实施方案》，列出了协议转让、挂牌、应用竞赛数据三种数据产品跨境交易模式，建立北京国际大数据交易所。北京市数据跨境流动安全管理试点将重点推进探索数据跨境流动安全管理试点工作。

（二）上海自由贸易试验区推动数据跨境方案实施

2020 年 8 月，上海市政府发布《关于以"五个重要"为统领加快临港新片区建设的行动方案（2020—2022 年）》，支持上海自贸区临港新片区积极探索建设国家数据跨境流动试验示范区，聚焦"信息飞鱼"全球数字经济创新岛，构建国际互联网数据专用通道、功能型数据中心等新型基础设施，探索数据跨境流动有序高效和安全可控的新范式，加快从机制上解决数据跨境流动过程中的发展需求与安全关切的步伐，以上海为试点逐步深化数据跨境流动实践，激活数据跨境流动带来的经济社会发展活力。

2020 年 11 月，上海市政府发布《上海市全面深化服务贸易创新发展试点实施方案》，提出在临港新片区开展汽车产业、工业互联网、医疗研究（涉及人类遗传资源的除外）等领域的数据跨境流动安全评估试点，推动建立数据保护能力认证、数据流通备份审查、跨境数据流动和交易风险评估等数据安全管理机制。探索参与数字规则国际合作，加大对数据的保护力度。试行允许符合条件的外资金融机构因集团化管理而涉及其在境内控股金融机构向境外报送有关数据，特别是涉及内部管理和风险控制类数据。

2022 年 1 月，《上海市数据条例》正式实施。该条例强调了数据赋能城市发展核心竞争力的重要性，在数据跨境流动等多个方面进行了开创性的制度探索，如在临港新片区内探索制定低风险跨境流动数据目录，促进数据跨境安全和自由流动，同时关注相关政策的配套措施。

（三）海南推进数字自由贸易港建设

2019 年 11 月，工业和信息化部印发《支持海南建设自由贸易试验区和中国特色自由贸易港的实施方案》提出建设数字海南。支持洋浦开发区打造"数字自贸港"，支持发展区块链产业，支持海南自贸区、自贸港建设。建设海南互联网国际合作试验区，探索国际服务外包等跨境业务，重点发展跨境电商、国际金融科技、数字文创等业态，打造枢纽型国际化数字自由贸易港。支持洋浦开发区打造"数字自贸港"，支持洋浦加快建设航运产业信息平台，打造洋浦跨境电子商务综合试验区，打通贸易、物流、银行、外管、税务、海关等数据壁垒，创新出口电商监管模式，探索出口电商境外利润便利回流机制。应用大数据、移动物联网和区块链等现代信息技术，指导洋浦开发跨境供应链公共服务系统、离岸贸易外汇辅助监管系统、创新外汇资金和人民币跨境监管方式。2020 年 6 月，中共中央、国务院发布《海南自由贸易港建设总体方案》，要求"在确保数据流动安全可控的前提下，扩大数据领域开放，创新安全制度设计，实现数据充分汇聚，培育发展数字经济"。海南自贸港允许实体注册、服务设施在自贸港内的企业，面向自由贸易港全域及国际开展在线数据处理与交易处理等业务，并在安全可控的前提下逐步面向全国开展业务。

本章小结

数字服务治理是国家治理体系和治理能力现代化的重要组成部分。在推动我国数字服务经济发展过程中，既要面临时代发展的机遇，又要迎接重大变革和挑战。要顺应形势的发展和要求，坚定贯彻新发展理念，构建新发展格局，推动高质量发展，大力提升我国数字服务治理能力和水平。要以全球视野观察和思考数字服务经济领域的发展及数字服务治理的难题，增强推动我国数字服务治理创新实践的信心，为我国数字服务治理贡献力量。

概念和术语

数字服务治理；数据安全；产业安全；国家安全

复习思考题

1. 什么是数字治理、数字服务治理?

2. 数字服务治理有哪些特征?

3. 简述数字服务治理中的数据安全、产业安全和数字经济安全。

4. 查阅资料,谈谈我国数字服务治理创新实践。

延伸阅读

提升数字经济治理效能 加快发展数字经济

参考文献

[1]Fuchs V R. The Services Economy[M]. New York：Columbia University Press，1968.

[2]U. S. Department of Commerce Economics and Statistics Administration Office of the Chief Economist. Digital Trade in North America[R]. 2018-01.

[3]白洁，苏庆义.《美墨加协定》：特征、影响及中国应对[J]. 国际经济评论，2020(6)：123-138，7.

[4]陈昌盛. 把握数字时代趋势 创新宏观治理模式[N]. 经济日报，2020-09-02(01).

[5]陈端，赵胜国，王露. 数字创意产业蓝皮书：中国数字创意产业发展报告(2019)[R]. 北京：社会科学文献出版社，2019.

[6]陈鹤丽. 数字经济核算的国际比较：口径界定、统计分类与测度实践[J]. 东北财经大学学报，2022(4)：41-53.

[7]陈佳. 新时代的数字治理[N]. 北京大学校报，2022-03-25.

[8]陈雪频. 一本书读懂数字化转型[M]. 北京：机械工业出版社，2021.

[9]陈煜波，马晔风. 数字化转型：数字人才与中国数字经济发展[M]. 北京：中国社会科学出版社，2020.

[10]程大中. 生产者服务论[M]. 香港：文汇出版社，2006：22-24.

[11]杜传忠，姜莹. 数字技术对制造业创新效率的影响机制与效应研究[J]. 湖南科技大学学报(社会科学版)，2022(3)：71-82.

[12]范黎红. 区域性服务贸易规则与多边规则之关系[J]. 国际贸易问题，2002(10)：55-59.

[13][法]弗雷德里克·巴斯夏. 和谐经济论[M]. 王家宝，等译. 北京：中国社会科学出版社，1995.

[14]高际香. 俄罗斯数字经济战略选择与政策方向[J]. 欧亚经济，2018(4)：79-91，126，128.

[15]高路. 中国申请加入《数字经济伙伴关系协定》彰显开放与远见[EB/OL]. (2021-11-06). http://www.news.cn/2021-11/06/c_1128038643.htm.

[16]郭威, 刘晓阳. 风险防范视阈下的全球经济治理变革——变迁历程、演进逻辑与中国定位[J]. 经济学家, 2021(10): 119-128.

[17]何伟, 孙克, 胡燕妮, 等. 中国数字经济政策全景图[M]. 北京: 中国工信出版集团, 人民邮电出版社, 2022.

[18]胡山, 余泳泽. 数字经济与企业创新: 突破性创新还是渐进性创新? [J]. 财经问题研究, 2022(1): 42-51.

[19]黄斌, 任国威, 戚伟川. 数字服务创新[M]. 北京: 企业管理出版社, 2021.

[20]黄奇帆, 朱岩, 邵平. 数字经济: 内涵与路径[M]. 北京: 中信出版集团, 2022: 251.

[21][英]基思·威利茨. 数字经济大趋势: 正在到来的商业机遇[M]. 徐俊杰, 裴文斌, 译. 北京: 人民邮电出版社, 2013.

[22]贾怀勤. 数字经济分类与数字贸易的对应[J]. 中国统计, 2021(8): 30-32.

[23]贾立君, 李欣. 我国已形成全球最大数字服务市场 有效驱动实体经济转型升级[N]. 中华工商时报, 2022-05-20(05).

[24]贾利军. 立足数字技术融合 提升我国产业基础能力[N]. 光明日报, 2021-12-21(11).

[25]江涛, 王号杰, 覃琼霞. 双边数字贸易壁垒的出口抑制效应——基于49个经济体的经验证据[J]. 中国流通经济, 2022(7): 62-72.

[26]江天骄, 等. 金砖国家数字经济与智慧城市发展[R]. 复旦智库报告, 2022(2).

[27]江小涓. 数字平台治理的特性及难点[N]. 北京日报, 2022-08-15(09).

[28]金江军. 数字经济引领高质量发展[M]. 北京: 中信出版集团, 2019.

[29][美]克里斯·安德森. 长尾理论: 为什么商业的未来是小众市场[M]. 乔江涛, 石晓燕, 译. 北京: 中信出版集团, 2015.

[30]孔繁鑫. 加强数字治理能力建设 打造数字治理新格局[EB/OL]. (2022-11-18). https://politics.gmw.cn/2022-11/18/content_36170785.htm.

[31]来小鹏. 用好数据要素, 需理解数据资源持有权基本内涵[N]. 科技日报, 2022-09-05(08).

[32]蓝庆新, 汪春雨, 尼古拉. 俄罗斯数字经济发展与中俄数字经济合作面临的新挑战[J]. 东北亚论坛, 2022(5): 111-126, 128.

[33]李国杰，等. 数字经济干部读本[M]. 北京：国家行政学院出版社，2017.

[34]李浩然. 我国数字服务发展机遇与挑战并存[J]. 中国信息界，2022(2)：74-77.

[35]李慧中. 国际服务贸易：第二版[M]. 北京：高等教育出版社，2012：8-9.

[36]李凯. 数字经济正成为全球复苏新引擎[N]. 经济参考报，2021-03-17(A02).

[37]李孟刚. 产业安全理论研究[M]. 北京：经济科学出版社，2006.

[38]李涛，刘航. 数字经济学导论[M]. 北京：高等教育出版社，2022.

[39]李西林，游佳慧，张谋明. 日本数字经济：回顾与展望[J]. 服务外包，2022(05)：42-46.

[40]李永贞. 数字经济对我国服务贸易发展的影响研究[D]. 石家庄：河北经贸大学，2022.

[41]廖福崇. 数字治理体系建设：要素、特征与生成机制[J]. 行政管理改革，2022(7)：84-92.

[42]刘建军，邢燕飞. 共享经济：内涵嬗变、运行机制及我国的政策选择[J]. 共济南市委党校学报，2013(5)：38-42.

[43]刘新民. 加强数字经济的理论探究和顶层设计[J]. 学习与研究，2022(2)：48-54.

[44]隆国强. 站在中国式现代化战略高度认识数字经济[N]. 北京日报，2023-02-06(9).

[45]卢锋. 我国承接国际服务外包问题研究[J]. 经济研究，2007(9)：49-61.

[46]罗建华. 中国数字经济蓬勃发展 赋能世界共享中国红利[EB/OL]. (2022-08-30). https://sp. ycwb. com/2022-08/30/content_41012717. htm.

[47]罗珊珊. 数字贸易时代加速到来[N]. 人民日报. 2022-04-06(19).

[48]罗云川. 文化供给搭乘数字技术快车[N]. 人民日报，2023-03-31(20).

[49]马丹，朱清. 数字化转型助力全球价值链升级[N]. 中国社会科学报，2021-09-29(A03).

[50]马骏，袁东明，马源. 完善数字市场竞争监管的思路与建议[EB/OL]. (2022-09-05). https://www. chinathinktanks. org. cn/content/detail? id=onlv2c71.

[51]马克思，恩格斯. 马克思恩格斯全集：第26卷[M]. 中共中央马克思恩

格斯列宁斯大林著作编译局，译. 北京：人民出版社，1979：435.

［52］马克思. 剩余价值价值理论：第一册［M］. 中共中央马克思恩格斯列宁斯大林著作编译局，译. 北京：人民出版社，1975：149.

［53］梅冠群. 全球数字服务贸易发展现状及趋势展望［J］. 全球化，2020（4）：62-77.

［54］梅宏. 大数据与数字经济［J］. 求是，2022（2）：28-34.

［55］孟天广. 美国 FTC 诉 Facebook 案对我国互联网平台反垄断的启示［N］. 21 世纪经济报道，2021-08-23.

［56］孟天广. 数字治理全方位赋能数字化转型［N］. 浙江日报，2021-02-22（08）.

［57］庞德良. 提升数字经济治理效能 加快发展数字经济［N］. 中华工商时报，2022-12-19（03）.

［58］戚聿东，肖旭. 数字经济概论［M］. 北京：中国人民大学出版社，2022.

［59］前瞻产业研究院. 2023—2028 年中国数字经济行业市场前瞻与投资规划分析报告［R］. 2021-12-06. https://bg.qianzhan.com/report/detail/2007221158352544.html.

［60］全球数字经贸规则年度观察报告（2022 年）［R］. 中国信息通信研究院，2022-07.

［61］任保平，杜宇翔. 数字经济助推消费结构优化升级［N］. 经济参考报，2022-08-23（07）.

［62］［法］萨伊. 政治经济学概论［M］. 陈福生，译. 北京：商务印书馆，1997.

［63］沈玉良，彭羽，陈历幸，等. 全球数字贸易促进指数报告 2020［M］. 上海：复旦大学出版社，2021.

［64］沈玉良. 上海率先构建全球数字贸易平台研究［J］. 科学发展，2019（7）：33-41.

［65］宋洋洋. 数字技术应用带动文化产品提质升级［N］. 人民日报，2023-03-24（20）.

［66］孙国茂. 数字自贸区建设：理论、现实与路径——以山东自由贸易试验区为例［J］. 山东工商学院学报，2021（4）：1-18.

［67］孙志燕，郑江淮. 积极应对全球价值链数字化转型的挑战［N］. 经济日报，2021-01-08（09）.

［68］汤志伟. 以中国式现代化开创数字中国建设新局面［EB/OL］. （2022-

12-07）. https：//theory. gmw. cn/2022-12/07/content_36213552. htm.

[69]莞棋. 数字化转型，服务长尾客户新"捷径"[N]. 青岛日报，2022-10-09（08）.

[70]汪欢欢. 数字经济时代的服务业与城市国际化[M]. 杭州：浙江工商大学出版社，2021.

[71]王海文. 国际服务贸易[M]. 北京：中国人民大学出版社，2023：11.

[72]王岚. 数字贸易壁垒的内涵、测度与国际治理[J]. 国际经贸探索，2021（11）：85-100.

[73]王勤. 当代国际竞争力理论与评价体系综述[J]. 国外社会科学，2006（6）：32-38.

[74]王思语，应品广. 借力 RCEP 推动我国数字贸易发展[J]. 国际商报，2022-03-29（07）.

[75]王一鸣. 服务消费是扩大消费新引擎[N]. 经济日报，2022-09-11（06）.

[76]魏翔. 数字旅游——中国旅游经济发展新模式[J]. 旅游学刊，2022（4）：10-11.

[77]吴菁芃. 物流 3.0 时代：数字物流驱动行业大变革——我国物流技术发展纵横论之三[J]. 物流技术与应用，2020（12）：100-103.

[78]吴沈括，邓立山. APEC 框架下的数据跨境规则研究[EB/OL]. 安全内参，https：//www. secrss. com/articles/39003.

[79]吴翌琳，王天琪. OECD 数字经济产业分类相关进展[N]. 中国信息报，2021-09-23（07）.

[80]西林，游佳慧，张谋明. 日本数字经济：回顾与展望[J]. 服务外包，2022（5）：42-46.

[81][英]亚当·斯密. 国民财富的性质和原因的研究[M]. 郭大力，王亚南，译. 北京：商务印书馆，2020.

[82]闫德利，等. 数字经济：开启数字化转型之路[M]. 北京：中国发展出版社，2019.

[83]杨东，臧俊恒. 数字平台的反垄断规制[J]. 武汉大学学报（哲学社会科学版），2021（2）：160-171.

[84]杨海泉. 世界经济正在向数字和信息化转变[N]. 经济日报，2020-11-26（08）.

[85][英]伊兰·奥什里，朱莉娅·科特拉斯基，莱斯利·威尔科克斯，等.

数字服务外包模式：全球视野与中国情境［M］．北京：机械工业出版社，2021．

［86］于凤霞．大力发展数字文化消费新业态［N］．学习时报，2022-08-05（A3）．

［87］俞林．发展数字经济应抓住数据要素市场化这个关键［N］．光明日报，2021-07-20（11）．

［88］［英］约翰·穆勒．政治经济学原理［M］．赵荣潜，桑炳彦，朱泱，译．北京：商务印书馆，2020．

［89］张国云．数字服务：不只是服务业，更是经济增长引擎［J］．浙江经济，2022（4）：10-15．

［90］张金昌．充分发挥数字经济的独特优势［N］．人民日报，2020-03-24（09）．

［91］张军红．加大数字经济政策创新力度——访国家信息中心信息化和产业发展部主任单志广［J］．经济，2022（5）：42-45．

［92］张莉．数据治理与数据安全［M］．北京：中国工信出版集团，人民邮电出版社，2019．

［93］张茉楠．全球数字治理：分歧、挑战及中国对策［J］．开放导报，2021（6）：31-37．

［94］张朋辉．欧盟加大力度规范数字服务市场［EB/OL］．（2021-01-21）．http：//gs.people.com.cn/n2/2021/0121/c183342-34539233.html．

［95］张鹏杨．积极推进数字全球价值链构建［N］．中国社会科学报，2022-11-02（A03）．

［96］张平文．多源汇聚，共筑数字化生态——《数字化转型伙伴行动倡议》解读［EB/OL］．（2020-05-13）．https：//www.ndrc.gov.cn/xwdt/ztzl/szhzxhbxd/yjjyj/202005/t20200513_1227975.html．

［97］张蕴萍，栾菁．加快县域数字经济发展 促进新型城镇化建设［N］．光明日报，2021-08-16（11）．

［98］赵乐瑄．数字平台发展需要更加开放［N］．人民邮电报，2021-06-29（08）．

［99］甄美荣，郑雪婷，李璐．协作研发网络结构、企业知识吐纳能力与创新——基于71家新能源汽车企业的考察［J］．产经评论，2020（11）：54-66．

［100］郑洁，成吉．数字经济赋能高质量发展［N］．中国社会科学报，2022-11-10（01）．

［101］钟华．数字化转型的道与术［M］．北京：机械工业出版社，2020．

［102］邹琪．反补贴与中国产业安全［M］．上海：上海财经大学出版社，2006．